中国传媒大学传播学系列教材

Understanding International Communications:
Problematique, Perspective and Interpretation

理解国际传播：
问题、视角和阐释

朱振明◎著

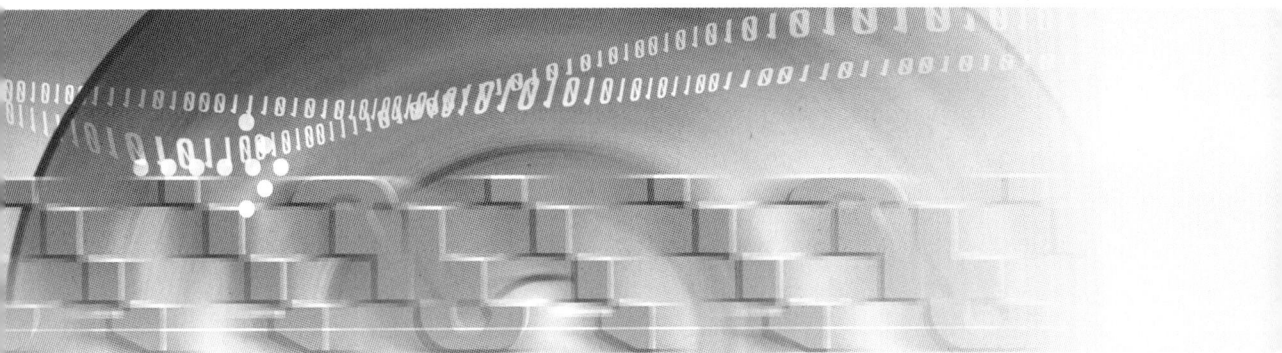

中国广播电视出版社
CHINA RADIO & TELEVISION PUBLISHING HOUSE

中国传媒大学传播学系列教材编委会

总　序

传播是一场博弈

　　作为一门交叉性的学科，传播学自欧美肇始到引进中国内地，至多不过数代人的时间。然而，本土学者的不懈努力不仅令中国传播学研究与教学获得长足发展，而且还催生了学术去西方化的意象。近二十年来，传统意义上的讯息、传者、受者日益增加并多元，信息与传播高新技术（NICT，New Information and Communication Technologies）的迅猛发展（其对人类社会影响力或许已超越工业化革命，人类社会信息传播速度和范围空前提升和扩大）更是拓宽了学界的视野和治学的思路，对传播的现象及其发生、嬗变、性质、过程、特征、效果等，在学理层面也都有了新的、更为深刻的认知，并达成了许多共识。诸如：

　　传播是对话。对世界各国的人们而言，不论其肤色、种族、语言或文化，传播都意味着寻找"他者"的努力和体验。传播活动从天赋的表达权开始，经过不断地寻求对话，寻求与"他者"交流传递分享信息和情感，实现社会的民主与开放。当今时代，信息无处不在，对话之于人类社会共同价值观的传承意义非凡。

　　传播是协商。随着社会的演进，信息的生产、传递和分配已不再是传播活动唯一的目的。在不同的空间——科学技术空间、商业经济空间和社会文化空间，传播长袖善舞，日益发挥着越来越重要的作用。基于各个层面矛盾的存在，利益攸关方需要交流和沟通，需要调停和斡旋，传播虽不能直接解决任何问题，但作为传播活动的谈判和协商毕竟有助于相互理解和相互信任，以期最终达成彼此妥协。

1

传播是共处。因为传播即存在，传播活动的过程，即是在确认并保留自己的身份的同时，承认、尊重、接近、接纳"他者"，从而在不同的个人、家庭、职业、社会、文化、宗教、政治等层面建构起各种关系——自我与"他者"、自我与世界的关系的复杂过程。以高精尖端化和互动个性化为特征的技术进步带来的种种便利，并未有效地改善人们的互信，反而彰显了无法传播/无法传通（incommunication）现象。传播生态的改变使得讯息的接收者（经典传播学中的受者）的主动性日占上风，其自由意志决定了面对传播的选择、接受、参与、抵御等个性态度，强化了传播活动中各种身份的不可还原性。麦克卢汉虽然预见了世界的变小，从而提出了"地球村"的概念，但如今全球层面的私人空间与公共空间界限参量的变化和模糊化趋势，显然超越了其未来学式认知范畴。当代人类社会应对身份的多样性、应对与"他者"关系的必要性之最佳方式莫过于彼此共处。

　　总之，传播是一场博弈：它不仅是某种技术博弈（技术变革有助于刺激并促进信息的全方位交流，对技术的拥有和使用，或可提升人们自身的成就感和价值感，但是人和技术之间的矛盾既令人兴奋，又令人担忧），也是某种文化博弈（涉及倡导和维护文化多元主义、规避日益严重的市场和商业化压力），更是某种政治博弈（历史的进程需要人类社会在传播层面解决信息、知识和行动三大话语合理性之间的冲突，政治智慧的运用或能导致对话、协商、妥协、宽容，而这所有可能的结果直接关乎21世纪的和平）。在传者和受者地位日益平等的今天，传播活动博弈的理想结果当是共处，甚或和平共处（在今天看来，已故中国总理周恩来在20世纪50年代初提出的国家外交纲领——"和平共处五项原则"，不仅具有国际关系发展的先见性，也可视作中国在政治传播领域的贡献）。从这个意义上而言，协商和共处不仅成为传播效果的保证，而且还是减少、避免误解和仇恨的推力。

　　然而，作为人的生物属性，传播与沟通（传通）是基于本能的生存需求，但作为社会属性，传播观念和技能并不是与生俱来的，而是需要学习和体验的，唯此，传播价值才有代代相传的可能性。中国内地的传播学虽经努力有了基本的建树，但要想获得真正意义上的学术进步，仍需学界的进一步努力。目前，两岸三地高校传播学专业的师生每每苦于教材之困（或不成系列，或已需修订），希冀能有与时俱进的教材成为相关课程教学的辅佐。为此，中国传媒大学传播研究院义不容辞地担当起编写传播学系列教材的重任，尝试为海内外高校提供尽可能宽泛而相对系统的传播学最新思考和成果，而今与读者见面的这套教材系列即是同仁们努力的初步成果。

作为教材，本系列的特色有四：一是从传播学研究方法到相关理论的最新发展，从历史梳理到专题研究、再到具体实务，主题尽可能多元；二是作者都是新闻传播学教学科研一线的骨干，在各自的学术领域都有相当的积累；三是触类旁通，在学科的跨越性、交叉性和延展性方面，作出了一些可贵的探索；四是努力结合传播学发展的趋势和特点，为读者拓展学术视野提供参照。

事实上，理解传播，既不能漠视或忽略学科发展的历史脉络和来自不同学科的学术渊源，也需要重视研究方法的意义（在量化分析大行其道的今日，质性研究传统依然有其哲理性、思辨性价值和魅力）；理解传播还应具有各种媒介的通识与素养，并对传播实务和市场有一定的认识。从某种意义上而言，有关传播的信息和知识不仅是专业人士应该具备的，也是每一个社会成员的生存所需要的。

而这些理念正好也契合了本系列教材的作者和编者的一个共同愿望：无论是从事新闻传播学教学的师生，还是普通的读者，都能在阅读本系列教材的相关书籍并获得专业知识之外，亦对关乎本世纪人类社会和平博弈的传播活动及传播理性有所思考和行动。

刘　昶　谨识

（作者系中国传媒大学教授、博士生导师兼传播研究院副院长）

目　录

引　言

我们生活在一个前所未有的全球化时代，现代性向后现代性的过渡成了这种全球化的重要特征，并成了对人类社会学现象学解释的现实背景。现代性（modernity）强调秩序、传统、宏大叙事、结构，后现代性更关注去中心化、叙事的碎片化、解构等。在社会方面，从以原材料、生产和消费为特征的前工业和工业社会逐渐转向以知识生产和消费为特征的后工业社会，人际间的结社（association）方式由现实的直接转向了虚拟的间接，社会的发展体系出"复杂性"特征，在社会学和人类学理论上体现为结构主义向日常生活社会学或常人方法论的转变；在经济方面，从实体经济更多转向以虚拟为特征的新经济，同时制造消费冲动成了，特别是 20 世纪后半期以来，成了重要特征，在经济学理论上，体现为以国家为调节主体的现实主义和以市场为调节的自由主义转向以经济组织和政府为互动调节的新自由主义；在政治方面，从传统的"现实政治"更多转向虚拟的网络政治，权力的实施更多表现为柔性策略，而非强制性表达，在国际政治理论上，从现实主义转向自由主义直至所谓的以文化为主要博弈力量的"后现代政治"；在文化方面，从传统的精英文化崇拜转向以网络为载体的后现代碎片文化，以往以相对稳定的"时空"为身份参照的叙事逐渐转向以"流动的"镜像为特征的"快餐式"写真，以往的"从上到下"（Top-down）的文化传播模式更多转向"从下到上"（Bottom-up），在文化研究理论上，对宏达的精英文化和阶级对立文化的研究转向了次级文化张扬，文化主体具有了积极的解码能力；技术方面，从物理"单体"运作更多转向具有链接或超链接的虚拟的"连接性"网络，在理论上，不同技术的"整合"或"融合"成了关注的焦点。

全球化的推进愈来愈使传播和国际传播研究成为必要。从政治经济学的观点来看，"传播的历史不是一部关于机器的历史，而是一部关于新生的媒体促成权力体系重构和社会关系重组的历史。"[①] 以经济全球化为显著特征的全球化逐渐扩展到文化、

[①]　Graham Murdock, "Communications and the constitution of modernity." in *Media, Culture & Society*, 1993, p. 533.

1

社会、政治等领域，并使它们的构成元素成了传播关注的对象。随着全球化的展开和传播技术的发展，时间和空间被压缩，社会的、政治的、经济的和文化的关系被更改，世界化约成为"地球村"。在全球化过程中，活动主体（个体、群体、国家）面临着在经济、政治、社会、文化、伦理等方面被重新界定的风险，重新界定意味着解构与结构、排斥与认可、非法与合法、中心化与边缘化、优势与劣势、选择与放弃、转移与接收。就是在这种矛盾的对立中，传播成了社会建构的润滑剂，如何把握传播和国际传播成了现实国际社会和关系建构的关键。

就当前的传播研究来看，脱胎于两次世界冲突环境中的大众传播具有明确的阐释范畴（军事、竞选、消费），并因此被描述为不同的传播观点与范式，如皮下注射、二级传播、沉默螺旋、涵化、满足与使用等，用来解释这些传播行为的理论更多是关注社会活动者行为及其与环境互动的社会学（互动主义社会学、功能主义社会学）与心理学（行为心理学和实验心理学），研究传播的目的更多是实现对"接受者"（recipient）的管理及其"意见"（opinion）或行为的预测。哈罗德·拉斯韦尔的传播"三功能"（监视社会环境；协调社会关系；传衍社会遗产）、拉扎斯菲尔德的"三功能"（授予地位；促进社会准则的实行；麻醉受众神经）、威尔伯·施拉姆的"四功能"（雷达功能、控制功能、教育功能、娱乐功能）等，基本上都是这些功能的大同小异的总结。随着传播行为的阐释学科的增加，大众传播又被赋予了"产业功能"，如传播或传媒政治经济学，其不但强调了传播活动的社会性（对传播工具的占有意味着传播流动的不平衡与传播活动者权力关系以及所支配资源的不对称），又重视传播活动的经济性（传媒产业成了经济的重要增长点）。"国际传播"作为一门学科开始于20世纪60年代的美国，一般也认为起源于美国的洛克菲勒对拉美的实践操作。当传播的认识活动跨越国界，成为国与国之间的"国际的"直至"全球的"活动，活动者/系统（agent/system）被扩大到"我们"（wedom）群体以外时，传播被冠以"跨边界传播"、"国际传播"与"世界传播"。地方的、国际的、全球化的社会（societies）成了界定和分析传播行为的时空（tempo-spatial）参照，涉及国际活动的跨边界学科知识成了阐释跨边界传播行为的理论参照和阅读格栅，如国际关系学、国际政治学、全球政治学、全球化社会学、全球政治经济学等。"我们"群体内的互动扩展为跨边界的"国际的"乃至"全球的"的公民互动或国家间的博弈，传播活动从"对受众的管理"嬗变为国家或地区间或世界范围的"公民辩论"、跨文化交流（或传播）以及"地缘政治－经济利益"的博弈。国际传播的功能已经远远超越了"大众传播"的功能，被整合进国家间的对外关系和战略以及国际公民运动之中。于是，国际传播研究有着自己被问题意识（problématique）、本体论、认识论和方法论。如在"问题意识"方面：在做研究时，我所谈论的问题基本上都是在不同层面上的意识到的、值得理论或实践反思的问题，如提及发展传播，是因为大众传播媒介作为技术中介对社会发展的促动因素；提及互联网政治，是因为现实政治被转移到虚拟网络并发挥巨大作用；提及媒介伦理，是因为新闻职业的现实操作中，出现了违背人类日常生活道德和伦理的现象；提及媒介批判，是因为媒介的技术理性绑架了作为解放人类的人文理性逻辑，等等。

传播学如同其他许多社会科学一样是舶来品，让我们理解起来有些困难。传播学并不是简单的报纸、广播、电视、互联网等经验或实证主义操作。每个学科的产生有其产生的时空背景，时空的转换涉及"去地域化"和"再地域化"问题。作为跨学科，甚至跨科学的一门学科，研究传播学的概念工具不是简单的现象学术语。这些概念有着深厚的文化背景，因此理解传播（或国际传播）必须沿着知识的系谱学传统，回归其原有的内涵，在充分理解的基础上，来实现知识的"去地域化"和"再地域化"的过程。无视学术与知识的渊源的理解与运用，只是篡改，不是真正的学术态度，达不到真正的跨文化理解与交流。

本书不是着重呈现传播全球化时代的"全媒体"的物质表象景观（spectacle），更多试图借助跨学科的理论（社会人科学理论）构建一种国际传播的立体透视的"理论与实践构型"（configuration）；不是去列举一些百科全书式的"条框"，而是展现如何切入问题并进行思考的路径。本书旨在以主题框架的形式勾勒和呈现自 20 世纪以来的"国际传播"研究学术话语，无意去编纂一部"国际传播"百科全书。力求对主要的国际传播理论进行梳理，点出其研究的问题、视角乃至方法，只求呈现出研究中的一些理论框架以及概念的重要坐标，给出一个思考问题的导向。

参考文献：

Murdock, Graham. Communications and the constitution of modernity. *Media, Culture & Society*, 1993, (15)

第一章
国际传播导论

本章要点:

* 国际传播的界定及制度化
* 国际传播的问题意识与框架

从 15 世纪至今,人们一直在追逐宗教、帝国、经济模式或被压迫者斗争影响下的统一世界。[①]

——阿芒·马特拉

第一节 何谓传播

何谓传播?传播的界定颇多。这不仅使我们想起的哲学的发展历程。在长达上千年的"本体论"(世界到底是什么?)中,界定就莫衷一是,有单子论、以太论、数论等等,直至 17 世纪近代哲学的开始,哲学的"本体论"转向了"认识论",哲学研究不再专心于探究"世界是什么?",而是转向了"如何认识世界"即哲学的方法论问题。不过倒是"认识论"丰富了哲学的知识体系。虽然近代哲学并没有像黑格尔所想象的成为"科学之科学"的地位,但极大地丰富人们关于世界的认识,指导了人们对知识体系的构建,以至于康德与黑格尔的主体哲学的继承和批判形成了丰富

---

① Armand Mattelart, La diversité culturelle: entre histoire et géopolitique, 2001 Bogues Globalisme et Pluralisme, Montréal, 23 au 27 avril 2002.

1

的哲学流派思想。对于传播也是如此。传播是什么？有的说"共享"（吕西安·斯费兹）、有的说"共存"（多米尼克·沃尔顿）、有的说"信息传输"（克劳德·香农）等。国际传播又是什么？就目前的界定来看，国际传播有三个特征：首先以大众媒体为技术支撑渠道；其次主体是民族国家或组织；关注内容是国际传播在事关重大领域的产生影响。① 这些概念的界定者都是相关领域专家，各有各的道理。如果这样，那么不经过大众媒介的跨边界信息流动就不是国际传播？尤其是在传播领域多元化和传播过程全球化的背景下。人文科学界定的矛盾性在于，"界定"既是一个包括又是一个排斥行为，因为这种界定后面是从不同视角构建的话语体系。不过，在研究传播时候，这里存在着一个公设，即心理学家保罗·瓦茨拉维克（Paul Watzlawick，1921 – 2007）的名言：人不可能不传播。

从传播研究的角度来说，无论个体还是组织，都需要传播，需要信息的流动。正像阿芒·马特拉在《传播理论史》的前言中所说："传播概念包括很多意思。虽然长期以来如此，但在这个把传播变成第三个千年的社会象征的时代，技术的扩散和实践的职业化又为这种多重含义增加了新的声音。位于多学科交叉点上的传播过程激起了诸多科学的兴趣，如哲学、历史、地理、心理学、社会学、人种学、经济学、政治科学、生物学、控制论或认知科学。"② 法国的《新罗伯特法语词典》中的"传播"（communication）词条包括"传播的行为"、"传播的东西"和"传播的手段"等。换句话说，传播的"本体论"界定是多样化的，我们可以指出其中的某些内容作为研究对象，同时在"认识论"上下了工夫，呈现一种思考问题的逻辑。既然传播属于社会实在，问题的关键是，我们需要从传播的某个"实在"出发，从"认识论"的角度来构建传播知识体系，把握和理解不同传播理论流派所构建的思想框架、认识过程、方法及其理论内涵。

在现实的传播学研究中，实际上存在着两种传播认识：一种所谓的"狭义的传播"，即研究更多涉及具有美国学术传统特征的"大众传播学"，报纸、广播、电视、乃至互联网等是其表象特征，在这里从"5W模式"延伸而来的传播者研究（传者）、内容研究（信息）、媒介研究（渠道）、受众研究（受者）和效果研究（效果）等是该研究的重要内容，社会学、心理学和政治经济学是其主要学科视角，其主要目标是实现对"社会的管理"（administration & control），其研究成果往往是"开处方"。"传

---

① 郭可：《国际传播学导论》，上海：复旦大学出版社，2004 年，第 6 页。

② Armand Mattelart et Michèle Mattelart, *Histoire des théories de la communication*, La Découverte, 2004.

播学四大奠基人"（拉斯韦尔、卢因、霍夫兰、拉扎斯菲尔德）为此传统的研究奠定了基础，"传播学诞生于美国的说法"的依据基本上来源于此。对于（大众）传播的研究，有人做过如此的总结："传播研究被描述为一种'二战'时期被政府资助的强制（coercion）科学研究，后来通过作为效果研究主要范式的管理研究形式得以净化。它的概念、模型和实践从心理战的战略思考转向了 1945 年至 1960 年的国际和国内选举战，并产生了一系列有关信息流、观点传播、参照群体和动力机制等传播研究作品。到了 20 世纪 90 年代，随着传播不可避免地与权力和权力关系研究联系在一起，批判传播研究的历史融入到社会历史当中。尽管存在着对反思和情景化的、把权力用于分析的呼吁，但效果分析传统仍旧占主导地位。"①

另一种即所谓的"广义的传播"，更多体现具有欧洲传播学术传统中，法国学者阿芒·马特拉的《传播的起源》（L'invention de la communication，1992）是这种传统本体论、认识论和方法论的典范之作。在该传统中，"（政治的、经济的、文化的、社会的）信息流动"（flux）是传播研究的主要介质，其主要研究目标在于阐释"社会的变迁 - 建构及其治理"（transformation & governance）。该传统采用跨学科视角，哲学、社会学、人类学、政治经济学、心理学、政治学等是其主要视角学科，真正体现了科学研究的"复杂性"，主要通过思辨逻辑推理，辅助以实证方法，来阐释人类社会中的传播现象，其研究成果特征常常是"具有辩论潜力的开放性议题"。这两种传统基本上反映了美国商业文化和欧洲启蒙文化的差异！

传播学也是一门科学，"科学（science）就是对规则（rules）的搜寻，这些规则最大限度地简明地总结了事物为何如此、是如何发生的。"② 研究传播的"传播学"在 20 世纪因为跨学科的特征被认为不具有学科合法性，但经过几十年的变迁，传播研究已经发生了很大的变化，传播环境也发生了变化，在"复杂性"的环境下，传播学已借助其他学科的知识，构建了自己的学科，因为就传播研究的对象而言，单独运用某个学科的知识无法分析和解决传播问题（problématique）。③ 复杂性"初一看，是由不可分离地连接着的异质构成因素交织行动的东西（拉丁词 complexus：交织在一起的东西），它提出了一和多的悖论。看第二眼，复杂性确实是种种事件、行为、

① Ed McLuskie, "Power and Power Relations", *Encyclopedia of Communication Theory*, Stephen W. Littlejohn & Karen A. Foss（ed.）, SAGE, 2009, p. 784.

② Immanuel Wallerstein, *The Essential Wallerstein*, The New Press, 2000, p. 147.

③ Bernard Miège, "*Sciences de la communication et l'information et sa future*", interview par ZHU Zhenming à l'Institut de la communication de l'Universite Stendhal-Grenoble 3, 2012 - 09 - 26.

相互作用、反馈作用、决定性、随机性的交织物，它构成了我们的现象世界。那么复杂性因而呈现出混乱、错杂、无序、模糊、不确定性等令人不安的特点，于是对于认识产生了如下的需要：通过克服无序性和排除不确定性来整理现象"①。"复杂性思想的困难在于它应该正视纷繁（相互的－反馈的作用的无穷组合）、种种现象的相互纠结、迷雾、不确定性、矛盾。"② 这就需要借助自我反思的理性主义来认识问题。实际上，传播学的合法性更多是狭隘学科意义上的认识，专门而纯粹学科知识已无法满足现代乃至后现代知识的生产。

第二节　国际传播研究的西方学术渊源

学术上的"制度化"（institutionnalisation）一般涉及大学研究和研究群体两层含义。③"英语中的'communication'概念来自于拉丁语，指分享或使相同的行为。"④"传播就是共享"⑤。在西方，虽然各国的具体情况不同，但传播研究的制度化一般追溯到美国哥伦比亚大学、芝加哥大学和伊利诺伊大学所从事的开拓性研究以及普及教育，大众传播研究的先驱者如拉扎斯菲尔德（Paul F. Lazarsfeld，1901－1976）、拉斯韦尔（Harold Lasswell，1902－1978）和施拉姆（Wilbur Shramm，1907－1987）对大众传播研究的学科化与制度化作出了很大贡献。拉扎斯菲尔德于1944年在哥伦比亚大学（Columbia）创办了社会应用研究办公室（Bureau of Applied Social Research），致力于广播传播效果的研究；从20世纪40年代开始，芝加哥大学不但从事传播的研究，而且还培养了一些有名的传播学者，这里形成的学术团体与美国的战时信息办公室（Office of War Information）有着紧密的联系；施拉姆在1947年在伊利诺伊斯（Illinois）大学创办的传播研究所（Institute for Communications Research）是战后美国传播研究的制度化过程中的一个典范。大体上，"传播研究"的制度化研究经历了以下过程："到20世纪20年代晚期，'大众传播'一词被用于由市场和国家组织的说服工

① 埃德加·莫兰：《复杂性思想导论》，上海：华东师范大学出版社，2008年，第7－8页。
② 埃德加·莫兰：《复杂性思想导论》，上海：华东师范大学出版社，2008年，第9页。
③ Christian Agbobli & Gaby Hsab，*Communication internationale et communication interculturelle*：*Regards épistémologique et espaces de pratique*，Presses de l'Université du Québec，2011，p. 54.
④ Wolfgang Donsbach（ed.），*The Internationla Encyclopedia of Communication*，Blackwell Publishing Ltd. 2008，P. 676.
⑤ Lucien Sfez，*La Communication*，Presses universitaires de France，1991.

业的新现实。到 20 世纪 40 年代，'传播研究'领域被像拉扎斯菲尔德这样的学者组织起来，并在随后的几十年中被制度化。"① "到了第二次世界大战后，传播研究开始被看作一个独特的学术领域，传播概念开始围绕语义学、人际关系、互动与社会影响、大众传播、信息技术等延伸出诸多含义。"② "到了 20 世纪末，几乎每个严肃的知识分子都对传播发表自己的看法。传播成了这个时代的索引。"③ 尽管"消息"（news）在 15 世纪欧洲（如威尼斯、安特卫普、纽伦堡等）已经国际化，尽管新闻在 19 世纪的欧洲三大新闻媒体（路透社、法新社、伍尔夫等）已实现了国际化流动以及英法德等国在殖民地的国际电缆网络铺设，但对国际传播的研究却与肇始于北美的大众传播研究紧密地联系在一起。作为一个研究领域，可以说对国际传播的研究及其学科化和制度化从早期的（大众）传播中延伸出来，就具体的操作维度而言，国际传播（IC）脱胎于国际关系理论和国内—国际层面政策的结合中。④ 马特拉在《传播的世界化》中说道："就铁幕下的双方来说，阴谋和操纵理论成了信条。它们成了人们资以了解对手行动的依据。每一方都认为自己卷入一场'征服人心和思想'（用'心理战士'的话说）的战斗。1953 年年初，美国的媒介功能主义社会学认识到这种见解的重要性，成立了一个新的、被正式命名为'国际传播'的研究领域。"⑤ 因"认识论的多样性"（epistemological diversity），国际传播研究有了不同的视角、主体和主题。斯麦提（Mehdi Semati）曾提到，"国际传播"如同"大众传播"一样存在着学科身份危机——尽管这在目前已不再是一种合理的说法，不过建议前者作为一个研究领域（field）来组织研究（inquiry）。⑥

就国际传播研究而言，盎格鲁－萨克逊学者倾向认为，总体上："第一次世界大战早期的宣传研究与第二次世界大战中的类似研究为国际传播研究提供了政治概念基础。发展和现代化理论出流行于 20 世纪 50 年代，持续到 60 年代（在这十年中，国际传播领域开始在美国经历了制度化过程。）在 20 世纪 70 年代获得重视的有关帝国

---

① Wolfgang Donsbach（ed.），*The International Encyclopedia of Communication*，Blackwell Publishing Ltd. 2008，p. 691.

② Wolfgang Donsbach（ed.），*The International Encyclopedia of Communication*，Blackwell Publishing Ltd. 2008，pp. 676 - 7.

③ Wolfgang Donsbach（ed.），*The International Encyclopedia of Communication*，Blackwell Publishing Ltd. 2008，p. 691.

④ Hamid Mowlana，*Global information and world communication*：*new frontiers in international relations.* Sage Publication Ltd. 1997，p. 5.

⑤ Armand Mattelart，*Le monidalisation de la communication*，（5ᵉ éd.）PUF，2008，p. 56 - 57.

⑥ Mehdi Semati，*New Frontiers in International Communication Theory*，Rowman & Littlefield Publishers，INC，2004，p. 2.

主义和依附的马克思和新马克思观点提供了一种有别于发展范式的视角。80 年代，当英国的文化研究影响着国际传播领域中一些看法的时候，发展模式的余流形成了'电信发展'（telecommunication for development）传统。在 90 年代，国际传播领域关心全球化（globalizaton）的经验和理论内涵。"① 这里的传播活动更多体现于以大众媒介为技术支撑的大众传播。但在法国学者阿芒·马特拉看来，随着西方工业革命、贸易和传播科技的发展，19 世纪已经成了"国际的"世纪，传播的国际化随着启蒙运动而来的"普世商业共和国"与"普世民主共和国"成了国际传播的思想推动力，不同载体（如大众媒体、电缆、公路、海运和陆路交通等）中的信息流动（flux）具有了战略性作用。到了 21 世纪的头十年，国际传播中的一个明显倾向在于信息的流动更加与地缘政治和地缘经济赌注结合在一起，掀起了"社会媒体"革命，这种革命跨越了民族国家边界，成了国内治理和国际博弈的重要手段，新媒体的应用成了这个时期的关键词。

首次可以被称作"国际传播"的理论在 20 世纪 50 年代末被提出来，这种方法目的在于用传播来实现发展中国家的现代化，这种思维基于典型的西方现代性之上，在此，媒介被传统地看作公共传播平台，即看作行使民主中的公共协商平台。②

第三节　本体论、认识论和方法论

在哲学上，本体论往往与形而上学（metaphisics）联系在一起，是对存在与现实、存在的基本范畴（或类型）及其相互关系的哲学研究。"本体论（ontology）涉及的是存在（being）自身的根本特征，探究诸如下面的问题：'是什么或存在着什么？''首先存在的是什么？'以及'不同的存在是如何彼此相关联？'"③ 也可以说本体论研究的是"现实（reality）的性质，什么是可以知道的"④。如，在传播的本体论

① Mehdi Semati, *New Frontiers in International Communication Theory*, Rowman & Littlefield Publishers, INC, 2004, p. 8.

② Ingrid Volkmer, "Globalization Theories", *Encyclopedia of Communication Theory*, Stephen W. Littlejohn & Karen A. Foss（ed.）, SAGE, 2009, p. 445.

③ Nicholas Bunnin & JiYuan YU, *The Blackwell Dictionary of Western Philosophy*, 2004, Blackwell Publishing, p. 491.

④ Stanley J. Baran & Dennis K. Davis, *Mass Communication Theory：Foundations, Ferment, and Future*,（6th ed.）, Wadsworth Cengage Learning, 2012, p. 12.

上，传播既可以被看作信息的流动，也可被看作文化的流动；也可以看作以大众媒介（如报纸、广播、电视）为传播渠道的流动，又可看作以不同真实或虚拟传播网络（如航空、铁路、陆路、水路、电缆、互联网、金融网络等）为渠道的流动。对传播本体认识的不同，反映着处于不同文化背景中的研究者对传播认识的不同，如在以商业文化为基础的北美，传播更多与大众媒介联系在一起，属于狭义传播的范畴，"舆论"、"意见"、"效果"、"宣传"、"产业化"等是其关键词，控制研究、内容研究、媒介研究、受众研究、效果研究等是其重要组成部分，而以启蒙文化为基础的法欧，传播更多与广义传播的联系在一起，传播研究与人类社会的政治—经济—文化—技术变迁与转型联系在一起。

认识论是哲学的一个分支，"其考察人类知识的性质、范围（scope）和界限（limits）。……认识论者要探究的问题是知识（knowledge）是否或在多大程度上建立在现象的存在和／或人的观察（perceptions）之上。他们的目的就是提供一个能够保证知识可能性的普遍基础。……对于人类传播理论而言，每一种理论都包含着有关知识性质（nature）和人类如何获得知识的假想。"① 认识论（epistemology）被看作"科学的科学"（science des sciences）或"科学的哲学"（philosophie des sciences），这种分析或批判性研究集中于被我们看作现实的科学的有效性，它是对现实研究的研究（l'étude de l'étude de la réalité）或是对认识的认识（la connaissance de la connaissance）。② "认识论是对有效知识构成的研究。其主要关心的问题是：认识（connaissance）是什么？知识是如何构思出来的？它的价值是什么？"③ 经验主义（empiricism）和理性主义（rationalism）是认识论中经常遇到了两种"知识生产"的认识模式。"理性主义把分析理解和理性看作所有科学认识的基础。……在很多情况下，经验主义借助体验，尤其是试验，把科学结论的有效性建立对假设的证实（vérification）基础之上。通过归纳，该方法可以实现从特殊案例向一个普遍性规则的过渡。"④ 这两种"主义"在某种程度照应了后来的社会人文科学的批判性与实证性研究。"认识论（epistemology）通常开始于对怀疑主义（scepticism）进行驳斥的尝试，来为'知

---

① Pat Arneson, "Epistemology", *Encyclopedia of Communication Theory*, Stephen W. Littlejohn & Karen A. Foss（ed.），SAGE, 2009, p. 349.

② François Dépelteau, *La Démarche d'une Recherche en Sciences Humaines*, De Boeck, 2000, p. 12.

③ Marie-Laure Gavard-Perret et al. *Méthodologie de la recherche*, Pearson Education, 2008, p. 7.

④ Marie-Laure Gavard-Perret et al. *Méthodologie de la recherche*, Pearson Education, 2008, p. 10.

识是可能的'主张的辩护，并进一步去阐明知识的性质（nature）和范围（scope）。……认识论的另一个主要问题是知识的起源，评估感觉（sens）和理性（reason）在知识获得过程中的作用。针对此问题，哲学家可分为两类：以柏拉图、笛卡儿和莱布尼茨为代表的理性主义，把理性作为知识的根源；而以洛克和休谟为代表的经验主义认为经验是真理（truth）的源泉。康德在试图融合两者，认为只有把我们先验的知觉（intuitions）和理解力（understanding）与表象（appearances）等概念结合起来，知识才有可能。当代认识论由英美哲学所主导，基本上是经验主义的。"① 根据本体论和认识论的不同，有的研究者把传播理论主要分成四种类型：后实证主义理论（post-positivism）；阐释论；批判理论；规范理论。② 马特拉的《传播理论简史》则分为"社会有机体"、"经验主义"、"信息理论"、"文化工业、意识形态和权力"、"政治经济学"、"日常生活的回归"等。③ 在国际传播研究方面，则划分为："宣传模式论"、"现代化理论"、"传媒依附理论"、"文化帝国主义理论"、"文化批判理论和文化研究理论"、"公共领域理论"等。④

方法论（methodologie）是对可能构成认识的方法的研究。⑤ 从广义上说，"方法论（methodology）是支撑一种研究类型的哲学立场和世界观（worldview）。……方法论是方法（methods）的哲学。它首先包括一个认识论，即保证结论有效性的'真理规则'（rules of truth），其次包含一个本体论，即建立有关其问题能够有效提出并可以得出结论的'对象'（objets）。"⑥ 在狭义上，方法论是一个研究者进行研究和处理一个特殊问题的方法。⑦ "方法论是对研究的原则（principles）、程序（procedures）以及实践（practices）的管理，……方法论应当包括进行研究的整个过程，即对研究的计划和执行、结论的得出以及发现的传播。"⑧ 在社会科学的研究中，一般存在着

---

① Nicholas Bunnin & JiYuan YU, *The Blackwell Dictionary of Western Philosophy*, 2004, Blackwell Publishing, p. 218.

② Stanley J. Baran & Dennis K. Davis, *Mass Communication Theory：Foundations，Ferment，and Future*,（6th ed.）, Wadsworth Cengage Learning, 2012, p. 12.

③ Armand Mattelart et Michèle Mattelart, *Histoire des théories de la communication*, La Découverte, 1995.

④ 郭可：《国际传播学导论》，上海：复旦大学出版社，2004年，第70 – 80页。

⑤ Marie-Laure Gavard-Perret et al. *Méthodologie de la recherche*, Pearson Education, 2008, p. 7.

⑥ Victor Jupp, *The SAGE Dictionary of SOCIAL RESEARCH METHODS*, Sage Publications, 2006, p. 175.

⑦ Jan Jonker & Bartjan Pennink, *The Essence of Research Mthodology*, Springer, 2010, p. 17.

⑧ Geoffrey Marczyk, David DeMatteo & David Festinger, *Essentials of Research Design and Methodology*, John Wiley & Sons, Inc., 2005, p. 22.

三种方法论的选择：个体主义（individualism）、整体主义（holism）和多元主义（pluralism）。① 一般，整体主义认为不同通过部分的简单加和来理解整体性，部分的发展要与总体的必要性保持一致，有时又称作集体主义（collectivism）；个体主义则偏重从个体角度来解释社会现象；多元主义则涉及整体主义和个体主义，它们被分别用来阐释个体或整体的因素。

简单地，本体论、认识论和方法论可分别简述为"是什么"、"如何认识"和"认识的方法"。

第四节　国际传播的问题框架

一、何谓理论

巴兰和戴维斯在第六版《大众传播理论：基础、争鸣与未来中》中，认为不同的研究目、本体论（ontology）、认识论（epistomology）和价值论（axiology）影响着对理论的界定，就传播理论而言，虽说综合了斯蒂芬·小约翰（Stephen Littlejohn）的"（理论）被界定为人类体验的某些方面的任何一套概念、解释和原则"和埃默里·格里芬（Emory Griffin）的理论被描述为"解释一个事件或行为的观念"，但基本上是对前者的套用。② "理论可以被界定为一套普遍的、或多说少具有综合性的、来描述某些现象的不同方面的陈述或命题。在应用语境中，理论可理解为有关不同模式（patterns）、概念、过程、关系或事件等的彼此关联的观念（ideas）。"③ 理论的界定众多，大多数的社会学家和科学家认为："理论是一套逻辑上相关的明确的、抽象的、普遍的陈述，用来解释自然世界中的现象。理论建构就是把理论元素组合成连贯的整体的过程，或根据逻辑的、语义的和经验的分析，进行理论修正和扩展的过程。"④

① Michael Bradie, *Indiviudalism and Holism in the Social Sciences*, Analyse & Kritik 24/2002. p. 88.

② Stanley J. Baran & Dennis K. Davis, *Mass Communication Theory：Foundations, Ferment, and Future* (6th ed.), WADSWORTH, 2012, p. 11.

③ Bruce L. Berg, *Qualitive Research Methods for the Social Sciences*, Allyn and Bacon, 2001, p. 15.

④ George Ritzer (ed.), *The Blackwell Encyclopedia of Sociology*, Blackwell Publishing Ltd. 2007, p. 4995.

在科学的演化结构上，在库恩看来，科学发展的动力不仅仅是认知的问题，而且还要考虑社会因素。科学的发展方式是非连续的、断裂的，而不是累积式的。这种断裂被称作"科学的革命"，类似于格式塔转换（gestalt switch）的东西——格式塔心理学看来，观察（perception）与表达（representation）过程自然地把现象作为被结构的整体来处理，而不是单纯的元素加和。托马斯·库恩（Thomas Kuhn，1922－1996）把共享下面两个特征的著作成就称作"范式"（paradigm）："它们的成就史无前例地吸引一个稳固的支持群体脱离科学活动的其他竞争方式。同时，它足够开放，为这个重新界定的实践群体留下各种各样的需要解决的问题。"① 这样的范式"在一段时间里为实践提供典型的问题和解答"②。"以共同范式为基础进行研究的人，都承诺同样的规则和标准从事科学研究。"③"理论要作为一种范式被接受，它必须优于它的竞争对手，但它不需要，而且事实上也绝不可能解释它所面临的所有事实。"④"新范式暗示着某个领域有了一个新的、更严格的定义。"⑤

在既定的时刻与既定的社会信仰状态下，科学家对世界有着特殊的理论表述，该表达随着观点的变化而发生变化。"常规科学"（normal science）和"科学革命"（scientific revolution）构成"范式"的基本概念：前者指基于某个范式上的经验的、具有生产和预测性的科学活动，后者则指结构某个既定学科（discipline）的范式因重复失败时，一种新的概念框架就开始被催生，新的范式就取代旧的科学研究条件，从而形成一个科学革命。库恩这种"范式"观念更多适合于自然科学研究，对于社会人文科学（尤其是传播学）的跨学科性难免有些尴尬。特别是随着传播学研究的发展，传播学的学科合法性问题难以一如既往地遭受质疑，因为社会人文学科发展的"复杂性"特征已消解了传播学的单一学科性，任何一门学科都无法来单独解释传播现象。对于国际传播研究而言，当下出现的主要倾向是，更多围绕问题意识中的"问题"来组织研究，形成某一"问题类型"。

二、国际传播问题框架

国际传播作为一个研究领域，涉及主题繁多，不但在理论上属于交叉学科，而且

---

① Thomas S. Kuhn, *The Strucutres of Scientifc Revolusions*（3rd ed.），The University of Chicago Press，1996，p.10.
② 托马斯·库恩：《科学革命的结构》，北京：北京大学出版社，2003年，第4页。
③ 托马斯·库恩：《科学革命的结构》，北京：北京大学出版社，2003年，第11页。
④ 托马斯·库恩：《科学革命的结构》，北京：北京大学出版社，2003年，第118页。
⑤ 托马斯·库恩：《科学革命的结构》，北京：北京大学出版社，2003年，第19页。

在现实中，地区的、国内的和国际的问题交叉在一起，呈现出复杂性。美国北卡罗来纳州大学新闻与传播学教授罗伯特·斯蒂文斯曾如此说，"难于界定（国际传播），当你看到时就知道了。"① 在他看来，国际传播关注的焦点已经超越了美国的边界，既无"实质"（substance）又无"方法"（method），剩下的只有"地理"（geography）概念。因此，在国际传播研究领域，鲜有像大众传播学那样的理论研究成果，国际传播理论的研究基本上散布于不同的社会人文学科之中，如国际政治、国际关系、发展理论、跨文化研究、文化工业（或产业）、跨国公司的国际化、经济的全球化、新闻与媒体等，在理论视角上表现为"全球"与"地方"的构合。鉴于国际传播研究的处境，学者麦迪·司马提（Mehdi Semati）在"国际传播理论前沿"研究中，把国际传播研究作为一种研究的组织方式的"领域"，② 采用"问题"（problematic 或 problématique）来构建国际传播研究的领域，③ 以此为主线，把不同的研究文章（articles）串联起来以形成一种国际传播研究的"系谱学"，从而勾勒国际传播研究的大致轮廓。这种以"问题"（problématique）为"母题"（motif）来组织研究领域的方法，避免了不必要的争论和辩论，具有积极的意义。

"problématique 一词，在哲学意义上指一揽子彼此联系的问题（problèmes）。"④ 因此，"问题化"（problematiser）就是有能力去研究某个主题（sujet），并从中分离出一个或几个问题（problèmes），即"问题化"就是"提出合适问题（questions）的艺术"，问题（problématique）就是一个研究可以为其提供答案的疑问（question）。进一步说，设计一个问题（problématique）就意味着有能力把这些问题（problèmes）按照等级体系构合起来。做研究，就需要有问题（problématique）意识，然后把该问题分解成不同彼此相构合的小问题（problèmes），针对这些问题所提出的疑问（questions）进行分析回答，最终达到解决所意识到的问题（problématique）的目的。

在 2004 年版的《传播的观念》中，陈卫星教授已经总结出传播象征权力所出现的五新现象："第一，出现以跨国传媒集团为代表的传媒行业的所有权之中和经营垄断趋势。……媒体经营处主要业务外，开始逐渐渗透到相关信息和文化产业，甚至涉

---

① Stevenson, Robert L., "Defining International Communication as a Field", *Journalism Quarterly*, vol. 69, no. 3 (Fall 1992), p. 543.

② Mehdi Semati, *New Frontiers in International Communication Theory*, Rowman & Littlefield Publishers, INC, 2004, p. 11.

③ Mehdi Semati, *New Frontiers in International Communication Theory*, Rowman & Littlefield Publishers, INC, 2004, p. 1.

④ Henri Lefebvre, Union Générale d'éditions, *De l'État* (V2), 1976, p. 419

足不动产、旅游、保险、体育俱乐部等其他行业，从而形成较强的经济实力和综合优势。……第二，商业意识形态在诱导大众传媒向媚俗靠拢时，作为社会公器的大众传媒的道德权威受到挑战。……第三，传播全球化与本土化的关系成为传播权力关系的焦点，跨国传播和多媒体数据传播的增加，在强化全球经济一体化的同时，可能会削弱地方文化的完整性，乃至威胁发展中国家的文化生态和政治生态，……第四，互联网崛起和媒体权力的重新聚合，尤其是互联网的兴起，传媒媒介以时空分离的方式构建媒介化的社会情境，重组社会关系，它超越或却带着其他社会化力量和控制力量，成为一种具有特殊影响的新兴社会力量。"① 实际上，这五种现象已经构成传播与国际传播研究的主要内涵与母题（motif），它不仅是过去二十多年的现象，而且也是当下与未来一段时间传播与国际传播研究要关注的主要理论阐释参照，特别是，随着新媒体的出现和传播的社会化（如社会媒体），传播的"中介化"（médiation）比以往的大众媒介"中介化"变得更漫射、更发散、更渗透，更具日常性、穿透性和国际性。

就当前的传播和国际传播研究而言，呈现出了多元化趋势。不同切入点造就了研究视角的多元性，它们涉及民族、国家、社会、文化帝国主义、进步、媒介帝国主义、公民、主权、人权、身份、宣传、国际关系、国际政治、跨国公司、信息流动、数字鸿沟、市民运动、公共服务、文化产品、国际组织、全球化、世界化、消费、制度、政策、信息流动等主题。这些主题分布于以下几个框架：进步与传播、作为新闻媒介的国际传播、文化信息工业与传播的近用、管理与操纵、全球化的制度传播、传播的地缘政治经济、跨文化国际传播、另类国际传播、阴谋论等。这样的认识划分只是主观性，目的在于使主题的阐释与分析变得更加清晰和容易。当然，对国际传播理论的研究也可有其他分类标准，如"国际传播理论可划分为五种范式：国际主义理论（theories of internationalism）、国际传播马克思主义范式（Marxist paradigm of international communication）、表达理论（theories of representation）、接受理论（reception theories）和身份理论（theories of identity）。"② 国际主义理论范式是一种技术决定论的范式，认为国际体系越是通过新技术彼此连接，世界将会变得更加和平和民主；马克思主义的中心命题是，国际体系的传播方法发挥着经济生产方式的功能；表达理论是阐释（或解释）图式，为国际传播中不平等国际关系的理解提供工具，主要从地

① 陈卫星：《传播的观念》，北京：人民出版社，2004 年，第 337 - 339 页。
② Mark DaCosta Alleyne，"International Communication Theories"，*Encyclopedia of Communication Theory*，Stephen W. Littlejohn & Karen A. Foss（ed.），SAGE，2009，p. 538.

缘政治和意识形态入手；接受理论认为国际媒介流动的不平衡源自于文本（texts）原因，与文化帝国主义无关，因此与表达理论中文本分析有某些共同的关注点。这类框架分析，没有关注到当前国际传播研究的细化与理论和实践的核心议题化特征，与上面的几个框架相比显得比较笼统。

作为文明使者的传播：进步与发展。社会进步意识形态、功能主义的技术创新与扩散、现代化等主题受到了关注。"发展"是其核心关键词，它被看成一种普遍的现代化过程。在进步与发展的框架下，传播与交通网络（如陆路、水路）、社会进步意识形态、功能主义的技术创新与扩散、基本与现代化、发达与欠发达等主题受到了关注。这些主题实际上涉及 19 世纪后半叶以后的地区国家、地缘政治和发展中国的发展策略问题，是 20 世纪 40 年代至 70 年代的"发展意识形态"衍生表象。就"发展传播"学科概念而言，在 1945－1965 年在北美大学中构思出来的、以"发展"概念为核心的现代化理论综合了殖民人类学、功能主义和新韦伯主义的思想，试图总结出一种由传统社会到发达社会的线性发展理论。这种发展模式倡导的只不过是美国社会发展的典范作用。但作为发展理论试验地的拉美地区并没达到预期的目标，并为依附理论的产生准备了条件。不过就涉及传播的发展理论而言，没有回答如何使现代化的成分代替不发达国家中的传统因素。发展意识形态和功能主义的扩散论宣扬了一种线性的发展观，更多体现着国家或国际上的一种地缘政治策略，尤其是美国在"二战"后在拉美甚至第三世界国家所做的试验。

作为新闻媒介的国际传播。在此框架下，国际传播的注意力集中于国际媒体，主要遵循大众媒介的新闻传播策略与功能。国际新闻史及媒介史（尤其在中国）、新闻内容的意识形态功能（如框架理论、话语分析）、媒介体制、传播内容的编码与解码、公共舆论、国际舆论以及国际公共运动的 NGOs 对公共舆论的影响、媒介伦理等成了研究关注的对象。这种框架下的研究更多遵循源自于大众传播的研究领域（如内容研究、媒介研究、效果研究等）的认识与研究方法，对新闻传播仍被视作一种"获取人心和思想"或"宣传"策略，在一定程度上，是对大众传播活动在国际层面上的类比性扩展。这种研究框架在中国大陆比较流行，并在教育招生（如考研）和学科设置（如新闻学为一级学科）的推动下，"国际新闻史"成了一门显学。

文化、信息工业与传播近用（access）。在此框架下，文化工业、文化产业、创意产业、跨国流动、信息自由流动原则、文化帝国主义、依附理论、商业逻辑、文化多元性、流动挪用、后现代知识生产等概念成了关注的对象。这些思考与当前的研究趋势紧密地融合在一起，在一定程度上说，此框架绘呈现出了一个问题意识地形图：

20世纪40年代的哲学批判意义上的文化工业，70年代的产业意义上的文化工业，80年代的新自由主义商业逻辑支配向的文化产业，90年代以后随着互联网出现的"网络之网"的传播挪用，数字网络技术和产业化成了文化传播的主要形式。文化、信息与跨边界传播的结合使"集体记忆"或"象征框架"或"集体意识"变得前途未卜。文化、信息传播的属性以及支配逻辑以及如何认识文化、信息工业的变迁以及网络之王中的知识生产状况，成了此框架关注的主题。

管理与操纵：跨边界的意识形态。在此框架下，传播是文化—信息的流动过程，承载的是"集体意识"、"社会意识"、"象征表达"或"象征框架"。这些文化——信息的"中介化"确立或重新构建着制度——象征象征秩序。传播的效果研究显示，信息的传播不仅影响着个人的知识、态度、意见和行为，而且也影响着作为个体活动背景的宏观社会系统。在此框架下，"宣传"、"心理战"、"控制"、"监视"、"意识形态"、"文化帝国主义"、"操纵与管理"、"公共外交"、甚至国家的"合法性确认"等成了研究的概念或主题。在这里，传播成了一种向别人施加影响的方法。

作为制度全球化的传播。制度的全球化框架下的研究一方面集中于区域型组织，探讨如何通过制度层面的博弈形成国际性或地区性的、政治的、经济的、社会的共同体。如欧盟、世贸组织、联合国及其相关机构以及跨国企业经营管理体制的全球化等；另一方面关注民族国家的全球化融入。这更多涉及国际传播中，跨国企业的管理的"去—再地域化"，主权国家的内外政策、体制问题以及其与国界相关制度的接轨。在这里，"西方化"、"欧盟化"、"泰勒制"、"福特制"等成了制度全球化的注脚。跨国政治、经济乃至军事的军事组织的产生、跨国公司国际化运作甚至文化工业的全球化发展，都体现着制度的全球化的现行运作。全球化也意味着民族国家或企业或地区组织制度和规则的国际化，同时包含着国际游戏规则的国内化。与国际的接轨使这种研究成为必要。

传播的地缘政治和经济。地缘政治和传播的结合形成一种新的认识框架，这里的主权、民族国家、宣传、公共外交、网络外交、软实力、巧实力等成了常用的关键词，国际政治与国际关系成了重要的理论参照。地缘政治—传播框架是全球化背景下国家间政治的有效阐释模式和实践参照。从"二战"时期的宣传战开始直至网络外交、软权力、巧实力概念的提出，反映了在全球化背景下传播在国际关系中的政治效能以及外交手段的演变。在国际关系中，传播与国际政治的结合成了理解和掌握国家博弈的有效手段，美国历届政府对外交策略的演变就深刻地说明了这一点：美国战略思想家布热津斯基的"网络外交"是电子网络化传播的结果，约瑟夫·奈的"软实力"又是网络外交的衍生物，苏珊·诺赛尔（Suzanne Nossel）提出的"巧实力"①概念，在奈的扩展下又成了对软实力的修正，它把"硬实力"和"软实力"结合在一起形成一种新的"赢"战略，② 这些概念构成美国外交的重要内涵。文化和信息成了战略性工具，发挥着地缘政治和经济作用。

作为跨文化交流的国际传播。在此框架下，人被看作是能够进行象征表述的动物，符号成了借以表达的工具，所指与能指之间的指称过程，需要通过话语实践来构合。跨文传播意味着文化和社会多元性的存在，即文化（或文明）与社会都是复数形式，不存在的激进的单一文化或文明。在此框架中，跨文化传播不仅仅是从语言学角度上的日常跨语言交际，还存在着文化产品与活动的跨边界流动（如文化工业产品跨边界消费）以及企业的跨文化经营与管理。在传播全球化的语境下，文化（或文明）的差异不应当成为文明冲突的依据，文化人类学研究显示不同文化的"杂交"和"克里奥化"特征，不同文化见的协商和共存成了跨文化传播的重要特征。

国际传播中的另类全球化。非政府组织、媒介帝国主义、信息传播新秩序、民主化、数字鸿沟、国际市民社会及其动员（如全球社会论坛、欧洲市民社会论坛、无边界记者组织）、全球化治理等则是研究国际传播的常见主题。该框架不仅分析了国际范围内媒介近用的不平等和对民主化的全球传播新秩序的诉求，而且显示了作为国际治理和民族国家所受的压力集团方面的显著影响。国际传播中另类全球化，使我们看到，国家的发展已与世界紧密地结合在一起，不但任何忽视国际或国内市民社会力量的做法存在着风险，而且也不利于国家的发展与民主政治建设。

国际传播与阴谋论。在战略上有"阳谋"与"阴谋"之分。简而言之，"阴谋"就是不为人所知的"谋略"，借助它来实现自己的目的。"阴谋论"往往具有贬义特征，尽管如此它仍是对事物过程的一种认识方式。"阴谋论"意味着并不是所有的事件的发生都可以用实证主义的论据加以论证，同时又不是所有已知证据能证明事情的发生不是这样，正是在事实与未知的事实的界面上产生了"阴谋论"。在"阴谋论"的框架下，国际信息的流动、国际舆论的生成、"真理"的产生、国际公共关系、不同政府间的游说、跨国公司战略、国际贸易争执等，不再是"中性的"的传播过程，"阴谋论"成了国际传播研究的组成部分。

---

① Suzanne Nossel "Smart Power", *Foreign Affairs* . Volume 8 3 No. 2.

② Joseph Nye, "In Mideast, the goal is 'smart power'", *The Boston Globe*, August 19, 2006.

本章参考文献：

埃德加·莫兰．复杂性思想导论．上海：华东师范大学出版社，2008

陈卫星．传播的观念．北京：人民出版社，2004

郭可．国际传播学导论．上海：复旦大学出版社，2004

托马斯·库恩．科学革命的结构．北京：北京大学出版社，2003

Agbobli，Christian & Hsab，Gaby. *Communication internationale et communication interculturelle：Regards épistémologique et espaces de pratique.* Ville de Québec：Presses de l'Université du Québec，2011

Baran，Stanley J. & Davis，Dennis K. *Mass Communication Theory：Foundations，Ferment，and Future*（6th ed.）. Boston：WADSWORTH，2012.

Berg，Bruce L.. *Qualitive Research Methods for the Social Sciences.* Boston：Allyn and Bacon，2001

Bradie，Michael. *Indiviudalism and Holism in the Social Sciences.* Analyse & Kritiks，2002（24）

Bunnin，Nicholas & YU，JiYuan. *The Blackwell Dictionary of Western Philosophy*，Oxford：Blackwell Publishing ，2004

Dépelteau，François. *La Démarche d'une Recherche en Sciences Humaines.* Bruxelles：De Boeck，2000

Donsbach，Wolfgang（ed.）. *The International Encyclopedia of Communication.* Oxford：Blackwell Publishing Ltd. 2008.

Jonker，Jan & Pennink，Bartjan. *The Essence of Research Methodology.* Heidelberg：Springer，2010.

Jupp，Victor. *The SAGE Dictionary of SOCIAL RESEARCH METHODS.* London：Sage Publications，2006.

Kuhn，Thomas S. *The Strucutres of Scientifc Revolusions*（3rd ed.）. Chicago：The University of Chicago Press，1996.

Lefebvre，Henri. *De l'État*（*V*2）. Union Générale d'Éditions，1976.

Littlejohn，Stephen W. & Foss，Karen A. *Encyclopedia of Communication Theory.* London：SAGE，2009

Marczyk，Geoffrey，DeMatteo，David & Festinger，David. *Essentials of Research Design and Methodology*，Hoboken：John Wiley & Sons，Inc. ，2005

Mattelart，Armand et Michèle. *Histoire des théories de la communication*. Paris：La Découverte，1995

Mattelart，Armand. La diversité culturelle：entre histoire et géopolitique，2001 Bogues Globalisme et Pluralisme，Montréal，23 au 27 avril 2002

Mattelart，Armand. *Le monidalisation de la communication* (5e éd.) . Paris：PUF，2008

Miège，Bernard. "Sciences de la communication et l'information et sa future"，interview par ZHU Zhenming à l'Institut de la communication de l'Universite Stendhal-Grenoble 3，2012 – 09 – 26

Mowlana，Hamid. *Global information and world communication：new frontiers in international relations*. London：Sage Publication Ltd. 1997.

Nossel，Suzanne. Smart Power. *Foreign Affairs*，2004，83（2）

Nye，Joseph. In Mideast，the goal is smart power. *The Boston Globe*，August 19，2006.

Perret，Marie-Laure Gavard et al. *Méthodologie de la recherche*. Paris：Pearson Education，2008.

Ritzer，George （ed. ）. *The Blackwell Encyclopedia of Sociology*. Oxford：Blackwell Publishing Ltd. 2007.

Semati，Mehdi. *New Frontiers in International Communication Theory*. Hanham：Rowman & Littlefield Publishers，INC，2004.

Sfez，Lucien. *La Communication*. Paris：Presses universitaires de France，1991.

Stevenson，Robert L. Defining International Communication as a Field. *Journalism Quarterly*，1992，69（3）

Wallerstein，Immanuel. *The Essential Wallerstein*. New York：The New Press，2000.

思考题：

1. 传播与国际传播问题界定。

2. 传播研究的制度化问题。

3. 如何认识传播的认识论问题。

4. 国际传播的研究框架。

第二章

作为文明使者的传播：发展传播

本章要点：

* 进步与发展的关系
* 发展传播的渊源、界定与流派
* 发展传播与现代化的关系
* 发展传播的前景

"米赛亚"就隐含在传播的想象之中，对时间和空间控制的每一次飞跃都会见证对一种新社会的承诺：相互依赖的、透明的、自由的、平等的和繁荣的。[①]

——阿芒·马特拉

第一节　进步与传播

一般情况下，对传播的研究主要集中于军事宣传、消费与政治竞选。"对大众媒介的研究往往关注这种现象与大众消费之间建立了联系，但没有去分析这种新的传播方法对社会整个系统的影响。……同时，大众媒介也传输着集体表达（représentations

---

① Armand Mattelart，"Jeter les bases d'une information éthique"，*Le Monde Diplomatique*，DECEMBRE，2003，p. 32.

collectives）、对世界和社会的态度、新的价值观以及新的象征符号。"① 这意味着人们借助传播可以构建一种新的心智状态与文明程度。发展传播的问题意识主要来自于传播学的功能主义社会学与建构主义社会学观点，信息与传播成了促进社会政治经济构型变迁的重要因素。随着认识的加深，对传播的理解不再局限于大众传播媒介，有关信息流动的活动都被看作传播活动的组成部分，并且传播活动也不是单纯的信息从信息的发出者流向消费者：既是一个意义的生产过程，更重要的，又是一个中介化（médiation）过程。"中介化"过程为"进步"与"发展"创造了一个话语空间，在此空间中，只有特定的有关"进步"的事物可以被言说和想象。

一般地，"进步"与"发展"概念常常被用来描述社会由低级向高级阶段或从"欠发达"向"发达"状态的转型，是从跨学科角度来描绘社会在不同维度上（如政治、经济、社会）构型的变迁或转换：如在政治层面上，从极权主义转型到所谓的西方式民主；在经济层面上，由原始的农业经济过渡了资本主义的自由市场经济；在社会层面上，由以亲情为基础的"社区"过渡到为民主奠定基础的"现代公民社会"。从功能主义社会学的观点，进步与发展有着不同的实现手段，其中之一便是"传播"手段。换句话，谈论进步发展与传播的关系，更多是从一种功能主义的观点来审视：认为传播活动对人类社会的发展有着促进作用。"人们依次使媒介担当起创世神、救星和替罪羊的角色，对它的单义分析常常忽略我们社会不断增长的文化复杂性。"②一方面，传播网络的发展成了空间和实践重新组织的手段："铁路时代的新时间（temporalité）成了一种新时间本身的出发点。就是通过这种'铁路时间'开始了一致化（harmonistion）过程，该过程在 19 世纪结束之前导向了'全球时间'。"③ "随着传播技术的发展，从陆路和水上交通网络到铁路交通网络、从电话电报网络到计算机技术网络，每一种传播网络的出现都是对时间和空间管理的一种修正。"④ 另一方面，传播网络的发展又和国家的发展程度联系在一起，"传播"成了社会发展程度的隐喻和标尺："传播后来成了度量一个民族实力、社会福利、繁荣、文明和国民政治自由程度的尺度：'在现代，最自由、最文明的国家（即法国、英国、比利时、荷兰、德国和美国）也是拥有最好交通道路的国家。西班牙的旧殖民地在获得独立以

① Fortin Gérald. La planification des mass media en vue du développement. In：*Communications*, 14，1969. p. 129.

② Armand Mattelart, *l'invention de la communication*, La Découverte, 1994, p. 12.

③ Armand Mattelart, *l'invention de la communication*, La Découverte, 1994, p. 69.

④ 朱振明：《传播世界观的思想者》，上海：上海交通大学出版社，2011 年，第 115 页。

后没有成功地实现自由和发展自己的文明。'"①

20世纪的下半叶，产生了一种关照第三世界发展的被称作"发展传播"的传播研究传统，发展话语操控着亚、非、拉地区的民族身份与表达政治。发展作为一种话语，不仅是第二次世界大战后出现的将贫困问题化的现象的回应，而且更是"二战"东西双方（资本主义与共产主义）两个阵营的战略语言修辞，旨在实现"铁幕"的挪移。此时，发展理论的明显指标是脱文盲程度、农业技术扩散、工业化程度、医学干预程度（如计划生育）、管理体制的民主性等。当进步与传播联系在一起的时候，更多被思考的是传播技术在社会变迁中的信息扩散作用。对进步、发展和传播关系，就国际传播理论来说，讨论较多的主要体现于"二战"后因国际地域政治格局变化而导致的发展传播，发展被看作一种地缘政治思维所带来后果。"二战"后，在联合国框架下发起的多种社会发展方案就是基于这样的思想：信息传播技术能够把先进民族的信息扩散到落后的社会中，使这些社会实现现代化。② 在这种观念的引导下，"发展"概念被专业化与制度化。这意味着"将第三世界引入专家知识和西方科学所组成的政治领域的过程。这一过程是通过一套技术、策略和学科实践来完成的，其目的是产生、确认和传播发展知识，包括专业、研究和教学方法、专业标准以及多种专业实践，通过这些机制的作用，一套真理政治得以创造和维持；也是通过这些机制，某些特定的知识形式被冠上了'真理'的名号。"③ 在这种"名号"下，各种意识形态被掩盖，传播技术被赋予"中性"特征，似乎作为信息扩散中心的富裕国家所具有的金融和技术能力能够确保这个世界的发展与和平。这种思想体现于诸多作品之中：罗杰斯的《创新扩散》（1962）、施拉姆的《大众传媒和国家发展》（1964）和《教育与发展中的卫星传播——印度案例》（1968）等。这些作品以西方中心主义的方式勾勒了一幅不发达社会借助信息传播技术实现进一步发展的蓝图。

不过，自20世纪80年代以来，不可否认，传播业成为社会发展和经济增长的重要组成部分，文化信息产业，特别是，成了发达国家与发展中国家（如中国）的经济主要增长点。特别是，随着20世纪70年代"石油危机"的爆发，信息被看成了发展经济的原材料和对社会进行治理的新的手段。"文化民主化"、"数字化民主"、

---

① Armand Mattelart，*l'invention de la communication*，La Découverte，1994，p. 70.

② Mark DaCosta Alleyne，"International communication theories"，*Encyclopedia of Communication Theory*，Stephen W. Littlejohn & Karen A. Foss（ed.），SAGE，2009，p. 538.

③ 阿图罗·埃斯科瓦尔：《遭遇发展：第三世界的形成与瓦解》，北京：社会科学文献出版社，2011年，第49-50页。

"网络公共空间"、"参与民主"等具有明显未来学特征的术语成了翻译与挖掘信息传播技术巨大潜力的象征工具。阿兰－孟克的报告《社会的信息化》（1978）、亨廷顿等的报告《民主危机》（1975）、克林顿和戈尔的《美国的经济增长：构建经济实力的一个新方向》（1993）、班格曼的《欧洲与全球信息社会》报告（1994）、泰利的《信息社会》报告（1994）、提纳·詹姆士《非洲发展中的信息传播技术》（2005）、凯瑟琳·L·曼的《加速美国的全球化：信息技术的作用》（2006）。这些作品基本上都成了这种技术乐观主义的注脚，在这里"数字鸿沟"及信息流动的不对称或不平等消解在技术乐观主义的狂欢之中。

"在定义和方法上，发展本身经历诸多变迁，从外部资助到自我依靠（self-reliance），从资本密集型到劳动力密集型经济活动，从根除传统到从地方文化（indigenous）文化着手。连接所有这些变化的主线的思想是，发展是一些国家所达到的状态，其他国家也必须达到；作为主要能指（master signifier），发展建立了一种规范，其力求避免把位于自己视界（purview）外的社会看作是具有相同合法性和行得通的社会系统。"①"发展"概念包含着诸多维度，如实践、制度、规则等；从学科的阐释角度来说也是多元的，如经济的、社会的、政治的、心理学，等等。"发展话语因此已经成了一种对世界进行描绘、分类和认识的主要方法。……发展成了'一种世界得以构建的阐释格栅'。"②在对发展与传播的思考中，基本上有两种思路：其一更多是一种主流范式，认为社会问题来自于信息的缺乏，认为发展中国家的问题由传统社会的价值观造成，其缺乏有关现代化的信息，是一种单向的、由中心边缘的传播模式；其二从参与（participatory）观点出发，把问题看作是权力结构不平衡的结果，其试图强化与社会成员的合作，并为他们赋权（empower），使他们有能力来对影响自己的问题进行控制，而不是从外部进行干预和强加，是一种双向的传播图景。③不过随着社会的发展，这两种思路彼此不再孤立，而是走向融合。

传播不仅是地缘政治的问题，也是社会治理的问题，同时也是国经济的问题。为了国民经济的发展，合适的传播政策成了国家发展规划的关注点，在这里，传播政策不仅涉及文化与媒介产业政策，更涉及疏导社会—政治—经济信息流动，以便促使社

---

① Mehdi Semati, *New Frontiers in International Communication Theory*, Rowman & Littlefield Publishers, INC, 2004, p.38.

② Mehdi Semati, *New Frontiers in International Communication Theory*, Rowman & Littlefield Publishers, INC, 2004, p.39.

③ Ingrid Volkmer, "Globalization Theories", *Encyclopedia of Communication Theory*, Stephen W. Littlejohn & Karen A. Foss (ed.), SAGE, 2009, p.543.

会发展（或社会转型）的策略规则。

第二节 发展传播

虽然传播与发展的关系早已见诸其他的学者的论述之中，如阿芒·马特拉在《传播的起源》中对文明与传播的阐述，"大约在1860年，传播被赋予'文明使者'地位。它的普遍性就是英国维多利亚帝国的普遍性。从铁路网络、电报、海下电缆以及苏伊士运河和蒸汽航运把世界表达成一个'巨大的有机体'，其中所有的成分都相互依赖⋯⋯ 这种早期网络是新的'有机依赖'（solidalité organique）的物理表达方式，这种实证主义概念与以往作为道德义务的'相互依赖'形成了鲜明的对比。最早的调节传播流动的国际组织就采用了这种有机依赖形式。"① 现今的"发展传播"概念往往被追溯到"二战"结束。

一、发展传播的渊源

据说，"发展传播"（development communication）概念最早由诺拉·C·科布拉尔（Nora C. Quebral）于1972年杜撰出来，并把其界定为："与有计划的社会变迁联系在一起的人类传播的艺术和科学。这种变迁使一个社会从贫困状态过渡到一个社会经济增长有力的社会，并产生更多的平等，更能展示个人的潜力。"② 但也有人说，在1953年以后在麻省理工学院（MIT）教书的美国经济学家丹尼尔·勒纳（Daniel Lerner）面对传媒在西方现代化发展中的作用撰造了"发展传播"（development communication）一词，用来描述"最早把媒介作为'传统'社会（即发展中国家）转型驱动器来进行战略使用的'现代'方法"③。不过总体上，"发展传播"成了20世纪50年代以来的社会科学，尤其传播学的关键词。一般地，第二次世界大战被看作

---

① Armand Mattelart，"Les nouveaux scénarios de la communication mondiale"，*Le Monde Diplomatique*，AOUT 1995，Pages 24 et 25

② Quebral，Nora C.（1973/72）."What Do We Mean by 'Development Communicatio n'". *International* Development Review 15（2）：25 – 28.

http://avrotor. blogspot. com/2010/11/development-communication-catalyst-of. html

③ Ingrid Volkmer，"Globalization Theories"，*Encyclopedia of Communication Theory*，Stephen W. Littlejohn & Karen A. Foss（ed.），SAGE，2009，p. 445.

"发展传播"方案的加速点，它是"重点援助、介入、现代化计划开始的重要时刻"①。尽管"发展传播可追溯到 20 世纪 40 年代在世界各地为发展所进行的各种努力，但是该词的普及源自于第二次世界大战所引起的问题。传播学在 50 年代的兴起见证了一个学科的被承认，丹尼尔·勒纳（Daniel Lerner），威尔伯·施拉姆（Wilbur Schramm），埃弗雷特·罗杰斯（Everette Rogers）等都是早期的倡导者"②。"当时流行的看法是，发展中国家的传统实践应该被取代，或至少通过从外部输入近来的已'取得的'进步来加以补充。大众传媒（mass media）被看成具有导致这种变化的主要潜力，可以'通过把现代化的春风吹进孤立的传统社会中，用西方社会的生活、价值和行为结构来取代后者。大众媒介被看成把新思想和实践从发达国家带入发展中国家、从城市带到东村的理想工具。决策者们坚信，通过大众媒介（在这里，信息呈线性传输，基本上从上到下，从点到面）的传播能够改变人们的观点和态度。"③"大众媒介不仅被看作社会变化的指数，而且也被看作社会化的因素。"④

美国总统杜鲁门的"第四点方案"成了现今"发展传播"理论的主要直接推动力。在 1949 年 1 月 20 日的讲话。杜鲁门把发展（development）和欠发达（underdevelopment）做了区分。⑤ 1949 年 1 月 20 日，美国总统哈里·杜鲁门（Harry Truman，1945 – 1953）在他的《国情咨文》提出了"第四点方案"，涉及"欠发达/发达"这组概念，该概念后来进入到联合国宪章第 55 条。杜鲁门对美国人说："……第四点，我们必须发起一个新的大胆计划，用我们的技术优势和科学成就来改善和促进欠发达地区的增长。这个世界一半以上的人们生活在贫困之中。他们缺乏事物，受到疾病的折磨。他们的经济生活是原始的，死气沉沉的。他们的贫困对他们自己和发达地区既是一个障碍，也是一个威胁……就是靠帮助弱势成员的互助来使人类大家庭过上体面和自足的生活。只有民主才能提供一种活跃力量，它动员大家采取一种行动，使他们不仅战胜压迫者而且战胜他们长期的敌人：饥饿、贫困和绝望。"⑥ 在第四点方案中，

① Thomas L. McPhail（ed.）*Reframing the role of the media*, Wiley-Blackwell, 2009, p. 2.

② Parveen Pannu & Yuki Azaad Tomar, *ICT4D Information Communication Technology for Development*, I K International Publishing House Pvt. Ltd, 2010, p. 50.

③ Communication For Development：*Strengthenthing the effectiveness of the United Nations*, United Nations Development Programme, 2011, p. 2.

④ Mehdi Semati, *New Frontiers in International Communication Theory*, Rowman & Littlefield Publishers, INC, 2004, p. 8.

⑤ Mehdi Semati, *New Frontiers in International Communication Theory*, Rowman & Littlefield Publishers, INC, 2004, p. 47.

⑥ Harry S. Truman, *First Inaugural Address*, January 20, 1949,
http：//teachingamericanhistory. org/library/index. asp？document = 1188

现代技术与资本被看作是促使发展的两个重要力量，但对技术的依赖远超过资本，因为决策者们相信技术会以较低的成本来带动社会的发展。"发展"被看成一种普遍的现代化过程，一种实现社会变迁的发展方案，该理论主要于 1945 – 1965 年间在北美的一些重点大学中被构思出来，并被专业化与制度化。"这种理论把社会发展看作阶梯式的线性发展模式：欠发达状态过渡到发达状态。根据这种信仰，社会创新由中心向边缘地区扩散。因此，没有特殊文化的位置，人们怀疑它们的创造能力，这些'他者'被认为没有历史，没有文化。创新的愿望只能从高向低、从发达地区向落后地区扩散。这些文化被打上了传统的烙印，并且被社会工程学家看作是通向欧美现代性典范的一个障碍。"① "（这种）社会政治理论把殖民人类学的理论遗产和 20 世纪 30 年代的功能主义分析概念以及西方历史的新韦伯主义解读结合起来，试图生产一种从传统社会到现代社会过渡的普遍理论，即从欠发达到发达的过渡……现代化话语是美国发展模式的自我合法化，认为自己应该把这种范式扩散到全世界，使全世界人民享受'美国梦带来的好处'…… 问题的关键在于如何使现代化的成分代替不发达国家中的传统因素。"② 这个理论的作用是不能被轻视的，可以说它与美国建立自己霸权的当时政策是分不开的，而且成为发展意识形态的依据。随此理论而来的，是"二战"后拉美学者对文化帝国主义和媒介帝国主义思想的阐释，以及对由此产生的社会、政治、经济乃至文化依附现象的反思。"文化帝国主义"、"媒介帝国主义"与"依附理论"成了当时社会科学主要的解读发达国家与第三世界关系的理解格栅，而且也成了社会科学批判学派的理论动员工具。

我们从众多的文献中可以看到，"发展传播"研究等多起源于借助信息传播或扩散来促第三世界或落后国家（试验场地主要包括亚、非、拉地区）的农业发展的理念："发展传播产生于农业传播。该词语不仅包含农业而且涵盖人口、饮食、卫生、教育、住房、就业等。"③ 随后又被用于国家、地区与世界的发展战略。传播不再局限于现代化信息的单向传输，而且成了双向互动的、为普通民众赋权、促进社会参与和政治—经济发展的战略工具。

---

① 朱振明：《传播世界观的思想者》，上海：上海交通大学出版社，2011 年，第 191 页。

② Jean-Philippe Peemans, Le rôle de la modernisation dans les rapports entre impérialisme, capitalisme et développement, *Cahiers Marxistes*, n°236, octobre-novembre 2007, p. 50.

③ Parveen Pannu &Yuki Azaad Tomar, *ICT4D Information Communication Technology for Development*, I K International Publishing House Pvt. Ltd, 2010, p. 50.

二、发展传播的界定

"发展传播"的界定繁多，有的是研究者的界定，有的是国际机构的界定（如联合国发展署 FAO）每一种界定实际上都括定了传播所关注的学科和实践范围。如：

"发展传播（development communication）是这样一个过程，它借助媒介（印刷、广播、电话、视频、互联网等）或教育（培训、扫盲、上学等）系统地或战略地使社会发生良性变化。这种变化可能是经济的、个人的、也能是精神的、社会的、文化的和政治的。"①

——托马斯·L·麦克菲尔

"发展传播指传播被用于进一步发展。这种应用或旨在广义的进一步发展，如增加大众媒介在一个国家民众中的曝光水平以便为发展创造一个好的氛围，或支持一个具体的发展项目（这种形式的发展传播常常被称作发展支撑传播（Development Support Communication：DSC）。"②

——埃弗雷特·罗杰斯

发展传播（communication for development）"强调需要支持对话的双向传播系统，让不同社区发言、表达自己的愿望和关注、参与事关自己发展的决策"。③

——联合国（UN）

"发展传播（communication for development）是一个基于采用广泛工具和方法进行那个对话的社会过程。它寻求不同层次上的变化，如倾听、建立信任、分享知识和技术、制定政策、为稳定的意义变迁辩论。它不是公共关系或商业传播。"④

——2007 年发展传播世界大会

"发展传播（communication for development）是一个基于采用广泛工具和方法进行那个对话的社会过程。它寻求不同层次上的变化，如倾听、建立信任、分享知识和技术、制定政策、为稳定的意义变迁辩论。它不是公共关系或商业传播。发展传播超越了便于积极参与和对话的信息传播。它强调提高意识的重要性，发展、地方知识、体

---

① Thomas L. McPhail（ed.）*Reframing the role of the media*，Wiley-Blackwell，2009，p. 3.

② Parveen Pannu &Yuki Azaad Tomar，*ICT4D Information Communication Technology for Development*，I K International Publishing House Pvt. Ltd，2010，p. 50.

③ UN Agencies and Communication for Development，http：//portal. unesco. org/ci/en/ev. php - URL_ ID = 21370&URL_ DO = DO_ TOPIC&URL_ SECTION = 201. html

④ Lessons，Challenges，and the Wary Forward，WORLD CONGRESS ON COMMUNICATION FOR DEVELOPMENT，2007，p. xxxiii.

验学习和信息共享的重要性，农村人群及其他利益攸关者在政策制定中的参与。"①

——联合国粮农组织（FAO）

"发展传播（development communication）是项目发展中的战略传播整合。战略传播是一个有力的工具，它能够提高的项目发展的成功机会。它努力使行为改变，不仅仅是信息的扩散、教育和增强意识。"②

——世界银行（The World Bank）

虽然"发展传播"有着不同的界定，但基本上都有着一个相似的意图：就是用传播来促进社会的发展和现状的改变。在这种发展和现状的转变中，虽然"发展传播"可用来指对"营销和舆论的研究以便开发有效的传播"，但论述较多的是"用传播来促进社会的发展"。③ 前者在于关注量化调查的回答和心理行为的技术分析，后者则注重系统地利用传播的过程、策略、原则、工具和手段带来积极的社会变化，即试图生产一种从传统社会到现代社会过渡的普遍理论，即从欠发达到发达的过渡。后者的传播作用被法国学者阿芒·马特拉描述为"文明的使者"。

随着发展传播的扩展，关注点已不再仅仅体现于早期的借助媒介来实现社会的变迁，尤其体现于第二次世界大战后北美媒介功能主义在第三世界国家所进行的技术扩散试验，而是扩展到人口、饮食、卫生、教育、住房、就业，等等。发展传播的常用方法关键词于是涉及信息的扩散与教育；行为的改变；社会营销；社会动员；媒体倡导呼吁；社会变迁传播；参与性发展传播，等等。如联合国在 2011 年就把传播发展实践划分为四种主要趋势："1）旨在改变行为的传播；2）旨在社会变迁的传播；3）推销某些思想的呼吁传播；4）旨在支持和强化良好媒介传播环境的传播。"④ 改变行为的传播被认为是一个互动过程，利用不同的传播渠道来鼓励和维持积极与合适的行为，如 20 世纪 50 年代的英国 BBC 有关健康的节目，以及当下的印度借助低成本的现代传播手段（如手机）向农民传输农业经验与提供产品销售与种子信息。自

---

① Communication for Development，http：//www. fao. org/oek/oek-what-we-do/communication-for-development/en/

② What is Development communication，http：//web. worldbank. org/WBSITE/EXTERNAL/TOP-ICS/EXTDEVCOMMENG/0，contentMDK：20240303 ~ menuPK：34000167 ~ pagePK：34000187 ~ piPK：34000160 ~ theSitePK：423815，00. html

③ Development Communication，http：//en. wikipedia. org/wiki/Development _ communication # cite _ ref－0

④ Communication For Development：Strengthenthing the effectiveness of the United Nations，United Nations Development Programme，2011，p. 7.

20 世纪 90 年代以后，随着认识的深入，个人行为被看成社会、政治、经济和文化背景的一部分，教育、社会营销、公共政策、媒体呼吁、公共关系等各种策略都被吸收近来。社会变迁传播强调"对话"概念，把对话看成发展的中心概念，有必要方便穷人的参与和赋权。强调水平对话的重要性，看重人在社会变迁中的作用，看重协商技巧和伙伴关系。呼吁传播涉及旨在影响政治气候、政策和纲领制定、社会规范、资助决定并就有关具体问题进行支持和赋权的传播，目的在于获取治理、权力关系、社会关系、态度和机构功能中的变化。改变传播环境的传播在于强调传播的力量，包括职业和机构基础设施，强调有必要：实现一个为公共服务的自由、独立和多元的媒体，实现对不同传媒渠道以及社会电台的近用，实现没有歧视的广播行业的制度环境以及媒介责任制度，追求所有群体能够发音并参与辩论和政策制定的自由表达。从这些发展传播的不同方法和认识中，我们可以看到，发展传播不只是人类社会发展的某个方面问题，局部的认识充满着现象学的解释特征。需要从综合的角度来审视发展传播。

三、发展传播的流派

对发展传播研究的流派有着不同的划分：有的参照地域，有的参照研究的路径，等等。如菲律宾的罗托尔（Abe V. Rotor）博士就做了很有意义的总结，在不同地区存在着不同的发展传播学派，从经验实证的角度存在着：1）布雷顿森林学派；2）拉美学派；3）印度学派；4）非洲学派；5）菲律宾罗斯巴诺斯（Los Baños）学派；6）控制论学派；7）参与学派（Participatory Development Communication）。① 布雷顿深林学派主要"二战"后的国际政治经济形势联系在一起，随着布雷顿森林体系、世界银行（WB）和世界货币基金（IMF）的建立，西方资本主义国家的现代化模式被看作解决发展中国国家落后现状的手段，主要在拉美地区推行，这种传播更多与联合国、联合国粮农组织（FAO）、洛克菲勒基金、福特基金等组织（1944）联系在一起，其中的理论思想家来自于北美大学中的传播功能主义学派，如罗杰斯、施拉姆等。罗杰斯就常常被称作"发展传播之父"，他的《创新与扩散》（*Diffusion of Innovations*，1962）被看作经典之作。北美在拉美的媒介功能主义思想常常与对文化帝国主义批判联系在一起。拉美学派的历史超越布雷顿森林学派，可追溯到 20 世纪 40 年代的哥伦比亚 Sutatenza 和玻利维亚 Minera 电台所做的早期努力；他们采用参与和广

---

① Development Communication-Catalyst of Socio-Economic Change，by Abe V. Rotor http：//av-rotor. blogspot. com/2010/11/development-communication-catalyst-of. html，Retrieved 2011 – 11 –21

播农村教育方式来增强被边缘化地区的能力，并成了世界参与广播的早期模式。印度学派也可追溯到 20 世纪 40 年代早期的农村广播，在联合国的帮助下，大学和研究机构通过传播网络传播信息来实现发展。非洲学派产生于 20 世纪六七十年代的脱殖民时期，非洲英语区国家尝试用广播来实现教育、健康和农业状况的改善。罗斯巴诺斯学派随着科布拉尔（Nora C. Quebral）在 20 世纪 70 年代有关发展传播的著作扩展开来，科布拉尔既被看作"发展传播"（1972）一词的撰造者，又被看作"发展传播之母"。该学派广泛地关注教育、科学、策略、健康等方面的传播。控制论模式涉及信息科学，认为如果信息对熵（entropy）产生影响，社会崩溃是一种熵，那么就必须存在阻止社会崩溃的具体信息；这种信息的交换——不管是个体层面，还是群体和社会层面——就被称作发展传播。参与学派主要涉及社团（community）对发展的参与，涉及发达国家和发展中国家传播组织和机构间的合作。

托马斯·L·麦克菲尔（Thomas L. Mcphail）则从理论分析的角度把发展传播划分为：文化帝国主义理论；参与传播；娱乐教育（Entertainement-Education）。① 在他看来，文化帝国主义理论更多与赫伯特·席勒（Herbert Schiller，1919－2000）的作品联系在一起，其质询发达国家发展模式推广的模式与动机，这属于传播政治经济学派的问题，考量信息流动的占有、挪用和权力的关系。参与传播反对传播的线性模式，提倡草根组织的参与，其中文化被看作应该被坚守的东西。娱乐教育学派试图结合媒介，尤其广播与电视剧本的结合以促进社会的积极变化，如 CBC 的"农场广播论坛"（Farm Radio Forum）和 BBC 的"射手"（The Archers）等栏目。"发展新闻（development journalism）一词被创造于 1968 年，它与当时的经济报道培训项目联系在一起。"②

到了 20 世纪的八九十年代，随着传播文化信息的商业化和全球化，"发展话语开始聚焦于国家、市场和社会间关系的重新界定，寻找超越国家（如苏联模式的社会主义）和市场（如自由市场或放任自流的资本主义）的另类选择。这种工作很好地体现在安东尼·吉登斯（Anthony Giddens）提出的'第三条道路'或社会责任资本主义思想中。这种思想把市民社会、公民参与和负责任的商业整合到国家的合伙关系中，已取得资本主义市场上的一种平衡。与此同时，受到东欧国家外的社会力量的所

---

① Mehdi Semati, *New Frontiers in International Communication Theory*, Rowman & Littlefield Publishers, INC, 2004, p. 47

② Mehdi Semati, *New Frontiers in International Communication Theory*, Rowman & Littlefield Publishers, INC, 2004, p. 41.

带来的积极影响的鼓励，拉美和撒哈拉南部地区的发展中国家都把市民社会看成一种引导社会变迁的力量。"① 传播不仅是信息的扩散，作为跨学科的学科，传播学被整合进社会的现代化方案选择之中。

第三节　发展传播与现代化

从概念思想史的观点出发，我们可以看到，"发展"观念来自社会实践，随着社会人文科学的发展而得以提炼。"发展（development）概念来自于某些历史事件，如欧洲和美国的工业革命，拉美、非洲和亚洲的殖民体验（experience），北美社会科学的量化经验主义，以及资本主义政治、经济哲学。实际上，没有一个主导范式的界定，在20世纪五六十年代也没有简明的描述。"② "现代化"（modernization）是同样用来描述社会政治、经济、社会发展的另一个概念。发展的目的也就在于实现"现代化"，用一种由"功能（function）组织"的社会模式代替另一种靠"阶层"（caste）或"荣誉"（prestige）组织的社会模式。③ 借助传播及其技术来"发展"是路径的选择，"现代化"是发展的目的。"现代化"所表现出的社会的"现代性"需要通过一系列社会政治经济的制度、体制、规范与价值观表现出来，如对西方社会而言，表现为城市化、民主宪政、多党政治、三权分立与权力制衡、市场经济体制、充分发展的公民社会等。

实际上，"现代化"是一种社会、政治、经济等构型（configuration）向另一种所谓的"高级的"构型的转变或过渡，是一种社会、政治、经济文化向另一种类型文化的转变，如封建或领主的文化向市民或公民文化的转变，从小农（或垄断）经济向现代市场经济文化的转变，从极权政治文化向现代民主政治文化的转变。总体而言，传统社会被描述为"从上到下的金字塔式的"纵向的权力结构，而现代社会则是一个靠"相互依赖而结成的马赛克式的、横向的社会形态"④。现代化是一个综合

---

① Tai, Zixue, *The Internet in China*：*cyberspace and civil society*, Routledge, 2006, p. 48.

② Srinivas R. Melkote, "Everett M. Rogers and His Contribution to the Field of Communication and Social Change in Developing Countries", *Journal of Creative Communications*, Sage Publications, 2006, p. 111.

③ Bruce Charlton and Peter Andras, The Modernization Imperative, Imprint Academic, 2003, p. 3.

④ Bruce Charlton and Peter Andras, The Modernization Imperative, Imprint Academic, 2003, p. 3.

的过程，不过被有的学者细化为"一种社会模式"、"社会演化"、"个体的变化"以及"话语"，① 但我们要清楚地认识到，这几方面不过是"现代化"现象的现象学描述中的几个视角"变更"。随着社会的发展与变迁，必须用"复杂性"的观点和跨学科的知识来审视发展，形成认识与辩论。"现代化视角把世界分成'传统的'（traditional）和'发达的'（developed）社会。在这种视角下，发展（development）的目的就是方便一个社会从传统向发达状态的转型（transformation），这是一个单向的、不可逆转的运动。"② 按照这种观点，现代化就是从"传统的"向"现代的"社会状态的过度。若从西方中心主义观点来看，现代化意味着发展中国家或第三世界国家要遵循西方的发展模式，实现对传统价值观的批判和西方价值观的接受。

"现代的开端可以追溯到到 12 世纪的文艺复兴在（的早期），更直接的根源则可以追溯到 17 世纪的科学革命。"③ 有关"现代化"的理论主要可追溯到 19 世纪晚期欧洲的社会思想家那里，如涂尔干、马克思、滕尼斯、韦伯等。这些思想家从英国和美国的早期现代化经验那里获得灵感，他们的著作为现代化理论提出了一系列用来描述人类从农业向工业社会变迁过程中的标志性概念：地位/契约（status/contract）、机械的/有机的团结（solidarity）、社区/社会、魅力的/官僚理性的权威（charismatic/bureautic-rational）、合理化（rationalization）等。这些概念体现了这种转变过程中的社会规范与社会关系所遭遇的变化。"现代化"概念包含着有关人类社会发展的一系列解释。一般认为现代化是从传统社会向现代社会的转变过程，是多层面的转变过程，使传统社会转变成具有现代性的特征，如经济的工业化与市场化，政治的民主宪政，并具有发达的公民社会。"从历史角度来看，世界的现代化进程无疑首先发生在西欧，然后再传播到欧洲其他地区和北美，从本世纪（20 世纪）开始，在亚洲、非洲和拉丁美洲的所有国家也都先后开始了现代化进程。正因为这个原因，最初的现代化理论家都把现代化定义为：'西欧和北美产生的制度和价值观从 17 世纪以后向欧洲其他地区的传播过程，18 世纪至 20 世纪向全世界其他地区的传播过程。'把现代化进程看作是西方文明向全世界传播的过程，实质上是把现代化简单地理解为西方化。"④

---

① Srinivas R. Melkote and H. Lesilie Steeves, *Communication for development in the third world*: Theory and Practice for Empowerment, 2nd edition, Sage Publications, 2001, p. 100.

② Mehdi Semati, *New Frontiers in International Communication Theory*, Rowman & Littlefield Publishers, INC, 2004, p. 8.

③ 西里尔·E·布莱克：《比较现代化》，上海：上海译文出版社，1998 年，第 11 页。

④ ［美］西里尔·E·布莱克，杨豫，译者前言，《比较现代化》，上海：上海译文出版社，1998，第 1 页。

由于国际环境和意识形态背景，如主要地民族独立浪潮和东西阵营的对抗，美国政府不断地调整自己的外交政策，在这些政策的调整过程中，美国的学者（社会科学家）成了现代化理论构建的重要贡献者。为了实现发展和现代化，他们从不同角度对通过发展实现现代化过程进行了研究。例如，在经济方面，罗斯托（Walt. W. Rostow，1916－2003）在1959年发表了《经济发展的阶段》（*The Stages of Economic Growth*），他从英国的工业发展历史出发，描述了从传统社会到大规模消费社会所经历的阶段，为那些不发达地区总结了走向现代化的路径。在技术方面，威尔伯·施拉姆（Wilbur Schramm，1907－1987）的《大众传媒和国家发展》（*Mass Media and National Development*，1964）认为传播技术能促进社会的现代化发展。技术在现代化理论中起着重要的作用，因为人们相信技术能够促使不发达地区加快发展。"在拉丁美洲传播研究和培训中影响最大的就是施拉姆和他的学生。"[1] 在思想观念方面，罗杰斯认为"经济的增长与科学价值观构成解决不发达问题的关键主题"[2]。在社会学方面，帕森斯（Talcott Parsons，1902－1979）则从文化的角度把社会分成不同发展阶段：原始、过度、现代，并对社会的发展作了结构性比较分析，描述了不同社会类型的结构和功能，[3] 这为发展理论提供了社会学方面的概念参照。

在指向现代化的发展传播文献中，对传播与现代化关系的论述，主要是从"二战"后地缘政治的视角来进行的。"大众传播媒介被认为社会发展的首要动力。这种观点在20世纪五六十年代非常流行，当时的关注点被集中到重要的大众媒介之上，忽视了人际间/组织网络以及地方的传播网络。像报纸和广播这些大众媒介被赋予尽可能传播信息的重要任务。政府当局、问题专家（subject experts）以及推广代理（extention agent）往往走向广播台或走家串户，去讲解怎样才能有一个较小的家庭、增加农业收入，如何才能过上健康的日子。传播流动（communication flows）具有等级体系，是单向的、从上到下的。这种情形在20世纪70年代开始发生了变化。"[4]与

---

① Armand Mattelart，*Communication and Class Struggle*，v1，International General，1979，p31.

② Srinivas R. Melkote，"Everett M. Rogers and His Contribution to the Field of Communication and Social Change in Developing Countries"，*Journal of Creative Communications*，Sage Publications，2006，p. 112.

③ George Ritzer & D. J. Goodman，*Classical Sociological Theory*，Beijing University Press，p450，2004.

④ Srinivas R. Melkote and H. Lesilie Steeves，*Communication for development in the third world*：*Theory and Practice for Empowerment*，2nd edition，Sage Publications，2001，p. 249.

这种情形相伴随的是传播主体性的回归，即传播的受众的接受主体性以及作为宏大主体的国家的主体性的回归。按照线性传播的模式的单向的、由中心到地方的信息传播或技术扩散已不足以解释：借助大众媒介来进行的发展传播为何达不到预想的目标（如农业改革、计划生育政策、远距离教育）。美国式的功能主义传播社会学（如勒纳、施拉姆、罗杰斯等）受到了质疑。"作为北美扩散主义先驱之一的埃弗雷特·罗杰斯（Everett Rogers）在 1976 年不得不坦白承认，由扩散主义启发的理论和实践方法是行不通的，并注意到由'自我依赖'（self-reliance）思想引起的新的发展模式：线性扩散的'说服式'传播模式失去了吸引力，新传播的模式的关键概念成了对话传播、参与传播。"[①]

总之，普遍的现代化理论的基本思路在于：首先西方国家是发达国家，其他是欠发达国家；其次，发展要经历传统社会到发达社会；最后，欠发达国家如何由不发达过渡到发达状态。在作为中心的"发达"与作为边缘的"欠发达"之间，"互动的内容也产生了变化：思想救赎、投资救赎、传播救赎、经济整合救赎等。这就是说，边缘地区向中心地区的过渡是通过发达地区向欠发达地区输出思想、投资、传播技术来实现的，或把后者的经济整合到全球化过程中来达到发展的目的。"[②]这种借助传播来实现的传播模式更多是一种西方中心主义观点，一种线性发展传播过程，信息或技术的扩散由发达地区（或中心）不发达地区（或边缘地区）扩散，其传播学灵感来自于美国早期香农的数学线性传播模式，常说的"欧洲中心主义"就是其中的发展传播思维见证。欧洲中心主义（eurocentrism）是一种现代现象，一种到 19 世纪才盛行的现象。"它是一种反普遍主义（anti-universalist），因为它对人类发展普遍原则的寻找并不感兴趣，它主张所有民族对西方模式的模仿是面对我们时代挑战的唯一解决办法。"[③]

不过这种以西方为中心的现代化或发展逻辑（实际上是一种线性发展模式）受到了批判，因为其"忽视了对各类正在现代化的社会内部文化传统的研究，……对于任何一个社会来说，现代化作为社会变化的一种进程，不可避免地要同传统文化发生互动。……与其说现代化是与传统文化的决裂，还不说它在实质上是传统的制度和观念在科学和技术基本的条件下对现代社会变化需要所作的功能上的适应。因此现代化理论的首要任务是从各种社会内部的文化传统本身出发，加强对文化传统的研究，

---

① Armand Mattelart, *Penser les médias*, La Découverte, 1986, p237.

② 朱振明：《传播世界观的思想者》，上海：上海交通大学出版社，2011 年，第 100 页。

③ Samir Amin, *Eurocentrism*, Zed Books, 1989, P. vii.

以确定在新的时代和条件下应当保留哪些有利于现代化的因素，抛弃哪些阻碍现代化的因素。"① 换句话，现代化理论的构建是与文化的多元性分不开，现代化过程并不是一线性的从中心向地方的扩散技术与观念的扩散过程，发展传播除了与信息的扩散与传播相关之外，还与地方或局部的人类学（尤其文化人类学）以及地理学等因素联系在一起，与复数社会与复数文化概念联系在一起，世界是一个社会与文化多元化的世界。

在全球化加剧的过程，民族主义（nationalism）成了这种趋势的平衡器，与"全球化"相伴随的向"地方的"（local）回归。作为"想象的共同体"，国家的发展与现代化是与不同民族、文化与社会的具体情况相联系的。随着这种回归，传播在现代化中发挥的作用逐渐与具体情景结合起来，"多元性的统一"展现了世界多元文化与社会共存的意象。文化人类学视角下的传播与现代化成了"传播建构社会"的重要途径。在这种视角下，"传播是一切社会交往的实质"②；"信息与传播成为嬗变中的生产体制的行为主体。"③ 先进的信息处理手段与信息传播系统已介入到社会政治经济的制度与体制的解构与建构之中。"媒介通过媒介化的表象成为一种社会关系的组织方式。"④ 日常传播行为，如商品消费（或物品或内容）、报纸、广播、电视、互联网、社会媒体及随之而来的博客、微博、论坛发帖、跟帖、网络辩论等，成了最直接的制度性传播行为，传播技术促进并加速现代化话语与舆论的形成，具有了议题设置和影响公共决策或政府决策的潜力。

第四节　传播与发展的前景

从杰克·伦敦（Jack London，1876 – 1919）在 1915 年赞扬"电影图像采用都能理解的语言来传播知识"到拉丁美洲的 20 世纪 50 年代、60 年代的传播发展战略，从马歇尔·麦克卢汉的"地球村"到兹比格纽·布热津斯基的"地球城"，从"信息社会"到"全球信息社会"再到"知识社会"，传播成了社会"进步"的隐喻。随

① 西里尔·E·布莱克，杨豫，译者前言，《比较现代化》，上海：上海译文出版社，1998年，第 4 – 6 页。
② 陈卫星：《以传播的名义》，北京：北京广播学院出版，2004 年，第 3 页。
③ 陈卫星：《以传播的名义》，北京：北京广播学院出版，2004 年，第 40 页。
④ 陈卫星：《以传播的名义》，北京：北京广播学院出版，2004 年，第 70 页。

着传播技术的发展，从陆路和水上交通网络到铁路交通网络、从电话电报网络到计算机技术网络，每一种传播网络的出现都是对时间和空间管理的一种修正。而"'米赛亚'就隐含在传播的想象之中，对时间和空间控制的每一次飞跃都会见证对一种新社会的承诺：相互依赖的、透明的、自由的、平等的和繁荣的。"① 如丹尼尔·贝尔在 1980 年英文版《社会信息化》（*The Computerization of Society*）的导言中所说，"明显的是，这个词（电脑通信技术）表现了一种新的事实，一种创新，它像 19 世纪的铁路和电力那样改变着社会。"② 马特拉认为，自 19 世纪开始，传播救世的意识形态就埋下了根基。"大约在 1860 年，传播被赋予'文明使者'地位。它的普遍性就是英国维多利亚帝国的普遍性。从铁路网络、电报、海底电缆以及苏伊士运河和蒸汽航运把世界表达成一个'巨大的有机体'，其中所有的成分都相互依赖……这种早期网络是新的'有机依赖'（solidalité organique）的物理表达方式，这种实证主义概念与以往作为道德义务的'相互依赖'形成了鲜明的对比。最早的调节传播流动的国际组织就采用了这种有机依赖形式。"③ 从 20 世纪五六十年代的媒介功能主义发展论（大众传播成了"期望增长革命"的注脚）到西方 70 年代利用信息技术摆脱"管理性"（gouvernmentalité）危机，信息被看成原材料，被看成新形式的能量，传播因素成了不发达或危机社会走出困境的工具。到了 20 世纪 80 年代，随着电子和信息技术的飞跃发展，"传播"不但成了"进步"和信息社会"技术网络发展"的同义词，而且也成了衡量增长和民主的标杆。在 20 世纪 90 年代，美国前副总统阿尔伯特·戈尔提出了旨在建立一个新的"雅典民主时代"的信息高速公路，并把私人开发的网络看作是解决社会经济不平衡的发展和团结的工具。历史在重现，"两个多世纪以前，传播概念通过'道路'进入到现代性之中，而以非物质网络和不可触摸流动为特点的后现代时代的来临又在高速公路网络的隐喻下得以完成。"④ 信息社会和信息传播似乎成了人类社会进步的阅读格栅。

在传播与发展的关系中，我们要避免把"发展"仅局限于社会与经济领域。应当把"发展"看成"为一个社会正确选择达到自己预定目标及其最有效手段的可能性"。"发展因此意味着参与（participation）和合理性（rationalité）。参与意味着，对

---

① Armand Mattelart, "Jeter les bases d'une information éthique", *Le Monde Diplomatique*, DECEMBRE 2003 p. 32.

② Simon Nora & Alain Minc, *The Computerization of Society*, The MIT Press, 1980, pvii.

③ Armand Mattelart, "Les nouveaux scénarios de la communication mondiale", Le Monde Diplomatique, AOUT 1995, pp. 24 – 25

④ Armand Mattelart, *Le mondialisation de la communication*, PUF, 1996, pp. 95 – 96.

目标的选择必须正确，不能留给一个特权群体；合理性在于，手段的选择应当成为一种科学层面上的算计，旨在使效率最大化。"① 在有的学者看来，发展意味着世界观的转变：用通过社会内部构成成分互动来实现自决的观念（或集体表达）来代替小群体行为来掌握社会发展方向的观念（或集体表达）。② 前者体现一种能够自决选择自己价值观并有意识地去分享一个社会或群体价值观的开放的人格；后者则表现为无力面对自然，被动地接受某些个体或集体权威态度的封闭性人格，更多体现前工业社会（或前技术社会的特征）。从社会学的角度来看，发展作为一种社会有效自决能力，就需要两个条件：首先在文化层面上，必须存在围绕"参与"、"合理性"等社会价值观组织起来的集体表达和象征符号；其次，社会中必须存在大多数的开放性人格。③ 而传播活动为这个两个条件的实现提供了条件。

随着冷战的结束，世界两极化的终结，世界格局朝向多元化发展，宗教、宗族、民族主义以及不断增长的跨国化、信息流动的加速、被边缘化群体意识的觉醒、自然资源的锐减和环境问题，都成了可持续发展的新挑战，它们不断地改变着问题以及发展议题的设置。就"发展传播而言"，有的学者对此进行了细致的分析，概括认为，存在三种观点：一种是基于新古典经济理论上的现代化观点，意味着促进和支持资本主义经济的发展，西方的发展模式适合于世界的其他任何地区；另一种是批判观点，这些思想者往往与现代过程中的文化扩张主义与文化帝国主义（或依附）联系在一起；第三种是自由主义或宗教观点，总体上是自由神学观点（liberation theology），强调个体与社区的自由，自立与赋权（empowerment）成为发展的目标。④ 不过有关"发展传播"研究的主流话语体现于前两种，即社会经济的发展与信息流动（或传播或技术信息的流动与转让）的意识形态批判。自 20 世纪 60 年代以来，"发展传播"议题已经历半个多世纪的学术认识与辩论，伴随这些辩论的是批判社会学家与北美功能主义范式的分道扬镳。随着全球化多维度的推进以及新媒体的迅速发展，"发展传播"中的单纯的"功能主义观点"与"批判观点"的二元认识已不足以解释社会发

---

① Fortin Gérald. La planification des mass media en vue du développement. In：*Communications*，14，1969. p. 130.

② Fortin Gérald. La planification des mass media en vue du développement. In：*Communications*，14，1969. p. 131.

③ Fortin Gérald. La planification des mass media en vue du développement. In：*Communications*，14，1969. p. 131.

④ Srinivas R. Melkote and H. Lesilie Steeves，*Communication for development in the third world*：*Theory and Practice for Empowerment*，2nd edition，Sage Publications，2001，p. 34–35.

展中的信息与传播的作用。向"主体性"、"日常社会生活"、"地方的"、"历史的"等的回归，意味着进步与发展需要与不同民族和国家的具体情况结合起来，并日常生活（daily life）中进行考虑。

自进入新世纪以来，世界的社会发展格局出现了新的局面：发达的西方资本主义国家的经济增长乏力，新兴国家与第三世界的一些国家出现了经济增长的势头。社会运动、传统的高福利制度、失业、分配、国债危机、不公等问题成了西方发达国家必须面对的问题。另外，新兴经济体的崛起（如金砖五国），这不仅是经济层面上的崛起，而且也关系到社会的深刻转型问题。2011 年发生在美国的"占领华尔街"运动，成了一个促使反思西方政治经济体制的典型的案例，该运动最初有位于加拿大的"广告克星媒体基金会"发起，提议举行和平集会来抗议美国在解决 2000 年后期全球金融危机爆发以来的不作为，该运动波及美国的诸多城市以及加拿大、英国、日本、澳洲等国。抗议者提出口号："建立一个美好的社会，我们不需要华尔街，我们不需要政治家。"中国社会科学院世界经济与政治研究所国际战略研究室主任沈骥如在分析世界政治经济形势后写道："'占领华尔街'运动不但蔓延到全美国，也蔓延到英国等欧盟国家，其规模之大，口号之尖锐，表明美国和主要西方国家多年积累起来的社会矛盾的爆发。过去美国和其他发达国家可通过跨国公司在全球汇回的盈利来提供社会福利资金和维持国内高工资。随着发展中国家特别是新兴经济体的崛起，海外利润越来越难以支持发达国家不断提高的工资和高福利标准了，于是西方国家政府越来越依靠债务来维持国内的表面安定。但是，这次金融危机和主权债务危机表明，这种向全世界借债来维持国内太平的做法是不可持续的。'占领华尔街'运动对收入分配不公平的抨击、对金融大鳄贪婪的揭露、对失业率居高不下和政府无所作为的强烈不满表明，这些国家的民众要求变革现行制度的愿望已经难以压制，必将对 2012 年及今后一个时期的西方国家的生活方式、分配方式、财政制度和国内政治产生深远的影响。"① 显而易见，传播与发展的问题不再局限于以往的狭义上的发展传播，信息传播被看作修正和构建新兴社会的政治经济秩序的工具，如何借助信息传播来修正与完善经济的增长与社会既国家的治理，成了传播学研究围绕其构建议题的关键。

另外在国际层面上，自冷战结束以来，世界两极国际政治秩序终结，出现了政经格局的多极化趋势。美欧发达国家虽然在国际政治和经济仍处于优势地位，当相对新

---

① 沈骥如："动荡冲突不断的一年"，《人民日报》（海外版）2012 年 1 月 3 日。

兴经济体国家（如中国、俄罗斯、巴西、印度、南非）的崛起，这些地位有所下降。同时，伴随这些新兴国家的崛起的局部地区的动荡（如阿拉伯世界的"茉莉花革命"）或地缘政治和地域经济利益操纵下的政权更迭。这既说明国际社会中不同国家政治、社会、经济等构成（configuration）及发展路径的多样性，又表现出了在全球利益格局中的复杂性。在这种多极化中，产生了新的有关政治、经济、社会等新的关系构合和配置。不同的发展路径意味着与发展相关联的政治、社会、经济乃至文化产业等的逻辑，而传播的特征就在于，在这些不同的逻辑中及逻辑间发挥具有一定特性的"中介化"作用：或沟通、或抑制、或促进、或阻止。传播始终是一种战略性活动。"现代民族国家的经济和社会结构（constitutions）不能独立于和世界保持一种积极的关系，该结构依赖于融入世界经济的具体和进展方式。"① 传播与发展的关系将随着新的情况的出现而产生新的传播学术话语：发展不是去抄袭，而是要找到适合自己现实的路径。

"新的信息传播技术的应用启发出了众多新的、精心提出的有关传播技术权力、议程设置、说服、社会化、教育、满足受众需求、促进社会民主化等观点。"② 在广义的传播与发展关系上，发展传播不只是借助大众传媒（mass media）或大众传播（mass communication）或当下的新媒体（new media）来实现经济的增长、社会的合理化（或理性化 rationalization）以及教育程度的提高、西方民主意义上的文化多元化，更是借助全球化背景下的传播或跨边界传播的信息流动来构建一种合理的国际传播新秩序，实现一种文化多样性共存以及在此基础上的不同文化的相对融合或杂交，建构一种可以为全球化背景下不同社会（或复数社会）共存的参考框架，以"以人为本"的逻辑来平衡一种以经济逻辑为人类社会组织与治理的唯一参照的意向或倾向。欧洲启蒙运动所倡导的人类的"自由、发展与解放"理念始终是传播与发展的最高目标。

本章参考文献：

阿图罗·埃斯科瓦尔. 遭遇发展：第三世界的形成与瓦解. 北京：社会科学文献出版社，2011

陈卫星. 以传播的名义. 北京：北京广播学院出版，2004

---

① Fayolle Jacky. D'une mondialisation à l'autre. In：*Revue de l'OFCE*. N°69，1999. p. 164.

② Srinivas R. Melkote and H. Lesilie Steeves，*Communication for development in the third world：Theory and Practice for Empowerment*，2ⁿᵈ edition，Sage Publications，2001，p. 31.

沈骥如. 动荡冲突不断的一年. 人民日报（海外版）. 2012 年 1 月 3 日

朱振明. 传播世界观的思想者. 上海：上海交通大学出版社，2011

西里尔·E·布莱克. 比较现代化. 上海：上海译文出版社，1998

杨豫. 译者前言. 比较现代化. 上海：上海译文出版社，1998

Amin，Samir. *Eurocentrism.* London：Zed Books，1989

Charlton，Bruce and Andras，Peter. *The Modernization Imperative.* Exeter：Imprint Academic，2003

Communication for Development，http：//www. fao. org/oek/oek-what-we-do/communication-for-development/en/

Communication For Development：Strengthenthing the effectiveness of the United Nations，United Nations Development Programme，2011

Gérald，Fortin. La planification des mass media en vue du développement. Communications，1969. （14）

Development Communication，http：//en. wikipedia. org/wiki/Development_ communication#cite_ ref-0

Development Communication-Catalyst of Socio-Economic Change，by Abe V. Rotor http：//avrotor. blogspot. com/2010/11/development-communication-catalyst-of. html，Retrieved 2011 – 11 – 21

Jacky，Fayolle. D'une mondialisation à l'autre. *Revue de l'OFCE*，1999，（69）

Lessons，Challenges，and the Wary Forward，WORLD CONGRESS ON COMMUNICATION FOR DEVELOPMENT，2007，P. xxxiii.

Littlejohn，Stephen W. & Foss，Karen A. *Encyclopedia of Communication Theory.* London：SAGE，2009

Mattelart，Armand. Jeter les bases d'une information éthique. *Le Monde Diplomatique*，DECEMBRE 2003

Mattelart，Armand. *Le mondialisation de la communication.* Paris：PUF，1996

Mattelart，Armand. *Les nouveaux scénarios de la communication mondiale.* Le Monde Diplomatique，AOUT 1995

Mattelart，Armand. *l'invention de la communication.* Paris：La Découverte，1994

Mattelart，Armand. *Communication and Class Struggle*（v1）. Amsterdam：International General，1979

Mattelart，Armand. *Penser les médias. Paris*：La Découverte，1986

McPhail，Thomas L.（ed.）. *Reframing the role of the media.* Oxford：Wiley-Black-well，2009

Melkote，Srinivas R. and Steeves，H. Lesilie. *Communication for development in the third world*：*Theory and Practice for Empowerment.* London：Sage Publications，2001

Melkote，Srinivas R. Everett M. Rogers and His Contribution to the Field of Communication and Social Change in Developing Countries. *Journal of Creative Communications*，London：Sage Publications，2006

Nora，Simon & Minc，Alain. *The Computerization of Society.* Cambridge：The MIT Press，1980

Pannu，Parveen & Tomar，Yuki Azaad. *ICT4D Information Communication Technology for Development.* New Delhi：I K International Publishing House Pvt. Ltd，2010

Peemans，Jean-Philippe. Le rôle de la modernisation dans les rapports entre impérialisme，capitalisme et développement. Cahiers Marxistes，n° 236，octobre-novembre 2007

Quebral，Nora C. What Do We Mean by Development Communication. *International Development Review*，1973，15（2）

Ritzer，George & Goodman，D. J. *Classical Sociological Theory.* Beijing：Beijing University Press，2004

Semati，Mehdi. *New Frontiers in International Communication Theory.* Hanham：Rowman & Littlefield Publishers，INC，2004.

Tai，Zixue，*The Internet in China*：*cyberspace and civil society*，London：Routledge，2006

Truman，Harry S. First Inaugural Address. January 20，1949，http：//teachingamericanhistory. org/library/index. asp？document = 1188

UN Agencies and Communication for Development，http：//portal. unesco. org/ci/en/ev. php – URL_ ID = 21370&URL_ DO = DO_ TOPIC&URL_ SECTION = 201. html

What is Development communication，http：//web. worldbank. org/WBSITE/EXTERNAL/TOPICS/EXTDEVCOMMENG/0,,contentMDK：20240303 ~ menuPK：34000167 ~ pagePK：34000187 ~ piPK：34000160 ~ theSitePK：423815，00. html

思考题：

1. 进步、发展、传播间的关联。

2. 如何理解发展传播。

3. 发展传播与现代化的关系。

4. 如何理解新技术和新政治国际形势下的传播与发展。

第三章
作为新闻媒介的国际传播

本章要点：

* 新闻事业的起源

* 新闻与国际舆论的关系

* 新闻话语与媒介体制

* 国际新闻伦理的尴尬

新闻并不是社会责任或愿望的一种产物，而是需要的一种产物。……"新闻媒介的责任"只是那些掌权者为了控制他们的环境用来掩饰其赤裸裸的权力而涂上的一层智力美容膏。……新闻就是力量，或者更明确一点，为了取得权力、维护权力，就必须控制新闻传播工具。①

——J·赫伯特·阿特休尔

事实上，印刷媒介的社会效果要依赖叙述者的社会立场，并涉及制度语言和官方话语等合法化因素。作为合法的表达工具，媒介在信息与指示之间参与了制度权威的塑造。②

——陈卫星

---

① J·赫伯特·阿特休尔：《媒介的权力——新闻媒介在人类事务中的作用》，北京：华夏出版社，1989年，第6页。

② 陈卫星：《传播的观念》，北京：人民出版社，2004年，第333页。

第一节　新闻事业的起源

在中国，无论在教学或科研上，当人们谈论传播，一般重点涉及新闻媒体、新闻、大众媒介、受众和传播效果，这符合一般大众传播学的研究程式，也可能与我们师承美国的经验传播学有关。作为新闻媒介的国际传播主要体现国际新闻事业的发展。把新闻媒介传播看作国际传播的问题意识来自主要以大众媒介为（如 BBC、CNN、VOA 等）载体的跨边界信息流动，作为对事件进行现象学描述的新闻成了阅读和阐释世界现实的格栅。

就新闻事业的发展而言，我们不得不承认现代新闻事业起源于西方，具体地，起源于欧洲。从新史学的观点来看，新闻事业的产生不仅是经济与社会问题，而且也是技术问题。在新史学那里，历史的研究与经济学、社会学、地理学、人类学以及心理学等学科联系在一起，强调了历史的进程中各种学科视角下的历史构成因素，而不是单纯的编年史或决定论。在新史学那里，人们看到多学科对话的图景。新史学更多被看作一种方法论来加以接受，而不是历史的本体论："新历史学之所以能够被人们广为接受，其关键所在，或其特征，就在于它的目标不是为了推行某种新教条或新哲学，而是要求一种新态度和新方法。"[1] 在这种方法视角下，我们看到世界新闻事业的起源不仅仅是以媒介为基础的信息传播，而是更要看到这种传播活动是不同的社会、军事、宗教与技术等相关因素协同作用的结果。

就新闻传播而言，新闻事业作为现代社会机构——"现代的"常用来描述欧洲中世纪（5 世纪到 15 世纪）结束后的时期——的组成部分，随着西方现代资本主义社会的发展而逐渐成熟起来，随后随着西方（特别是西欧）世界化的经济、殖民和传教活动，新闻事业被传播到其他地区，并成为一种产业。法国传播学者阿芒·马特拉在《传播的起源》中说道："商业、军事和传道是殖民占领的经典三部曲。"这不仅是对殖民占领的经典总结，而且也是对国际传播活动的重要相关联元素的准确描述。从非洲到拉美，再到阿拉伯世界，新闻传播事业的发展无不与这三部曲紧密地联系在一起，尤其是宗教传道和军事入侵。

就新闻传播事业的起源而言，虽然中国（《邸报》，6 世纪）和古罗马帝国（《每

---

① 杰弗里·巴勒克拉夫：《当代史学的主要叙事》，上海：上海译文出版社，1987 年，第63 页

日纪闻》*Acta Diurna*，公元前 59 年）基本上被认为是最早的报刊使用者，但现代报刊概念还是来自于现代印刷术的发展和人类的脱盲，特别是人们识字能力的提高，这就是为何大多数史学家把 17 世纪看作现代报刊的起始点。欧洲最先发明活字印刷的德国人古登堡（Johannes Gutenberg，1400－1468）于 1450 年发明了现代意义上的印刷机，并于 1451 年印刷了一首德国的诗文，从此开启了现代印刷时代。虽然中国宋人毕生较早地发明的活字印刷，但并没有成为现代新闻事业的重要推动力量。"在 15 世纪末和 16 世纪，印刷术的扩散撕裂了西欧的社会生活结构，并用新的方式将它重新组合，从而形成了近现代模式的雏形。印刷材料的使用促成了社会、文化、家庭和工业的变革，从而推动了文艺复兴、宗教改革和科学革命。……随着报纸开始发展出提供新闻和娱乐的功能，它就成了印刷机影响社会和政治变革的主要催化剂。"[1]"威廉卡·克斯顿（William Caxton）在 1476 年将第一台印刷机引入英格兰；而到了 1490 年，每座欧洲大城市至少在使用一台印刷机。"[2] 除了作为传播技术的印刷术之外，体现于社会变迁表象的观念与思想的变迁也促使了新闻事业的发展。这不仅体现于发达国家，也体现于发展中国家。

对于欧美发达国家，新闻业的起源和发展主要来自本身社会的动力，而发展中国家（大多有过被殖民的经历）的新闻事业发展更多与西方文明和社会发展的刺激分不开。在西方（主要是西欧），15 世纪到 17 世纪的"发现时代"、13 世纪到 16 世纪的文艺复兴、16 世纪到 17 世纪的宗教改革、18 世纪的启蒙运动、17 世纪世纪到 20 世纪早期的西方工业革命，等等，这些运动推动了社会的"合理化"（rational）发展与人对自我与世界的认识。在这里，不但"人"被确立为有"理性"（Reason）的存在，而且也产生了一套适合西方社会生存的一整套哲学理论、政治经济纲领和社会改革与治理方案，建立了一个以"理性"为基础的社会。在这种背景下，新闻及其传播媒介被作为社会的机构（insititutions）的组成部分，被赋予了政治的、社会的、经济的功能，其表象结构体现在从"党报"、"观点报"到"商业报刊"，直至"大众报刊"的整个传播媒介的变迁。尽管现存的分数没有标明印刷者和印刷地址，但已知最早并保存至今的一种有名称的和定期出版的报纸，是于 1609 年在德意志地区出版。"1610 年至 1661 年间，有名成的报纸在今天的瑞士、英格兰、西班牙、奥地利、

---

① 迈克尔·埃默里、埃德温·埃默里：《新闻史：大众传播媒介解释史》，北京：新华出版社，2001 年，第 4 页。

② 迈克尔·埃默里、埃德温·埃默里：《新闻史：大众传播媒介解释史》，北京：新华出版社，2001 年，第 4 页。

比利时、荷兰、瑞典、意大利、波兰等国境内出现。"① 发展中国家的新闻事业的起源比较典型与普遍，更多与发达国家的殖民、经济与宗教活动联系在一起，发达国家的现代新闻传播业主要借助宗教、军事、政治、经济等渠道引发了被殖民地区新闻事业的发展，最典型地表现在阿拉伯世界的新闻事业，其他的发展中国家，如非洲和拉美的新闻事业的发展都主要遵循其中的某个或几个因素逻辑。从非洲到到阿拉伯世界再到南美，种族、意识形态以及地缘上的联系，使这些地区与具有两千多年连续儒家文明的中国有着明显的区别——中国的新闻事业更多是在封建社会（清朝）结束后，借助西方表达形式来探讨国家建设方案的结果。

第二节　新闻与舆论

伴随现代新闻事业发展的是传播思想的扩散。在研究现代新闻传播方面，我们不得不承认这项人类活动及与其相伴随的社会政治思想来自于西方社会（尤其是欧美），进而言之，我们社会与人文科学研究中的认识论与方法论也无不受启发于西方的相应学科。新闻媒介作为人类社会系统的组成部分，它的发展与整个社会的政治、经济、文化等状况的发展联系在一起的，就新闻传播而言，我们只能从浩瀚的西方政治思想史中标出几个直接与新闻传播紧密相关的文献。谈及新闻传播，大部分著作里新闻的"自由表达"的观点最受到强调。除了其他间接相关的政治思想之外，就是直接的有关"言论自由表达"的思想。新闻的自由表达往往是与作为基本人权的政治自由主义思想联系在一起。英国资产阶级革命时期的约翰·弥尔顿（John Milton，1608－1674）的"真理来自于自由表达"的《论出版自由》（Areopagitica，1644）。瑞典成为第一个废除审查制度（1766）国家，丹麦与挪威于1770年紧随其后。法国于1789年发表了《人权宣言》，强调公民不仅有言论自由的权利，而且用后自己印刷的权利。1791年，在反联邦派总统托马斯杰·斐逊（Thomas Jefferson，1743－1826）的推动下，国会通过的美国的《第一宪法修正案》规定了对公民言论和出版自由的保护："国会不得制定关于下列事项的法律：确立国教或禁止信教自由；剥夺言论自由或出版自由；或剥夺人民和平集会和向政府请愿申冤的权利。"这种"表达自由"理念成了西方社会民主合法性的象征基础。在政治层面上，民主的合法性来

---

① 迈克尔·埃默里、埃德温·埃默里：《新闻史：大众传播媒介解释史》，北京：新华出版社，2001年，第8页。

源于"同意"（consentement），作为"社会契约论"遗产，"同意"需要通过辩论和协商取得一致的意见，或称"公共舆论"（public opinion）。新闻事业的发展为此公共辩论和协商提供了具体而便捷的信息传输中介，在此意义上，不同的时期的媒介构成了不同的、促使民主协商的哈贝马斯意义上的"公共空间"。与公共空间相对应的是四种传播模式：1）出现在 18 世纪的观点报纸；2）出现在 19 世纪末的大众商业报刊；3）出现在 20 世纪下半叶的大众音视频媒介，特别是综合节目电视，现在仍处于支配地位，不过在倾向性方面要比 80 年代有所减小；4）被普及化的公共关系，其体现着社会行动者在无约束的传播技术框架中进行更多的传播的倾向。① "公共空间"随着新闻传播技术支撑的发展而不断进行着嬗变。除了传播思想上的文献之外，在实际操作中，美国在 1996 年通过的《1996 年美国电信法》（*Telecommunications* Act of 1996）也成了经典文献，该法案重要意义在于消除垄断，开放本地市场，从此促进了传播领域中的兼并浪潮，信息流动和商业逻辑更紧密的结合一起，影响着整个世界的信息流动秩序，有碍于公共服务逻辑的信息的商业自由表达被看成了新的"人权"。新闻传播的商业逻辑与公共服务逻辑成了围绕新闻传播业及其产业化进行辩论的基本议题。

一、从国内走向国际舆论

"传播话语成了对世界进行勾勒和分类的阐释格栅。"② 新闻传播始终是权力关系斗争的场所，与其相伴随的便是有关"民主"、"公民社会"、"人权"等的普世主义修辞。

传播不仅是社会的构建，更是权力关系的构建。一个现实的形成既见证了其社会建构的过程，又见证了权力关系的形成与与其发挥作用的过程。形成现实的传播元素构成了一个"权力关系装置"（dispositif），在此装置中，不同的元素根据其习惯或制度规则，或被惩罚，或被褒奖，或被置于中心，或被边缘化。就大众媒介传播而言，传播活动形成了一个"传播装置"，更具体地，"权力关系"装置，这种装置的重要的功能之一是去形成"公共舆论"，乃至"国际舆论"，从而像"口号"（slogan）一样发挥着动员（mobilization）作用，致使传播沦落从事国际政治活动的工具。

"公共舆论"（opinion publique）是现代议会民主制的一个发明，历史上，它与绝

---

① Bernard Miège, *La Société Conquise par la Communication*，I Logiques sociales，PUG，1996.

② Mehdi Semati, *New Frontiers in International Communication Theory*，Rowman & Littlefield Publishers，INC，2004，p. 39.

对权力的消失联系在一起，可以追溯到古希腊；到了 18 世纪才有一个明确的含义，其涉及对所有政治秩序问题的主动辩论的开明表达。① 但现代政治传播意义中的"公共舆论"在 19 世纪末出现在美国，成了政府行为合法性的主要原则。② 与公共舆论紧密相关的"民意调查"是与两次世界大战中的环境是分不开的，是数据统计工作者和社会心理学家安置的结果。它因三种语境而成为可能：首先是在美国总统选举中（1936 年）首次展现实力的"代表方法"（méthode représentative）被肯定，美国著名的大学机构（如普林斯顿、哥伦比亚等）不仅接受这种方法，而且使之变得更具操作性，同时报刊也积极介入到民意调查的评论和运作之中；其次是对"态度测量"效用的认识，在此，民意调查与态度不可分割地联系在一起，成了捕捉民众态度和看法的有效手段；最后是对市场研究的必要性，观点的民意调查显示了市场营销所需要的消费者的习惯、爱好、性别、年龄等心理学和生物学特征。尤其在政治传播领域，由民意调查显示出了"公共舆论"受到热烈的吹捧，以至于出现了"舆论民主"或"公共舆论治理"（gouvernement de l'opinion）概念，似乎对西方社会的治理可以超越议会和其他代表机构，直接在政府与公民大众间建立直接和永久的联系。③

虽然公共舆论和民意调查在日常社会生活中受到重视，但是否拥有合法性引起诸多辩论。质疑这种利用数据操作来推断公众舆论的方法：公众是否能有合理的意见？所有公众是否能有一种意见？所有的意见是否具有同样的价值？给公众提供同一个问题是否意味着对所有被提出的问题都存在一个共识？综合这些问题，基本上主要有两点：首先，作为有限理性的公众，特别是一般民众是否具有能力来提供合理的意见，甚至乌合之众（foule）、大众（mass）、公众（public）等经常混淆不清；其次，多元化的公众与多元化的观点认识是否能实现真正的"多对一共识"（consensus）。前者认为民意调查来确认公众的态度是高估了公众的真实能力，④ 质疑被调查者具有判断和自我批判的能力，甚至认为，"大部分人发出的只是噪音，他们的确不知道在某个主题上想法以及为自己将要做些什么。"⑤ 后者主要来自建构主义社会学批判，如芝加哥学派看来，对于观点的测量不能离开具体的语境，"公共舆论只能是群体互动的结果，它来自于不同观点的对抗"⑥；在布迪厄看来，公共舆论有三个存在假设：1）所

① Judith Lazar, *l'opinion publique*, éditions Dalloz, 1995, pp. 9 – 10.
② Philippe Riutort, *Sociologie de la communication politique*, La Découverte, 2007, p. 28.
③ Philippe Riutort, *Sociologie de la communication politique*, La Découverte, 2007, pp. 28 – 31.
④ Philippe Riutort, *Sociologie de la communication politique*, La Découverte, 2007, p. 33.
⑤ Judith Lazar, *l'opinion publique*, éditions Dalloz, 1995, p. 122.
⑥ Judith Lazar, *l'opinion publique*, éditions Dalloz, 1995, p. 123.

有人只能由一个意见；2）所有意见具有同等价值；3）对于值得提出问题存在着共识。① 他反对这些假设，认为公共舆论只是一种幻觉，它的功能是去掩盖舆论状态（l'état de l'opinion）在给定时刻是一个力量系统（système de forces）的事实；公共舆论并不像与其利益攸关的人所赋予的形式那样存在……一方面存在着围绕利益系统（système d'intérêts）明确形成的压力集团的观点，另一方面，倾向（dispositions）不能成为观点……公共舆论就是去要求人们在已描述好的观点面前做选择。② 似乎用公共舆论来表达合法性的逻辑就是：用科学方法来生产数据，然后再用数据来证实结果的科学性。

尽管"公共舆论"受到批判，但在功能主义者视角上，民意调查成了我们日常社会生活的组成部分，一种重要的社会科学研究方法，并且因社会调查方法的完善而更具操作性和效率。民意调查成了一种实现民主的技术与逻辑，更成了一种民主意识形态的组成部分。在这里，显示出了数字的力量。"舆论调查所提供的信息传递着公众在不同主题（sujet）上的精神状态和倾向。在这层意义上，它们起着栅栏的作用：引导者掌权者。因为与局限于单个政治领域中的投票不同，民意调查的采用旨在获得各种信息。它涉及个人和所有人的日常生活。它的功能是去了解（connaissance）和观察（observation）。"③ 在了解与观察后，采用合适的应对措施。

从上面的正反两方面的分析来看，我们至少可以看到中立性的观点；在公共舆论的形成中，可能存在着民意调查上非理性或偏见，甚至是故意或人为的操纵，但在现实生活中，这种了解社会活动者意愿的手段越来越受到重视，因为"这种技术在了解大众意见方面是必需的"④。"媒体从来没有停止参与支配并一次次地印刷民意调查，特别是在政治选举和重大危机的时候，……政治家和新闻从业人员都没有对这种'公共舆论'产生过怀疑。"⑤ 公共舆论是一个多维度建构，它不仅涉及的民调中态度的分布，而且反映或被反映一种有关意见、期待、公共话语和政治行为的气候（climat），涉及个体价值、信仰和态度的聚合；公共舆论可沿着不同的路径发展，信息环境的性质成了决定路径选择的一个重要因素。⑥

① Pierre Boudieu，*Questions de Socioloige*，Les Éditions de Minuit，1984，p. 222.
② Pierre Boudieu，*Questions de Socioloige*，Les Éditions de Minuit，1984，p. 235.
③ Judith Lazar，*l'opinion publique*，éditions Dalloz，1995，p. 128.
④ Judith Lazar，*l'opinion publique*，éditions Dalloz，1995，p. 127.
⑤ Patrick champagen，*Faire l'opinion：le nouveau jeu politique*，Éditions de Minuit，1990，p. 1.
⑥ Jacob Shamir & Michal Shamir，*The Anatomy of Public Opinion*，University of Michigan Press，2000.

二、国际舆论

国际舆论是"公共舆论"在国际社会层面上的一种表达。"媒介空间（espace médiatique）被认为在表达（représentations）形成，特别是在促进意见（opinions）发挥着积极的作用，尤其在直接涉及的行动者之间：私人和公共'决策者'，艺术与思想的生产者，中介者（médiateurs），产品销售代替（chargés），甚至市场的优先'目标'。"① "20 世纪已经看到政治竞技场已经变得更加国际化，因为媒介已经在地理和时间上扩展它们的触角。在 21 世纪，媒介受众不仅是国内信息政治传播的目标，而且也是国际信息的目标。外国政府、商业组织、武装组织乃至基地组织（al-Quaida）的恐怖分子集团，都利用全球信息系统来推进自己的政治目的。传统的人际间国际外交形式依然存在，但现代战争、解放斗争和领土纠纷越来越多地在媒体上进行，国际舆论成了奖赏。"② "今天，有几种因素促使着意见（opinions）的国际化和全球化：大规模地压缩时间和空间的技术手段、有关一个全球化团结的模糊不清的意识、特别是自 20 世纪 60 年代以来为跨国问题就行斗争的非政府组织（NGO）（如关注战犯命运的于 1961 年成立大赦国际组、成立于 1971 年关注环境的绿色和平组织，等等）的增多、可能成为跨国合法性根源的国际机构的增加。"③ "对所有政府来说，国内和国际舆论成了制定和实施外交政策的关键因素，'反恐战'尤其如此。"④ 从 20 世纪六七十年代的越南战争、到前南斯拉夫战争、再到海湾战争、直至反恐战争，莫不如此。

随着全球化过程的进一步的展开，公共舆论不只是民族国家内部的政治与社会治理工具的组成部分，而且这种手段也被用到国际政治与关系中，展示国际社会对某些重大国际问题或对某个国家的看法和态度，如全球化与贸易、气候变化、联合国的未来、中国的崛起等。国际民调一方面促使国际舆论的形成，另一方面又帮助民族国家在国际上的决策，于是在发达国家出现从事国际业务的国际民意调查中心，如美国的

---

① Claire Moriset et Bernard Miège, Les industries du contenu sur la scène médiatique, *Réseaux* 2005/3, n° 131, p. 148.

② Brian McNair, *An introduction to political communication* (3rd ed.), Routledge, 2003, pp. 14 – 15.

③ Philippe Moreau Defarges, l'ordre monidal, Armand Colin, 2008, p. 23. .

④ Brian McNair, *An introduction to political communication* (3rd ed.), Routledge, 2003, p. 188.

皮尤研究中心（Pew Research Center）① 以及法国的索福瑞（TNS Sofres）②，芝加哥全球事务委员会（The Chicago Council on Global Affairs）也于 2007 年发布第一个全球舆论报告。这些舆论研究与调查中心构成了大国战略的组成部分，因为只有后者才有能力构筑强大的信息传播网络。

三、国际非政府组织与国际舆论

随着传播与公民社会运动的国际化，营造国际舆论成了国际公民运动的重要组成部分。

"国际非政府组织（ONGI）有三种制造国际舆论的方法。他们首先在最近发生的跨国动员中发挥重要作用；通过发动'全球化的运动'，促进跨国团结（solidarité）的培育。接着，通过呼吁对某种'观点'（opinion）或对'国际公民社会'的支持，并自我变现为这些观点或组织的发言人（porte-parole），生产出具有把动员（mobilisations）构建为'国际舆论'性质的话语。最后，作为抗议的活动者，利用这种自己促成的舆论来向动员抗议的对象施压：国家，国际金融机构，跨国企业。"③ 一些非政府组织不但营造着自己的舆论，而且还有可能成为左右国际话语的工具。"认为非政

---

① 皮尤研究中心的全球态度项目（Pew Research Center's Global Attitude Project，http：//www. pewglobal. org/about/）在世界范围进行一系列的公共舆论调查项目，涉及人们对自己生活的评估到对当前世界现状以及重大问题的看法，已经在 57 个国家做过超过 27 万次采访。该项目是一个位于华盛顿特区的无党派性质的"事实智囊团"（fact tank），为形塑美国和世界的问题、态度和趋势方面提供信息。该项目主要由皮尤慈善信托基金资助（The Pew Charitable Trusts），同时也接受其他基金的资助。该项目为记者、学者、决策者和公众提供一个独特的、全面的、具有国际可比性的一系列民意调查。皮尤全球态度项目自 2001 年成立以来，已经发布了许多重要报告，分析和其他版本，包括对美国的态度和美国的外交政策，全球化，恐怖主义和民主的主题。该项目是由美国前国务卿马德琳·奥尔布赖特（Madeleine K. Albright）和前参议员约翰·丹福思（John C. Danforth）共同主持。如该项目在 2007 年 7 月就"与主要世界强国的艰难相处"（Global Unease with Major World Powers）进行了以 42 个国家为对象的民意调查，结果显示舆论表示希望美国尽快撤出阿富汗；在 2011 年发布了"中国可能取代美国成为全球超级大国"（China Seen Overtaking U. S. as Global Superpower）的民调，总体上显示中国的影响在不断上升，但美国的受欢迎程度仍比较高。

② 索福瑞在 2012 年 2 月 22 日发布了"法国在世界上形象"（L'image de la France dans le monde）的民调报告，对 12 个国家中 1.3 万个人进行的调查，结果显示，法国在摩洛哥人眼中无论是国际影响、还经济实力、文化实力基本上都是最令人羡慕的，但在英国人眼中却是表现平平。

③ Debos Marielle et Goheneix Alice, "Les ONG et la fabrique de l'' opinion publique internationale'", *Raisons politiques*, 2005/3 no 19, p. 66.

府组织只承担着不同运动间的简单协调功能的想法是天真的。他们的作用超出了对已存在观点的集合。在他们构建一个'国际舆论'的努力中，这些组织铸造并篡夺从属不同来源的抗议者的话语，努力把自己确立为某种集体声音的代表。职业化的国际非政府组织具有运作的所有手段。……他们的成员属于一个与政府与外交圈而不是与活动分子（militants）比较亲近的国际性精英群体。这个群体掌握着干预国际辩论的必要编码（codes），在政治陈述（énonciation）和以自封的代表性名义进行议程（causes）构建过程中，能够试图保持自己的准垄断性。无论在国际和国内层面上，并不是所有的观点具有相同的价值。"[1] 例如美国的人权运动不仅政府而且与市场保持着密切的关系。[2] 一些国际非政府群体（或机构）对于国际舆论的导向具有重要作用。"维基解密"（wikileaks）这个最初由所谓"异议人士"和来自五大洲的"感兴趣者"于2006年发起的、专门解密国际政治背后"暗箱操作"的网站——"一个无法审查的、不留痕迹的海量文献解密系统"，因解密美国等国家不为人所知的"文件"，其主编、创办人兼发言人朱利安·阿桑奇（Julian Assange）于2010年被瑞典斯德哥尔摩（Stockholm）法院以强奸、骚扰和非法拘禁的嫌疑遭国际通缉，同时美国的军事分析员布莱德雷·曼宁（Bradley Manning）因涉嫌向"维基解密"（在2009年9月至2010年5月）透露有关伊拉克和阿富汗战争的美国军事文献，可能被判处死刑，[3] 直至现在资金被冻结，暂停秘密文件公布，网站运作举步艰难，在自己的网站上呼吁捐赠。该组织在美欧于2012年7月6日发起的旨在制裁并推翻叙利亚总统阿萨德政权的"叙利亚之友"国际会议召开与国际舆论火热制造（美国国务卿希拉里·克林顿高调宣称"中俄将在叙利亚问题上付出代价"[4]）之际，该网站于2012年7月5日称："维基解密已开始公开'叙利亚文件'（Syria files）——从2006年8月到2012年3月200多万封涉及叙利亚政治人物、部长、相关公司。……当前，叙利亚正经历着内部暴力冲突，在过去的18个月里有6000～15000人丧生。这些叙利亚文件

① Debos Marielle et Goheneix Alice, "Les ONG et la fabrique de l''opinion publique internationale'", *Raisons politiques*, 2005/3 no 19, pp. 76 – 77.

② Yves Dezalay & Bryant Garth, Droits de l'homme et philanthropie hégémoniique, *Actes de la recherche en sciences sociales.* Vol. 121 – 122, mars 1998, p. 24.

③ "La 'taupe' de Wikileaks risque la peinde de mort", 27 arvil 2012, *TF1 NEWS*. Retrieved 2012 – 07 – 07, http://lci. tf1. fr/monde/amerique/la-taupe-de-wikileaks-risque-la-peine-de-mort-7201093. html

④ Abby Ohlheiser and Daniel Politi, "Clinton: Countries Must 'Pay a Price' for Supporting Syria", July 6, 2012, The Slatest. Retrieved 2012 – 7 – 7. http://slatest. slate. com/posts/2012/07/06/hillary_ clinton_ russia_ china_ must_ pay_ price_ for_ support_ of_ syria_ . htm

将对叙利亚政府及其经济的内部运作进行揭示，不过也会揭露西方及其公司的'说一套'和'做一套'的。"① 阿桑奇宣称，"叙利亚文件将会使叙利亚以及叙利亚外部的反对者们感到尴尬。……这些文献使我们不仅对当事双方进行面对面批评，而且还可以让我们理解他们的利益、行为和策略。只有通过对该冲突的充分理解才有望使其终止。"② 这位"维基解密"的创始人到底如何把握公布内容的份额，可能对"叙利亚问题"国际舆论产生微妙的影响。

我们要看到，在"国际舆论"产生多元化和后现代知识生产碎片化——人人都可成为知识的生产者——的背景下，尤其是具有国际影响力的非政府组织，受运转资金的困扰，可能有意或无意地沦为国家情报或宣传机构猎取的对象，如以捍卫"记者权力"著称的法国"无疆界记者"非政府组织，因接受美国中央情报局资助，颠倒是非，违背职业伦理而臭名昭著。另外，体现着后现代知识生产特征的"自由维基"（The Free Encyclopedia），是一个知识共享与生产的网络平台，一部用不同语言写成的、为全人类提供自由的百科全书——"网络百科全书"，但该平台也面临运转资金匮乏的窘境，不断地号召人们"捐赠"，以维持网站的运转。当地缘政治开始于网络链接的时候，任何具有生产意义功能的符号都可能面临"被政治工具化"的风险。

第三节　新闻研究：话语与框架

新闻是一种意义生产系统，也是一种对现实的现象学解读方式。就当前的研究而言，对作为新闻媒介的国际传播研究主要涉及以下几个方面：国际舆论；新闻内容传播研究，如作为话语的新闻及其框架；新闻媒介和媒体的研究；新闻媒介体制（media system）的研究。

尽管存在着大众媒介的有限效果论、尽管存在着文化人类学上的"反纪律"的"日常做的艺术"③（德·塞尔托），但不足以否认"文化帝国主义"或"媒介帝国主义"的存在，因为还存在着大众传播"涵化理论"（cultivation theory）以及米歇尔·

---

① "Wikileaks：Syria Files"，2012－07－05. Retrieved 2012－7－7. http：//wikileaks. org/

② "Syrie：Wikileaks publie des 'Syria files' d'Assad et de l'opposition"，05 julliet 2012，*TF1 NEWS*. Retrieved 2012－07－07，http：//lci. tf1. fr/monde/amerique/la-taupe-de-wikileaks-risque-la-peine-de-mort-7201093. html

③ Michel de Certeau，*l'invention du quotidien*，arts de faire，Gallimard，1990.

福柯的"日常活动的"制度化功能。辩证性使社会人文科学具有彼此看似矛盾实际上而又统一的阐释理论，现象学已经给出产生这样阐释的原因：不同的解读面生产出了不同的知识。尤其在传播全球化的背景下，麦克卢汉在半个世纪前所描写的"地球村"逐渐解除了横在不同种族、民族、群体、个体间的认知格栅，至少使它们变得更加通透，尤其国际关系与国际政治中的不同事件足以进行验证，如 20 世纪 90 年代东欧剧变中以"街头政治"为特征的"颜色革命"以及 21 世纪第二个 10 年初期的阿拉伯世界的"茉莉花革命"或"阿拉伯之春（2011 年）"。源自古希腊罗马文明的欧美"普世价值"呈现出了巴特意义上现代神话特征，被赋予不同的"地方想象"的"自由、平等、民主"嬗变为马克思主义意义上的"政治意识形态"而发生作用。

对国际新闻传播内容而言，一方面，新闻被看作一种话语，主要从语言学或社会语言学的角度，作为研究文本实施话语分析；另一方面，新闻被看成"生活世界"中的"日常生活"，启发于现象学的社会学的建构主义试图为日常新闻互动构建一个生产与消费（或阐释）机制（如框架理论），以解释这种社会世界中的意义建构。

一、话语变迁与社会

在跨边界的国际传播中，新闻话语更多体现为一种意义构建和权力关系博弈的工具，"自由"与"责任"是国际社会彼此用来掩盖意识形态冲突与争夺道德制高点的话语语言修辞。"既想要有自由的新闻界，又想要负责任的新闻界，是痴心妄想。"[1]因为新闻话语的生成不只是语言学过程，更重要的是知识与话语生产的过程。正如上面的"日常生活社会学"中所蕴含的，"话语不仅反映和描述社会实体与社会关系，话语还建造或'构成'社会实体与社会关系；不同的话语以不同的方式构建各种至关重要的实体，并以不同的方式将人们置于社会主体的地位。"[2]"作为一种政治实践的话语，不仅仅是权力斗争的场所，而且也是权力斗争的一个直观重要的方面：话语实践利用了那些孕育了特殊权力关系和意识形态的习俗，而这些习俗本身，及它们之得到表达的方式是斗争的焦点。"[3]"意识形态理解为现实（物理世界，社会关系，社

---

[1] 阿诺德·戴比尔等：《全球新闻事业：重大议题与传媒体制》，北京：华夏出版社，2010年，第 11 页。
[2] 诺曼·费尔克拉夫：《话语与社会变迁》，北京：华夏出版社，2003 年，第 3 页。
[3] 诺曼·费尔克拉夫：《话语与社会变迁》，北京：华夏出版社，2003 年，第 63 页。

会身份）的意义/建构，这被建构到话语实践的形式/意义的各种向度之中，它也致力于统治关系的生产、再生产或改变。"①"意识形态被置于两种东西之内，一种是结构（就是话语秩序）——它们构成了过去事件的结果和现在事件的条件，二是事件本身——它们再造和改变它们的条件性结构。某种累积的、自然化的方向既被构建到规范和习俗之中，也被构建到一个正在进行的工作之中——就是在话语事件中使诸如此类的方向自然化和去自然化的工作。"②

凡·迪克把新闻看作一种话语分析对象，虽然强调话语和新闻都是社会活动的产物，认为新闻话语表现为意识形态话语，与表达和确认其制作者的社会和政治态度有关，并且要从跨学科的视角来研究话语，但实际操作基本上属于语言学范畴，新闻被看作语言文本，分析涉及语言、语法、主题、新闻图式、风格结构和修辞等，同时再现了新闻话语的社会学特征，即作为社会事实的新闻话语通过何种机制（mechanism）或装置（dispositif）被生产出来。"话语分析的主要目的是我们称为话语的这种语言运用单位进行清晰的、系统的描写。这种描写有两个主要是视觉，我们简单地称之为文本视角和语境视角。文本视角是对各个层次上的话语结构进行描述。语境视角则把对这些结构的描述与语境的各种特征如认知过程、再现、社会文化因素等联系起来加以考察。"③

这种新闻话语分析的优点在于提供一种新闻文本的语言学认知结构和生产过程，但把新闻传播中何种议题及哪些方面受到关注的讨论留给了"把关"（gate-keeping）概念和"议程设置"（agenda-setting）理论。

从"把关人"（gate-keeper）到"议程设置"（agenda-setting）再到"框架理论"（framing）。美国的心理学家库特·卢因（Kurt Lewin）首先使用"把关"（gate-keeper）概念（1947），"来描述一些人的购物习惯影响着社会的变迁……用'把关'（gatekeeping）来指那些运输、购买和准备食物者，因为他们就像'门'（gates）一样发生作用，允许某些产品通过，同时阻挡另一些，"④后被几个社会学家应用到新闻业中。⑤"把关人"隐喻不但"把关人隐喻把一个官僚制现象个体化，暗中把组织偏见（bias）转变

---

① 诺曼·费尔克拉夫：《话语与社会变迁》，北京：华夏出版社，2003年，第81页。
② 诺曼·费尔克拉夫：《话语与社会变迁》，北京：华夏出版社，2003年，第82页。
③ 托伊恩·A·梵·迪克：《作为话语的新闻》，北京：华夏出版社，2003年，第27页。
④ Wayne Wanta, Gatekeeping, *The International Encyclopedia of Communication* (ed. by Wolfgang Donsbach), Blackwell Publishing Ltd. , 2008, p. 1921.
⑤ Michael Schudson, The Sociology of news production, *Media*, *Culture and Society* (SAGE, London, Newbury Park and New Delhi) Vol. 11 (1989) . p. 264.

成个体的主体性"①；而且又可能把个体的观点官僚制化，把主体性上升官僚制的集体意识。"把关人需要一些标准来选择哪些信息可通过，哪些不能通过。但是这低估了形势的复杂性；新闻件（news items）不仅仅是被选择，而且还是被构建的（constructed）。"②"平均人（average）不能使人相信他们能依据这些简单化的图片作出重要的政治选择。他们不得不被保护，重要的决策（decisions）必须由技术专家来决定，用更好的模式来指导他们的行动。因此，现代议程设置（agenda-setting）概念多少直接来自这种大众社会观点。尽管没有具体使用该词汇，伯纳德·科恩（Bernard Cohen）普遍被认为把李普曼的思想完善为议程设置理论。'新闻报刊远不只是一种信息和观点的传送器。'它可能并不成功地去告诉人们如何想（what to think），但它告诉人们想什么（what to think about）方面却令人惊奇的成功。这源自于这样的事实：对不同的人来说，世界是不同的。他们不仅依靠自己的个人兴趣，而且还要依赖作家、编辑和他们的所阅读报纸的出版商为他们提供的地形图（map）。"③马克斯威尔·麦肯姆斯（Maxwell E. McCombs）和唐纳德·肖（Donald Shaw）进一步表述了前者的观点："通过选择和展示新闻，编辑、新闻编辑部人员以及播送者在塑造社会现实方面发挥着重要作用。读者不仅了解一个给定的议题（issue），而且也了解到该议题在信息上游所赋予的重要性……大众媒体可以很好地来确定重要议题，也就是，媒体能够为竞选设置'议程'。"④库特·朗（Kurt Lang）和格拉迪斯·朗（Gladys Lang）又为这种单向的"议程设置"赋予了一种具有互动特征的建构主义概念，称之为"议程构建"（agenda-building）："一种媒体、政府和公民在公共政策中彼此影响的过程"⑤；并对"议程设置"与"凸显"（或"显化"priming）概念进行了区分："议程设置反映了新闻报道对已感知的国内议题（issues）的重要性所产生的影响；凸显指的是新闻报道对政治判断过程中具体议题被赋予何种重要性（weight）所产生的影响"⑥，换

① Michael Schudson, The Sociology of news production, *Media, Culture and Society*（SAGE, London, Newbury Park and New Delhi）Vol. 11（1989），p. 265.

② Michael Schudson, The Sociology of news production, *Media, Culture and Society*（SAGE, London, Newbury Park and New Delhi）Vol. 11（1989），p. 265.

③ Stanley J. Baran & Dennis K. Davis, *Mass Communication Theory：Foundations, Ferment, and Future*（6th ed.），WADSWORTH, 2012, p. 294.

④ Stanley J. Baran & Dennis K. Davis, *Mass Communication Theory：Foundations, Ferment, and Future*（6th ed.），WADSWORTH, 2012, p. 295.

⑤ Stanley J. Baran & Dennis K. Davis, *Mass Communication Theory：Foundations, Ferment, and Future*（6th ed.），WADSWORTH, 2012, p. 296.

⑥ Stanley J. Baran & Dennis K. Davis, *Mass Communication Theory：Foundations, Ferment, and Future*（6th ed.），WADSWORTH, 2012, p. 296.

句话，"在议程设置过程中，媒体把注意力吸引到政治生活的某些方面而不是其他方面。"① 无论是"议程设置"还是"议程构建"以及"凸显"，这些概念的兴趣主要集中于宏观或微观层面上对社会政治生活议题或具体议题某些方面的强调，忽略了对具体议题的构建和阐释，也即是对具体议题描述引起关注的是某种方式而不是另外一种方式。这涉及"框架"（framing）概念。对于新闻的理解实际上表现为象征层面上的意义构建："任何一种微事件（micro-évenément）都是一个象征装置（dispositif symbolique）产生的时刻，该装置构成了对某声明的空间的、戏剧的和时间的解读。"② 换句话，任何事件的发生，都有一个象征层面上的理解框架，来阐释这种事件的叙事。"框架"是对"观念"（idea）进行的组织装置。

二、新闻框架分析

"框架分析"概念首先由社会学家欧文·戈夫曼（Erving Goffman，1922－1982）提出，主要是一种研究"组织经验"（organization of experience）的方法。自 20 世纪 80 年代后主要用于对社会运动的研究，但也逐渐运用到对叙事、话语分析以及传播研究中。在社会理论中，"框架分析是对框架（frames）或者是对根本阐释（interpretation）模式（schemes）的研究。处于社会情境的中的人们就是借助这些跨框架和模式对情境中的发生的事情进行连贯地把握。框架分析理论认为，社会事件（social events）和个人经验可以被社会活动者用不同的方法来理解，不过这些理解都有自己的能够系统描绘的结构和连贯性。"③

框架理论是议程设置理论（agenda-setting）概念的延伸：它不满足于测量媒体如何把一个公共问题强加给受众，而是去努力思考媒体借助何种阐释框架来界定（définir）事件。④ 就"框架"理论，美国的学者作出了很大的贡献，如麦肯姆斯（Maxwell E. McCombs）、甘姆森（W. A. Gamson）等。

潘忠党教授从现象学社会学、认知心理学、语言学等跨学科的角度对构架理论进行了梳理总结并提出自己的看法，并把"framing"译作"构架"，兼有动词和名词双重特征——这有点类似我们所说的"信息"（information），实际上，它既有作为结果

---

① Stanley J. Baran & Dennis K. Davis, *Mass Communication Theory*: *Foundations*, *Ferment*, *and Future*（6ᵗʰ ed.），WADSWORTH，2012，p. 295.

② Alain Mons, *La métaphore sociale*: *images*, *territoire*, *communication*，PUF，1992，p. 50.

③ George Ritzer, *Encyclopedia of Soical Theory*（Vol. 1），Sage Publicatons，2005，p. 289.

④ Philippe Riutort, *Sociologie de la communication politique*，La Découverte，2007，p. 41.

的"信息"，又有作为过程"告知"的意思。虽然文中涉及不同学科，谈及不同"构架"，如主题框架、片段式框架、策略框架、议题框架、隐喻构架等，但总体是给人以由"现象社会学"启发而来社会学建构主义传统（如舒茨、加芬克尔、布迪厄、吉登斯等），"架构分析的核心命题即为公共生活中的意义建构"①。借助他的总结我们可以看到，"在任何情况下，我们都有可能同时使用多个不同的框架（对现实的不同组织，或不同经验），或采取不同的视角（perspectives）。但是，在任何一个行动的具体情景下，总是有某一个框架位于'前台'，将符合于它的现象凸显在行动者的视野内。框架的选择是行动的内容之一，发生在行动者的意识范围之内。行动者选择某一框架，也就是排除其他框架，突出了所面临情景的一些特征，为之提供了基本的定义，并因此限制了可选择的行动类型。"②"人们采用不同的认知框架体验现实，并据此而行动，建构出特定的现实。……只要被试者有机会反思他们自己的偏好、思考不同选择之间的因果关联、试图运用不同的框架爱分析说呈现的咨询等，'得'与'失'的架构效应就可能会消失、降低或改变原来的方向。"③ 因为"架构效应产生的一个必要条件是不确定性（指外在资讯环境）或模棱两可（指内在的心理状态，如对有争议议题持可能相互矛盾的看法，或应用不同的原则/价值观导致相互冲突的推理效果）"④。对于新闻传播而言，虽然架构分析可遵循三种轨迹：第一种甘姆森分析"话语包"的理论逻辑；第二是分析新闻价值的作用；第三考察构架效应在话语范畴的呈现。⑤ 但就我们可以看到，最明显的和最关键的莫过于因架构操作使新闻报道因语言学等上面的差异而产生"架构效应"（简而言之，就是"朝四暮三"与"朝三暮四"的问题），这其中隐含的是有关国际地缘政治与地缘经济进行博弈的策略，除此之外便是"国际社会公民运动议题"以及"公共社会生活议题"的建构，架构（framing）成了一种在社会、政治、经济与文化层面上的斗争和参与的策略。架构效应（frame effects）的关键理论价值意义在于："架构效应并非仅仅表现为认知内容与

---

① 潘忠党："架构分析：一个亟须理论澄清的领域"《传播与社会学刊》第一期（2006），第 35 页。

② 潘忠党："架构分析：一个亟须理论澄清的领域"，《传播与社会学刊》第一期（2006），第 23 页。

③ 潘忠党："架构分析：一个亟须理论澄清的领域"，《传播与社会学刊》第一期（2006），第 25 页。

④ 潘忠党："架构分析：一个亟须理论澄清的领域"，《传播与社会学刊》第一期（2006），第 33 页。

⑤ 潘忠党："架构分析：一个亟须理论澄清的领域"，《传播与社会学刊》第一期（2006），第 34 – 36 页。

结构的差异与变化，还体现在公共生活的参与中话语表达（包括内容、词语、结构）
的差异与变化。"①

第四节　新闻研究：媒介体制

按照新闻媒介的发展轨迹来看，有历时研究和共时研究。前者主要体现于，在研
究过程中把新闻媒介的发展分成几个阶段：官报（Official Press）；政论报刊（Politi-
cal Essays）；党报（Partisan Press）；商业报刊（Commercial Press）。② 官报主要体现在
西欧（尤其是英国）资产阶级革命前的专制王朝早期；政论报刊主要体现在西欧
（尤其是英国、法国）资产阶级革命时期；党报主要出现在欧美资产阶级革命成功到
19 世纪中叶；商业报刊，主要出现在 19 世纪中期以后的报刊商业化，如 1831 年的
《太阳报》（The Sun）成了纽约的第一份"便士报"，并首次开辟了报刊的大众市场，
到了 20 世纪初进入大众报刊。③ 总体上，"到了 18 世纪，英国、美国，在一定程度
上，法国都成功地摆脱了政府的干涉，实现了表达自由，并随着读者的增加，变成了
一种产业。于是新闻业逐渐成了传播广告的工具。反过来，广告成了新闻业的支
撑。"④ 在 19 世纪和 20 世纪之交，随着西方资本主义社会工业革命的完成、资本原
始积累的进一步加强以及西方国家的殖民浪潮的展开，信息的收集与传播成了日常社
会活动的必要组成部分。报业的发展出现了以此为经营目标的新闻社，尤其是国际新
闻社，如，法国的夏尔·哈瓦斯（Charles-Louis Havas，1783 – 1858）于 1835 年成立
了哈瓦斯新闻社（Agence Havas）；路透（Paul Julius Baron von Reuter，1816 – 1899）
于 1851 年成立了伦敦路透电报公司（Reuter Telegram Company of London），简称为路
透社（Reuters）；沃尔夫（Bernhard Wolff，1811 – 1879）于 1849 年成立了柏林大陆
电报公司（Continental Telegraphen Compagnie of Berlin），简称为沃尔夫新闻社（Wolff
Agency）。这三家新闻社于 1870 年缔结和约（Agency Treaties），在世界地形图上划分
出自己的势力范围："路透社负责整个大英帝国、荷兰及其殖民地、澳大利亚、东印

---

① 潘忠党："架构分析：一个亟须理论澄清的领域"，《传播与社会学刊》第一期（2006），
第 36 页。

② 李彬：《全球新闻传播史，1500 – 2000》，北京：清华大学出版社，2005 年，第 206 页。

③ 李彬：《全球新闻传播史，1500 – 2000》，北京：清华大学出版社，2005 年，第 164 页。

④ Ami Ayalon, *The Press in the Arab Middle East*：*A History*. Oxford University Press，1995，
p. 6.

度和远东地区；哈瓦斯新闻社负责法国、意大利、西班牙、葡萄牙、地中海东部地区、印度支那和拉丁美洲；沃尔夫新闻社则集中于中北欧地区。"① 但第一次世界大战以后，因德国战败沃尔夫通讯社被剥夺了势力范围。1830 年以后，美国的重要新闻社，如美联社（1848）和合众社（1907），就开始在国际新闻市场上打破哈瓦斯及路透社（Reuters）等欧洲新闻社的国际垄断局面。随着两次世界大冲突的开始和结束，不仅出现了新的新闻社，如美国的国际合众社（United Press International, 1907），前苏联于 1918 年把电报通讯社和政府的新闻办公室整合为 Rosta 并于 1925 年改名为塔斯社（TASS）。除了这些具有重要影响的国际新闻社之外，还涌现出了具体的媒体机构，如英国 1922 年成立了 BBC 广播公司，美国分别于 1926 年与 1941 年成立了全国广播公司（National Broadcasting Company）与美国之音（VOA）、日本于 1926 年成了日本广播协会（NHK），等等。在 21 世纪的新时期，路透社、美联社和哈瓦斯社的继承者法新社（AFP）成了主要世界级别的通讯社。② 这些新闻传播机构随着 1962 年第一个跨大西洋电视节目传输的 Telstar I 的升空和 1965 年的第一个国际商业通信卫星"晨鸟"（Early Bird）的发射，新闻传播以及与此相伴随的跨边界文化产业浪潮，把世界推向了"文化民主化"的辩论的舞台，"信息流动的不平衡"、"文化帝国主义"、"文化依附"等成了有关世界信息流动的主要辩论修辞。

在媒介的研究方面，在历时角度上，人类的传播历程大体上经历了口头传播、手写传播、印刷传播、电子传播。共时研究主要体现于新闻媒介体制的研究，即对不同的媒介体制进行比较研究。何谓"媒介体制"（media system）？"总体而言，媒介体制包含所有被组织于给定社会与政治体系（往往是一个国家）中的大众媒体。……在'二战'后，当国家开始调节国内的广播服务时，'媒介体制'概念就被广泛的使用开来。在历史上，'媒介体制'概念被用来指在国家层面上组织起来的重要大众媒体（major mass media），即印刷媒体（主要是报纸）、广播媒体（主要是广播和电视），在某些情况下也包括电影以及媒介与工业的联合，如广告。……媒介体制概念通常被用来描述媒介系统的特征，以便进一步分析和探讨它们是如何彼此关联以及如何其他系统发生联系。"③ 对国际传播研究的重要理论贡献当属威尔伯·施拉姆等人所著的《报刊的四种理论》（*Four Theories of the Press*, 1956）。我们应该知道，"虽然

---

① Armand Mattelart, *Le mondialisation de la communication*, PUF, 1996, pp27 – 28.

② 阿诺德·戴比尔等：《全球新闻事业：重大议题与传媒体制》，北京：华夏出版社，2010 年，第 38 页。

③ Jonathan Hardy, *Western Media Systems*, Routledge, 2008, p. 5 – 6.

报刊（press）的发明不在美国，但现代新闻业可以合法地描述成为盎格鲁－美国人的一项发明，它拥有自己的技巧（如作为新闻形式的采访和报道）与专业技术（如自 19 世纪末，美国的著名大学里就创立了新闻学院，如哥伦比亚和哈佛大学）。"① 该书的观点在于，"报刊总是带有它运作其中的社会和政治结构的形式和特色。特别是，它反映一种个体（individuals）和机构（institutions）关系在其中得以调节的社会控制体系。我们相信对这些社会方面的理解是对报刊任何系统理解的基础。"② 调节个人与社会关系的社会控制方式。该书的作者以国际视野，更具体地说，以地缘政治的视角把当时世界的新闻报刊媒介体制分成四个类别：报刊的集权主义理论（Authoritarian）；报刊的自由主义理论（Libertarian）；报刊的社会责任理论（Social responsibility）；报刊的苏联共产主义理论（Soviet communist）。"自从大众传播开始以来，在文艺复兴时期，只有两种或说四种基本的报刊理论，说两种或四种，这要看我们怎么考虑。……但我们努力弄清楚，后两种理论只是前两种理论的发展或修正。苏联共产主义的理论乃是较老的集权主义理论的发展；我们所说的社会责任理论也是自由主义理论的修正。"③ 在这四种理论中，集权主义理论出现于文艺复兴晚期的集权主义环境中，而且印刷机也已发明出来；报刊被统治者用来告知民众应该知道的统治者所思考的东西，告知警察他们应该支持的统治者的想法；统治者与媒体间是协约关系，前者给后者以垄断，后者给前者以支持，不过前者有决定权。自由主义理论出现在 17 世纪晚期，形成于 18 世纪，繁荣于 19 世纪；报刊不再是统治的工具，而成了提供证据和实施辩论的设施，民众在此基础上来监督政府，在政策方面自己拿主意；报刊脱离对政府的依附，民众有同等的接近媒体的权利，形成一种思想和信息"自由市场"，例如在英美的二百年中，这种报刊被鼓励承担"第四等级"（Fourth Estate）的作用。社会责任理论的出现往往与哈钦斯委员会（Hutchins Commission）的出现联系在一起，它的发展的基础是报刊的所有者和经理决定着公众应得到何种内容，媒体的近乎垄断的权力使它们自己有对社会负责的义务。在自由主义理论在解决自身的问题（如社会责任问题）时，出现了苏联共产主义理论；它建立在马克思主义的决定论基

① Philippe Riutort, *Sociologie de la communication politique*, La Découverte, 2007, p. 28.

② Fred S. Siebert, Theodore Peterson & Wilbur Schramm, *Four theories of the Press, The Authoritarian, Libertarian, Social Responsaibility and Soviet Communist Concepts of What the Press Should Be and Go*, University of Illinois Press, 1963, p. 1－2.

③ Fred S. Siebert, Theodore Peterson & Wilbur Schramm, *Four theories of the Press, The Authoritarian, Libertarian, Social Responsaibility and Soviet Communist Concepts of What the Press Should Be and Go*, University of Illinois Press, 1963, p. 2.

础上，如同集权主义理论一样，报刊是一种统治的工具；与集权主义理论不同的是，报刊更多为国家而不是为私人所有，是世界史上控制最严的报刊。① 《报刊的四种理论》主要采用国际地缘政治的视角分析划分新闻媒介体制，它把世界分成了三个阵营："自由主义民主的自由世界（竞争自由主义和社会责任模式）；苏联的集权主义以及集权主义社会（这个称谓包括大部分发展中国家，法西斯主义以及西方国家的前民主阶段。"②

《报刊的四种理论》不但被公认"开了比较新闻学之先河"，③ 而且为后来诸多媒介性质和功能划分提供了建议性的参照。美国学者威廉·哈克坦（William Hachten）在 1981 年的《世界新闻多棱镜》中，把新闻的媒介体制分成五种理念：1）集权主义理念；2）西方理念；3）共产主义理念；4）革命理念；5）发展理念。作者对《报刊的四种理论》进行了整合与延伸，总结出五种理念，但这五种理念依然深深地打着冷战意识形态的烙印。其中的西方理念包括《报刊的四种理论》中的自由主义和社会责任理论，集权主义和共产主义理念是对报刊四种理论的继承。革命理念主要发生在世界第三世界国家，报刊和媒体往往用来推翻政府或从敌对的统治者手中夺取政权，具有颠覆性；发展理念主要是与媒介功能主义的联系在一起，媒介成了发展意识形态的组成部分。④ 随着冷战的结束，冷战意识形态有所消退。1997 年芬兰学者卡尔·诺登斯特伦（Kaarle Nordenstreng）提出了媒介研究的"五种范式"：自由－多元主义范式（liberal-pluralist）、社会责任范式（social-responsibility）、批判范式（critical）、行政管理范式（administrative）和文化协商方式（cultural negotiation）。⑤ 对于这些新闻媒介体制的分类，如同哈克坦沿袭《报刊的四种理论》的划分一样，对于新闻媒介体制的深入研究几乎没有什么新意，因为我们知道，哈克坦的发展理论和革命理论是 20 世纪六七十年代盛行于拉美和非洲脱殖民运动的大众传播功能主义

---

① Fred S. Siebert, Theodore Peterson & Wilbur Schramm, *Four theories of the Press*, *The Authoritarian*, *Libertarian*, *Social Responsaibility and Soviet Communist Concepts of What the Press Should Be and Go*, University of Illinois Press, 1963, pp. 3 – 6.

② James Curran and Myung-Jin Park (ed.), *De-Westernizing* Media Studies, Routledge, 2000, p. 3.

③ 展江：《媒介理论：关键词·语境·汉译——对"报刊的四种理论"的再认识》，传媒学术网，Retrieved 2012 – 2 – 16, http://academic.mediachina.net/article.php? id = 3575

④ William A. Hachten & James F. Scottonworld NEWS PRISM, *THE*：*GLOBAL INFORMATION IN A SATELLITE AGE*, 7ed. Blackwell Publishing Ltd, 2006, p. 16.

⑤ G. M. du Plooy, *Media Studies*：*Institutions*, *Theories and Issues*, Juta Academic, 2007, pp. 275 – 276.

理论的注脚；诺登斯特伦的五种范式中的批判范式、行政管理范式和文化协商方式则分别是对传播学的传统分类（批判学派和管理学派）以及文化研究的变相称谓。卡伦与朴明珍在 2000 年编著的《去西方化媒介研究》中，把《报刊的四种理论》划归为西方视角下的地缘政治做派，把编辑的论文根据数轴区间（横轴：Neo-liberal——Regulated；纵轴：Democratic——Authoritarian）（见下图①）来划归在五个标题框架下来展示自己的"去西方化的理论模式"：

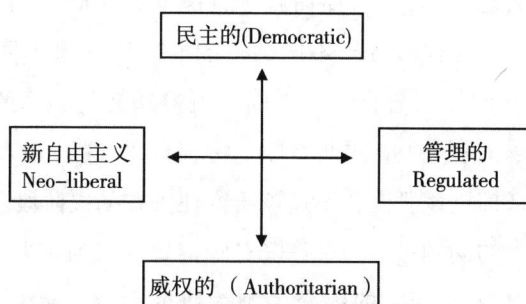

1）转型与混合社会理论（Transitional and mixed societies）；2）权威/新自由主义社会理论（Authoritarian neo-liberal socities）；3）权威/管制社会理论（Authoritarian regulated societies）；4）民主/新自由社会理论（Democratic neo-liberal societies）；5）民主/管制社会理论（Democratic regulated societies）。② 这种按数轴区间的对子概念（couplet concepts）辩证划分方法已经成为新闻媒介体制类型划分的简便和快速切入法，并不断地被其他学者使用，如诺登斯特伦和麦奎尔。诺登斯特伦在"四种报刊理论的再思考"文章中，以横轴为媒介的自治性（media autonomy）——媒介的依附性（media dependency），以制度权力（institutional power）——人民的权力（people's power）为纵轴，提出新闻的四种作用：监控（Monitorial）、释义（Facilitative）、合作（Collaborative）和激进（Radical）③ 分别放在四个区间中。麦奎尔在划分媒介理论时，认为存在着四种方法，分别用数轴的四个区间标示：横轴为文化主义 culturalist——物质主义 materialist；纵轴为媒介中心 media-centric——社会中心 society-

---

① James Curran and Myung-Jin Park（ed.），*De-Westernizing Media Studies*，Routledge，2000，p. 13.

② James Curran and Myung-Jin Park（ed.），*De-Westernizing Media Studies*，Routledge，2000，pp. 11 - 12.

③ Nico Carpentier et al. *Researching Media*，*Democracy and Participation*，Rartu University Press，2006，p. 38.

centric。四个区间反映出了四种视角：媒介文化主义视角（media-culturalist）重视内容分析和接受；媒介物质主义（media-materialist）强调媒介组织、金融和技；社会文化主义（social-culturalist）重视社会影响因素和媒介功能；社会物质主义（social-materialist）关注把媒介和内容看作是社会政治经济物质力量的反映。①

2004 年，哈林和曼希尼的《媒介体制比较》一书从方法、视野、比较参数选择、参与相互关系上，给人以新的启发。在自己的《媒介体制比较》一开始也参照《报刊的四种理论》引入自己的问题："简而言之，这本书（即'四种理论'）后面的问题是，报刊为何是这样？为何服务于不同的目的并且因国家不同而存在着广泛的差异？为何（如前苏联）的报刊与我们的不同，阿根廷又与英国的差异很大？半个世纪过去了，在这个问题的解决上，进步有限。特别自 20 世纪 70 年代以来，人们试图沿着比较分析的方向来推进该研究，不过该研究还处在初级阶段。我们在本书中就尝试回答施拉姆等人提出的问题……"② 并按着施拉姆等人所涉及的分析议程，③ 就以西欧和北美的发达资本主义国家的媒介体制为研究对象，聚焦于媒介体制（media system）与政治体制（political system）间的关系，通过对新闻业、新媒体、媒介政策的分析，他们从四个维度（市场的发展程度；媒体与政治相关性；新闻专业主义；国家的角色）来描述一个国家的媒介体制划分出三种模式：1）地中海/极化的多元主义模式（The Mediterranean/Polarized Pluralist Media Model）：媒介组织被整合进政党政治中，媒介的商业性比较弱，国家在媒介组织中角色强大，如：法国，意大利，西班牙，葡萄牙，希腊；2）北欧/民主统合模式（The Northern European/Democratic Corporatist model）：商业媒介与联系性团体的历史性共存，国家的角色相对来说是活跃的，但在法律上是有限制的，如德国，奥地利，瑞典，荷兰，卢森堡，挪威，丹麦；3）北美/自由模式（The North Atlantic/Liberal Media Model）：市场机制与商业媒介处于主导地位，相对而言，国家在媒介组织中所扮演的角色比较弱，如美国，加拿大，英国，爱尔兰。④

这些研究基本上呈现出地缘政治和媒介体制比较两个重要特点，反映了作为新闻

---

① Denis McQuail，*McQuail's Mass Communication Theory*，SAGE，2005，p. 13 – 14.

② Daniel C. Hallin & Paolo Mancini，*Comparing Media Systems：Three Models of Media and Politics*，Cambridge University Press，2004，p. 1.

③ Daniel C. Hallin & Paolo Mancini，*Comparing Media Systems：Three Models of Media and Politics*，Cambridge University Press，2004，p. 8.

④ Daniel C. Hallin & Paolo Mancini，*Comparing Media Systems：Three Models of Media and Politics*，Cambridge University Press，2004，pp. 67 – 68.

媒介的国际传播的媒介体制的基本特征。

第五节 国际新闻传播中的伦理

国际新闻传播中的伦理问题。伦理学的发展总是处在普遍主义、现对主义和现实主义认识的纠缠之中。是否存在着对所有社会都具有效性的伦理原则或规范？是否因社会与文化的多元性而存在着不同伦理规范？还是存在以现实主义原则基础上的日常社会构建出来的伦理规范？这些问题形成了现实生活中霸权与对抗、渗透与反渗透、帝国主义与民族自决等的想象学争论和辩论。特别是在国际传播中，这种争论意味着具有干涉与反干涉、同一与差异、中心主义与多元化等特征的传播秩序，因为在国际传播中，新闻信息或预设的意义的传递与国家理性（或国家利益）及其战略意图交织在一起，作为新闻信息主要传播者的更多是制度化的主体，更多体现为国家利益的代理人（agency）："层层把关人都是带着一定的意识倾向、审美口味或刻板成见来处理消息的"，同时，"新闻信息发布要服从于建构社会关系或公共关系的需求，这类关系当中，既有来自公共机构或公共机构的个人的'关照'和'打招呼'，也有通过广告及广告客户而对媒介的财政状况施加压力的经济权力和媒介本身的反权力之争，还有媒介影响力指数所代表的受众信息需求。"[①] 实际上，新闻报道、评论及其辩论的传播不仅存在信息的传播机制，而且在等多情况下，这种传播机制更是形成了一种具有"权力"特征的"传播装置"：或吸引、或感召、或抵制。新闻报道涉及的是对所发生事实（facts）如何叙述问题：报道的内容是事实，报道的关键是如何用语言或镜头视角把这些事实表达出来；报道因报道者的观点、身份、思想、价值观、叙事方式的不同或镜头的取景差异会产生不同的报道效果，或消极、或积极、或中性。总体上，上述的框架理论可为此提供一种解释的视角。

伦理学研究通常被分为三个部分：元伦理学、规范伦理学和描述性伦理学。[②] 元伦理学所谈论的问题涉及规范理论，从哲学层面上来观察事物中的"善"和正确（right）的性质、"恶"的问题以及伦理学理论的有效性（validity）。规范伦理学把现

---

① 陈卫星："新闻伦理的可能性"，《中国图书评论》2009 年第 7 期。

② Clifford G. Christians, "Primordial Issues in Communication Ethics", *The Handbook of Global Communication and Media Ethics*, First Edition, Edited by Robert S. Fortner and P. Mark Fackler, Blackwell Publishing Ltd., 2011, p. 1.

实的道德观念与伦理学原则结合起来，把焦点集中在社会和制度（institutions）的是否公正（justice）上面，关注从业人员（professionals）如何来进行更好的职业生活，让伦理原则得到发扬，更多体现着"理论"层面上。规范伦理学力求建立规范和指导纲领，这不仅进行细节的描述，而且涉及抽象思维。描述性理论学则关注特定人和群体的道德行为表现，研究伦理决策实际运作的方法，例如在新闻传播学方面，它要描述新闻事件中的成功与失败，确定问题的位置，指出媒介从业人员所面对的问题，更多体现在"实践"层面上。其中，规范伦理学是因涉及日常职业实践中伦理规范而受媒介伦理关注最多的伦理学，如涉及社会正义、真理、人的尊严、隐私等。

但面对所谓国家的利益与安全，传播伦理，尤其是规范伦理学与描述理学处于尴尬的境地。常被人们奉为"西方民主典范的美国"，一直被推上传播伦理的被告席。在 1999－2008 年的科索沃、伊拉克和中东战争中，媒介仍没有摆脱赫斯特的"黄色新闻"的特征并成为美国新保守主义（neo-conservatism）的战争工具，从推销战争到对所谓的恐怖分子嫌疑犯的"虐囚"，退休的军方官员被广播电视网络（如 CNN、FOX 等）包装成"分析和评论专家"，从大众媒体的内部来塑造恐怖主义报道或发动战争存在着合理理由，来掩盖真相。[1] 在海湾战争中，因半岛电视台的相对客观报道妨碍了美国的军事行动和国际舆论，当时的美国总统试图下令轰炸半岛电视台国际总部。[2] 法国右翼人民阵线的前领导人让－玛丽·勒庞（Jean-Marie Le Pen）于 2011 年 3 月 21 日作为 BFM 电视台露丝·艾尔克列芙（Ruth Elkrief）的邀请嘉宾时，把利比亚战争描述为："我发现，这次全球主义（mondialiste）的十字军东征闻到了满鼻子的石油味"；"我不是说卡扎菲该受到尊重……不过我看到，相对卡扎菲先生，人们没有用同样的眼光来看待巴林或也门。我认为，卡扎菲对某些石油巨头没有足够的顺从，人们想迫使他就范，甚至想抢夺他的石油。"这与利比亚战争中西方媒体铺天盖地的以"民主"、"人权"、"人道灾难"等为标题的新闻报道形成了鲜明的对比，而这种新闻传播手段不停地正在其他地区重演，如叙利亚。以"萨达姆拥有大规模杀伤武器"为打击依据的宣传，始终没能找到合理的证据；以"卡扎菲用飞机轰炸自己人民而犯下反人类罪"为打击理由的新闻，最终来自一个不知真正来历的人的一

---

① DAVID BARSTOW, "Behind TV Analysts, Pentagon's Hidden Hand", *The New York Times*, Published：April 20, 2008, Retrieved 2012－6－10, http：//www. nytimes. com/2008/04/20/us/20generals. html?＿ r ＝ 1&ex ＝ 1366344000&en ＝ 196b27df83cc255c&ei ＝ 5090&partner ＝ rssuserland&emc ＝ rss&pagewanted ＝ all

② Jeremy Scahill, "The War on Al Jazeera", *The Nation*, December 1, 2005, Retrieved 2012－6－10, http：//www. thenation. com/article/war-al-jazeera

线电话，但还是没有充分的证据。比利时的独立记者米歇尔·克伦（Michel Collon）在 2011 年 12 月 3 日的法国电视三台（France3）上，在谈及利比亚战争时就认为"每次战争之前是一场媒介谎言（médiamensonge）"，并出版了一系列有关伊拉克、海湾、叙利亚战争"媒介谎言"的专著。在"9·11"恐怖袭击事件之后，美国颁布了《爱国法案》（*USA Patriot Act*），该法案名称实际是《通过使用合适手段拦截和阻止恐怖主义行为以团结和巩固美国法案》（*Uniting and Strengthening America by Providing Appropriate Tools Required to Intercept and Obstruct Terrorism Act*）的词首字母缩写。其中的受批判较多的第二条"强化监控程序"（Enhanced Surveillance Procedures）下面的201、202、206、207、215 等节，明确规定涉及涉嫌恐怖主义或电脑诈骗的有线、口头和电子传播信息要被拦截，并对传播信息实行流动监控，而且以国家安全的名义接触美国或非美国用户的记录和信息。

另外，在目前，描述性的伦理学主要关注对媒介使用和社会价值的描述。[①] 作为技术的传播媒介及其体系构成了社会机构的组成部分。传播媒介的跨边界使用始终与制度、价值观、文化、意识形态等联系在一起，20 世纪六七十年代的文化帝国主义以及联合国教科文组织（UNESCO）的中有关传播秩序的辩论，反映了国际传播不只是信息的自由的流动，更多是与国家主权、民族身份、国家利益、殖民依附等问题联系在一起。更何况，在 21 世纪的头十年，发达国家通过或试图借助新的信息传播技术（如社会媒体）来实现发展中或落后国家政权变更的做法，如突尼斯、埃及、伊朗，使传播媒介进一步沦为国际政治博弈的工具，国际传播伦理的理论化和实践具有了不确定因素。不断在国际新闻界频频以捍卫新闻职业伦理与权利而出镜的著名的法国"无疆界记者"（Reporteurs sans Frontières）非政府组织，这个名义上的非政府组织却与美国的国务院和中央情报局（CIA）等有着密切的资助联系在一起，在 2008 年到 2012 年四年之内，两次因缺乏职业伦理道德被联合国教科文组织解除联系，从联合国教科文组织相关的非政府组织名单上拿掉。[②] 新闻传播的"中立性"或服务于公众的说法始终是一理想或理念（或权力）与传播总是影形相随。如，在理解新闻传播的"中立性"时，首先要看"中立"概念是如何产生的，参考的标准是什么？

① Clifford G. Christians，"Primordial Issues in Communication Ethics"，*The Handbook of Global Communication and Media Ethics*，First Edition，Edited by Robert S. Fortner and P. Mark Fackler，Blackwell Publishing Ltd.，2011，p. 15.

② Jean Guy Allard，l'UNESCO prend ses distances avec Reporters sans frontières，10 avril 2012. Retrieved 2012 – 06 – 11，http：//www. michelcollon. info/L-UNESCO-prend-ses-distances-avec. html

又是如何定义的？受"中立"概念定义的对象是什么？等等，重要的是把"中立"感念的生成揭示出来，然后再谈"中立"。"概念"是权力博弈关系的表述，是一个社会学或政治社会学的过程，因此，"中立"概念的本身就是不同权力博弈下产生的看顾双方态度的立场性表述，当变成立场性表述时，本身就是一个立场态度问题，也是一种修辞问题。学者贝内特（W. Lance Bennett）认为，虽然人们安于认为民主的责任引导着信息收集与传播，但研究表明，利益驱动与市场力量产生了越来越多的影响，并借助的罗伯特·麦切斯尼（Robert McChesney，1913 - 2008）研究指出："商业新闻系统几乎不含公共服务和责任的内在基础。……如果揭去新闻自由的面纱，我们会看到企业的利益，这些利益更多是为了使自己免于为公共利益服务，而不是去促生宪法第一修正案来保护具有风险或挑战性的信息的传播自由。"①

在这种环境下，所谓传播伦理中的关键问题，如正义、客观性、隐私等，在国际传播现实中难以实现，对媒介从业者、媒介统治（médiacratie）、记者丑闻、歪曲信息、误导信息等一系列媒介批判成了传播伦理难以实现的注脚。无论如何，研究者们总是在国际传播的现实与伦理之间努力地在编制一个超越具体时空背景的伦理乌托邦，从逻辑上以求接近作为人道德发展终极目标的"至善"（good）。另外，在新闻传播的框架中，作为传播者，更具体地说，中介者（BBC、CNN、WATO、IMF、WB等）实际上在结构了世界上的信息流动秩序，其中并非中性的信息流动成为日常生活社会学意义上的构建活动，一种规则、习惯或制度性的东西由此而生。

本章参考文献：

阿诺德·戴比尔等．全球新闻事业：重大议题与传媒体制．北京：华夏出版社，2010

陈卫星．传播的观念．北京：人民出版社，2004

陈卫星．新闻伦理的可能性．中国图书评论，2009，（7）

赫伯特·阿特休尔．媒介的权力——新闻媒介在人类事务中的作用．北京：华夏出版社，1989

杰弗里·巴勒克拉夫．当代史学的主要叙事．上海：上海译文出版社，1987

李彬．全球新闻传播史，1500 - 2000．北京：清华大学出版社，2005 年

迈克尔·埃默里和埃德温·埃默里．新闻史：大众传播媒介解释史．北京：新华

---

① W. Lance Bennett, *News*：*The politics of illusion*（5th ed. ），Longman，2003，p. 91.

出版社，2001

诺曼·费尔克拉夫. 话语与社会变迁. 北京：华夏出版社，2003

潘忠党. 架构分析：一个亟须理论澄清的领域. 传播与社会学刊. 2006，（1）

托伊恩·A·梵·迪克. 作为话语的新闻. 北京：华夏出版社，2003

展江，媒介理论：关键词·语境·汉译——对"报刊的四种理论"的再认识，传媒学术网，Retrieved 2012 - 2 - 16，http：//academic. mediachina. net/article. php？id = 3575

Allard，Jean Guy. l'UNESCO prend ses distances avec Reporters sans frontiers. 10 avril 2012. Retrieved 2012 - 06 - 11，http：//www. michelcollon. info/L-UNESCO-prend-ses-distances-avec. html

Baran，Stanley J. & Davis，Dennis K. *Mass Communication Theory：Foundations，Ferment，and Futurt*（6thed.）Boston：WADSORTH，2012.

BARSTOW，DAVID. Behind TV Analysts，Pentagon's Hidden Hand. *The New York Times*，Published：April 20，2008，Retrieved 2012 - 6 - 10，http：//www. nytimes. com/2008/04/20/us/20generals. html？_ r = 1&ex = 1366344000&en = 196b27df83cc255c&ei = 5090&partner = rssuserland&emc = rss&pagewanted = all

Bennett，W. Lance. News：The politics of illusion（5th ed.）. Harlow：Longman，2003

Future（6th ed.）. Boston：WADSWORTH，2012.

Boudieu，Pierre. Questions de Socioloige. Paris：Minuit，1984

Carpentier，Nico et al. *Researching Media，Democracy and Participation*. Tartu：Tartu University Press，2006

Certeau，Michel de. *l'invention du quotidien，arts de faire*. Paris：Gallimard，1990

Champagen，Patrick. *Faire l'opinion：le nouveau jeu politique*. Paris：Minuit，1990

Curran，James and Park，Myung-Jin（ed.）. *De-Westernizing Media Studies*. London：Routledge，2000

Defarges，Philippe Moreau. *l'ordre monidal*. Paris：Armand Colin，2008

Dezalay，Yves & Garth，Bryant. Droits de l'homme et philanthropie hégémoniique. Actes de la recherche en sciences sociales. 1998，121 - 122

Donsbach，Wolfgang. *Gatekeeping. The International Encyclopedia of Communication*. Oxford：Blackwell Publishing Ltd. ，2008

Fortner，Robert S. and Fackler，P. Mark. *The Handbook of Global Communication and*

Media Ethics. Oxford：Blackwell Publishing Ltd.，2011

Fourie，Pieter J. *Media Studies：Institutions，Theories and Issues*，Lansdowne：Juta Academic，2007

Hachten，William A. & Scottonworld，James F. *The World News Prlsm，The：Global Informatlon In A Satellite Age*（7ed）. Oxford：Blackwell Publishing Ltd，2006

Hallin，Daniel C. & Mancini，Paolo. *Comparing Media Systems：Three Models of Media and Politics*，London：Cambridge：Cambridge University Press，2004

Hardy，Jonathan. *Western Media Systems.* New York：Routledge，2008

La "taupe" de Wikileaks risque la peinde de mort，27 arvil 2012，TF1 NEWS. Retrieved 2012 – 07 – 07，http：//lci. tf1. fr/monde/amerique/la-taupe-de-wikileaks-ris-que-la-peine-de-mort-7201093. html

Lazar，Judith. *l'opinion publique.* Paris：Dalloz，1995

Marielle，Debos et Alice，Goheneix. Les ONG et la fabrique de l'opinion publique inter-nationale . *Raisons politiques*，2005，（19）

Mattelart，Armand. *Le mondialisation de la communication.* Paris：PUF，1996

McNair，Brian. *An introduction to political communication*（3rd ed. ）. London：Rout-ledge，2003

McQuail，Denis. *McQuail's Mass Communication Theory.* London：SAGE，2005

Miège，Bernard. *La Société Conquise par la Communication，I Logiques sociales.* Grenoble：PUG，1996.

Mons，Alain. La métaphore sociale：images，territoire，communication. Paris：PUF，1992

Moriset，Claire et Miège，Bernard. Les industries du contenu sur la scène médiatique. Réseaux 2005，（131）

Ohlheiser，Abby and Politi，Daniel. Clinton：Countries Must "Pay a Price" for Sup-porting Syria. July 6，2012，The Slatest. Retrieved 2012 – 7 – 7. http：//slatest. slate. com/posts/2012/07/06/hillary_ clinton_ russia_ china_ must_ pay_ price_ for_ support_ of_ syria_ . html

Ritzer，George. *Encyclopedia of Soical Theory*（Vol. 1）. London：Sage Publica-tons，2005

Riutort，Philippe. *Sociologie de la communication politique.* Pairs：La Découverte，2007

Semati, Mehdi. *New Frontiers in International Communication Theory*. Hanham: Rowman & Littlefield Publishers, INC, 2004

Shamir, Jacob & Michal. *The Anatomy of Public Opinion*. Michigan: University of Michigan Press, 2000

Scahill, Jeremy. The War on Al Jazeera. *The Nation*, December 1, 2005, Retrieved 2012 – 6 – 10, http://www.thenation.com/article/war-al-jazeera

Schudson, Michael. The Sociology of news production, *Media, Culture and Society*, 1989, (11)

Siebert, Fred S, Peterson, Theodore & Schramm, Wilbur. *Four theories of the Press, The Authoritarian, Libertarian, Social Responsibility and Soviet Communist Concepts of What the Press Should Be and Go*, Champaign: University of Illinois Press, 1963

Syrie: Wikileaks publie des "Syria files" d'Assad et de l'opposition. 05 julliet 2012, TF1 NEWS. Retrieved 2012 – 07 – 07,

Wikileaks: Syria Files, 2012 – 07 – 05. Retrieved 2012 – 7 – 7. http://wikileaks.org/

思考题:

1. 新闻传播事业起源的因素。
2. 新闻、舆论、国际舆论的工具性。
3. 如何理解新闻媒介体制。
4. 如何理解作为话语修辞的国际新闻伦理。

第四章
文化、信息工业与传播的近用

本章要点：

* 传播信息的界定
* 传播的政治经济学视角
* 文化信息工业的研究视角
* 文化工业背景下的"知识地位"

在文化领域，技术生产着大众文化，大众文化使个体习惯于和主流行为思想保持一致，因而提供了强大的社会控制工具。[①]

——Douglas Kellner

文化商品生产机器和跨国信息包含的不仅是文化方案，而且包含着一种新的权力组织系统。[②]

——朱振明

第一节　信息的新界定

在传播学领域，文化、信息、知识、话语等概念成了传播内容的多义词。"信息

---

① Douglas Kellner，" The Frankfurt School and British Studies：The Missed Articulation"，*RE-THINKING THE FRANKFURT SCHOOL：Alternative Legacies of Culture Critique*，ed.，by Jeffrey T. Nealon &Caren Irr. State University of New York Press，2002，p32.

② 朱振明：《传播世界观的思想者》，上海：上海交通大学出版社，2011 年，第 112 页。

本质上是语言（language）问题，语言一点也不透明，它表现出自己的非透明性
（opacité），借此构建一种看法（vision），一种世界的特殊意义。"① 不过随着"信息
社会"、"知识社会"、"网络社会"所描述的后现代社会形态的出现，信息不再仅仅
是语言，而是具有不同学科特征的"文化"（文化研究）、"信息"（信息－系统论）、
"知识"（社会学）与"话语"（语言学）等称谓。"网络社会"的倡导者曼纽尔·卡
斯特（Manuel Castells）认为，"我们在人类不同活动和体验领域内进行的社会结构探
索使我们得出了这样的结论：信息时代的支配性功能和过程越来越组织成了网络。网
络成了我们社会的一种新的社会形态，网络逻辑的扩散很大程度上决定着生产、体
验、权力和文化的过程……现在的新颖地方在于，信息技术的新范式为整个社会结
构提供了扩张的物质基础。而且，流动（flux）的权力相对权力的流动占据了上风。
网络的在场或缺席以及每个网络相对其他网络的动力（在社会形态相对社会行为占
据优势的层面上）是网络社会中支配和变化的主要源泉。"② 在卡斯特尔的"网络社
会"中，信息成了知识，信息在宽泛意义上是知识的传播，③ "信息是被组织和传播
的数据（data），知识是一套有关事实或观念（ideas）的被阻止起来的陈述（state-
ments），表达一种理性化的判断或实验结果，并以某种系统的形式通过传播媒介传递
给他人。"④ "信息是纯粹的陈述（énonciation）。它构成了知识（savoir），像所有知识
一样，这种知识既依赖于其涉及的认识领域（connaissance）、其融入的陈述情景
（context），又涉及它发生其中的装置（dispositif）。"⑤

在媒介话语分析中，"话语（discours）不是语言（langue），尽管人们通过语言
来制作话语，而话语反过来又修正语言。语言指向自己表现为不同系统的组织，这些
系统标明了形式（词法）、其结合（句法）以及其或多或少稳固的和原型的意义
（sens）间关系类型，这些形式根据不同的关系网络（词义）而具有了载体性质。描
述语言，往往是用这种或那种方法来描述在语法和字典中可以编制索引的一致性法
则。相反，话语往往指向纯语言应用规则以外的东西。其来自于我们说写（说话者和
接收者的身份，联系他们的意向性以及交换的物理条件）状况（circonstances）和说

---

① Patrick Charaudeau, *Les médias et l'information：l'impossible transparence du discours*, De
boeck, 2005, p. 11.

② Manuel Castells, *La Société en Réseau*, Libraires Arhème Fayard, 2001, p. 575.

③ Manuel Castells, *The Rise of the Network Society*（2nd ed.）, Wiley-Blackwell, 2010, p. 500.

④ Manuel Castells, *The Rise of the Network Society*（2nd ed.）, Wiley-Blackwell, 2010, p. 17.

⑤ Patrick Charaudeau, *Les médias et l'information：l'impossible transparence du discours*, De
boeck, 2005, p. 26.

的方法的结合。因此，就是话语外条件和话语内实现的混合产生意义。描述话语的意义，因此往往是去使这两个方面产生关联。"① 在这里，话语因有产生的外部条件而与语言区分开来，意义的产生与语言学结构以外的环境联系也在一起，"信息"被社会化与权力化。在利奥塔的后现代知识状况中，知识成了话语，"科学知识（knowledge）是一种话语（discourse）。"② 在后现代社会中，"知识以生产力不可或缺的信息商品的形式已经并将继续成为世界范围内围绕权力（power）竞争的主要赌注。可以想见，民族国家有一天就像曾经围绕领土（territory）以及控制原材料开发和廉价劳动力的争斗一样，将围绕形式的控制而进行斗争。"③ "知识性质的变迁（transformation）可能对现存的公共权力产生影响，迫使它们重新考虑它们在理论和实际上与大的公司，更普遍地，与市民社会的关系。"④

在传播学中，法国的传播学者对传播信息本体论的分析作出了明确的贡献。因为在他们那里，信息不再是电讯号，而是与传播过程与传播环境联系在一起的符号（signe）流动过程，明确地为信息赋予了象征维度，使其具有了物理和象征双层维度，从此信息的流动与身份（identité）、意义（sens）、创新等联系在一起，具有了明晰的传播批判价值。法国传播学家马特拉对传播分析的重要贡献之一，就是在传播领域内把信息与文化区分开来。他认为，"传播"概念的意义和应用只有在文化的语境中才能得到考虑。不能无区别地把文化作为信息，进行"当下崇拜"、"信息崇拜"。"信息崇拜是对文化和记忆的嘲弄。（认为）只有传输通道重要，意义的生产不在工程师的议事日程之上。"⑤ 这忽略了文化是意义的生产和独特性，文化独特性是"身份、意义、尊严和社会革新的根源"⑥。在作为北美传播学发展奠基框架的香农的数学传播模式那里，"信息概念是严格地物理学的、量性的、统计学的。这种概念没有考虑信息的词源学根源，而这种词源学根源蕴含着一种因知识片断构建而赋予知识形式的过程……这种机械形式仅对信息传输管道感兴趣，其指向一种社会的表现主义概

---

① Patrick Charaudeau, *Les médias et l'information*：*l'impossible transparence du discours*, De boeck, 2005, p. 30.

② Jean-François Lyotard, *A Report on Knowledge*：*A Report on Knowledge*, University of Minnesota Press, 1984, p. 3.

③ Jean-François Lyotard, *A Report on Knowledge*：*A Report on Knowledge*, University of Minnesota Press, 1984, p. 5.

④ Jean-François Lyotard, *A Report on Knowledge*：*A Report on Knowledge*, University of Minnesota Press, 1984, p. 6.

⑤ Armant Mattelart, *Diversité culturelle et mondialisation*, La Découverte, 2005, p. 106.

⑥ Armant Mattelart, *Diversité culturelle et mondialisation*, La Découverte, 2005, p. 55.

念（刺激－反应）……意义的建构在工程师的程序中不能表现出来，传播概念与文化概念切断了联系。"① 米涅借鉴了梅亚（Jean Meyriat 1921－2010）（法国信息理论家）的看法。梅亚把信息（information）界定为传播的认识层面（aspect cognitif），也就是说，不传播的信息不是信息，是认识（connaissance）和知识（savoir）。信息是必然被生产和传播的，为传播而生产，这暗含着一个传播策略（stratégie），无论是所谓的"新闻"（news）信息或专业信息，这就是，其关注"信息－传播"（information-communication）这个语义段的原因。② Information 是动词 inform（告知）的名词化，"名词化将过程和行为转化为状态和对象，并将具体转化为抽象。"③ 因此，我们经常所说的"信息"用抽象掩盖了具体的传播过程，米涅的理解颇具启发意义。就信息与文化而言，米涅认为法国人甚至欧洲人成了某些价值体系的奴隶，这些价值观来自于启蒙运动以及康德，它使人们认为信息、传播和文化领域包含着彼此没有关系的概念，在北美，信息和文化交织在一起。米涅在处理文化工业时越来越把信息也包括在内。现代信息传播技术正在使这些概念走到一起。

第二节　传播政治经济学

一、政治经济学

对政治经济学和经济学反思往往要追溯到英国的古典经济学家亚当·斯密（Adam Smith，1727－1790）。政治经济思想的产生在于回应当时商业主义的出现以及后来长足发展的资本主义，并试图理解而且扩大这个新社会秩序的潜力。对于古典政治经济学说，在关注经济维度的同时，也更多关注道德方面的问题。"面对市场和国家的增长，出现了个体与社会秩序关系方面无法解决的问题。因此政治经济的出现伴随着对历史和道德哲学的关注。"④ 亚当·斯密在受到法国重农主义的影响之后写出了政治经济学的畅销书《国富论》（1776），主要关注的是自身利益和天生自由的保护和

---

① Armand Mattelart, *Histoire de la société de l'infomration*, La Découverte, 2001, p. 42.

② Bernard Miège, *l'information-communication*, *objet de connaissance*, De Boeck, 2004.

③ 诺曼·费尔克拉夫：《话语与社会变迁》，北京：华夏出版社，2003 年，第 170 页。

④ Peter Golding &Graham Murdock, *The Political Economy of the Media*, Edward Elgar Publishing Limited, Vol. 1, 1997, p xiii-xiv.

发展。斯密的思想虽然在 20 世纪成了自由市场原则提倡者的依据，但有的学者认为，不考虑道德维度是对斯密的思想的狭隘解读。总而言之，亚当·斯密在自己著作中提出的思想成了政治经济学发展的基础。①

在思考政治经济学方面存在着不同角度。就亚当·斯密等的古典政治经济学而言，有的人把重点放在作为基本分析单位的个体及作为主要结构的市场之上，二者交汇于一个中心过程，即个体在市场上采取决定，来表达自己的需求。渐渐地，这种看法消除了对历史、社会整体性、道德哲学和实践的古典看法，把政治经济学看作基于市场行为调查之上的、以数学为语言的经济科学。这种思路被广泛地理解为新古典经济学或因其统治地位被简单地看作正统的经济学，它把劳工化约为生产要素之一。与土地和资本一起，因其生产能力得到重视。另外一些人，反对这种看法，坚持对历史、社会整体性、道德哲学和实践的古典关注，尽管这意味着放弃创立一种实证科学的目的。这种看法构成了政治经济学的不同研究思路。②"政治经济学方法主要强调传播（diffusion）技术，主要的经济和调节辩论被看作是在技术变迁条件下有关传播近用的斗争（struggles），没去关注这种变迁对被销售产品性质以及与受众关系的影响。"③

二、传播政治经济学

人们之所以谈论文化和信息工业，因为在传播全球化的背景下，文化和信息工业成了社会、政治、经济等的重要代理者（agent）。对信息传播学的政治经济学研究的重视开始于 20 世纪 90 年代末，随着发展中国家和发达国家在联合国教科文组织（UNESCO）围绕建立新的信息传播新秩序的辩论，传播的政治经济学研究得到了推进："实际上，经济研究使人们有可能阐明在世界范围内国际流动的交换和扩散，显示作为当时三个世界（发达的资本主义世界、'现实的社会主义'世界和第三世界）交换特征的结构上不平等。"④"文化工业"、"内容工业"、"文化与媒介工业（或产

① Peter Golding &Graham Murdock, *The Political Economy of the Media*, Edward Elgar Publishing Limited, Vol. 1, 1997, p. xiv.

② Vincent Mosco, *The Political Economy of Communication*, Sage Publications, 1996, pp. 17 – 18.

③ Nicholas Garnham, From cultural to creative industries, *International Journal of Cultural Policy*, Vol. 11, No. 1, 2005, p. 20.

④ Bernard Miège, Les industries culturelles et médiatiques: une approche sicol-économique, *Matrizes*, N. 1 outubro, 2007, p. 43.

业）"、"文化与信息工业（或产业）"、"文化产业（或复数文化工业）"、"文化创意产业"等往往是传播政治经济学研究涉及的基本上具有"同义词"性质的"内容"概念。"现在，文化与信息工业发生了深刻的变化，这与三个重要现象联系在一起：数字结束的成熟和互联网的发展、不同传播领域的放松管制和自由化、文化与信息领域的金融控制加强：于是，文化产品仅是流动与网络或终端（手机、电视、互联网等）的信息，信息产品比以往任何时候更直接依赖于大的传播集团的战略决策。"①

对于文化和信息工业的研究，基本上呈现出两种势态：其一是把文化与信息传播看作是"意义"的传送，往往涉及"权力关系"、"权力结构"、"意识形态"、"文化多样性"、"公共空间"、"数字鸿沟"、"媒介近用"、"等级体系"、"传播秩序"、"去中心化"、"民主化"、"文化产品"、"公共物品"等概念，在文化产品的生产、分配、消费的现象之后看到的是"权力博弈"与"意识形态"。其二是文化与信息传播作为一种产业活动，具有符合市场逻辑的特征，作为经济全球化的一部分，如何体现着文化与信息产业的发展、更新和升级，通常涉及"节目"、"节目编排"、"文化创意"、"知识产权"、"节目版式"、"内容的传输"、"内容工业（或产业）"等概念，更多与传播业界现实关系比较密切。用以解说两种势态的学科视角是"传播政治经济学"，这在法国当代传播学奠基人的贝尔纳·米涅的文化工业（复数）思想中可以清楚地看到。在他看来，随着信息传播技术的发展，对文化与信息产业化的关注不能仅局限于传统的"文化与信息工业"概念，应扩展到"内容工业"，简单地说，从对文化与信息产业的金融逻辑、放松管制以及技术逻辑的奴役关注转向对产业本身运转规则和条件的研究。"在诸多研究者看来，事情是这样的：专业公司的出版（éditorial）自治性以及文化信息工业的所有其他具体特征，从此属于文化和信息的历史；内容半机械地从（新的）技术的、法律－政治的、特别是金融的逻辑中推导出来，这些逻辑不仅在被考虑的工业中发挥着作用，而且已经无保留地施加自己的权力（pouvoir）。向内容工业（industries du contenu）的过渡早已在进行之中，已不像两个多世纪以来——特别是从 19 世纪末到 20 世纪末——那样，内容工业自现在开始与文化和信息工业关系不大。不过，似乎这些往往被现实所证明的观察远没有考虑实际嬗变中的所有复杂性。可能人们仅突出了金融逻辑的发展（这些逻辑在书籍、报刊或音乐录制的历史上已不断地被指出来并加以揭示）、对管制（réglementations）与公共政策的放弃、因传播信息及时发展导致的奴役，而把具有同样决定性作用的、有关工

① Claire Moriset et Bernard Miège, *Les industries du contenu sur la scéne médiatique*, *Réseaux* 2005/3, n° 131, p. 147.

业（复数）本身运转的规则和条件的演化（évolutions）放置一边，因此也无视借助艺术和智力劳动的现实条件——而这在工业化的过程中要涉及。"① 不过我们所接触到传播政治经济学关注大多集中于第一种势态之上。

一般地，经济学出身的传播学者除了关注文化信息工业传播对政治、社会、文化造成的影响之外，还关注作为产业活动本身的经济逻辑，如米涅对文化信息工业的本身运作形式以及"公共空间"嬗变的分析，斯麦兹与默多克有关受众在大众媒环境中的商品化的"受众商品论"，非经济学出身的主要关注对政治、文化和社会造成的冲击，如阿芒·马特拉对"传播世界"、"依附理论"、"国际传播新秩序"等的分析；赫伯特·席勒对美国"军工联合体"与传播业相互渗透并在美国社会中建立霸权分析和"文化帝国主义"等分析；罗伯特·麦克切斯尼对"富媒体与穷民主"中"媒介近用"的分析；加汉姆倾向于互换了"传播政治经济学"（political economy of communication）和"传播与文化政治经济学"（political economy of communication and culture）这两个词语，把注意力放在文化传播上，考察被我们认为属于文化的问题在当今世界中受媒介的影响程度；默多克和戈尔丁主张传播政治经济学应围绕三大核心任务开展研究：（1）关注文化产品的生产，意义的生产就是在行使权力；（2）分析文本，以显示媒介产品中的表征（representations）是与其生产和消费的物质现实相关的；（3）评估文化消费，以显示物质与文化不平等之间的关系。② 等等，尤其是，阿芒·马特拉在国际传播层面上的研究因其特殊"第三世界"和"第一世界"背景，对国际传播中的国际传播流动对政治、社会、经济的影响的分析尤为透彻，尼古拉·加汉姆也认同这样的原因：马特拉拥有着发展与发达国家的双重视觉，并没有局限于第三世界主义论（third-worldism）。③ 在传播政治经济学的研究中，存在着一些研究者标杆。

格雷厄姆·默多克和皮特·戈尔丁认为④：政治经济学采用整体视觉来看待问题，把社会关系和经济或政治关系结合在一起，并在社会和文化动力的相互关系中来

---

① Claire Moriset et Bernard Miège, Les industries du contenu sur la scène médiatique, *Réseaux* 2005/3, n° 131, p. 148.

② 赵月枝，邢国欣，"传播政治经济学"，刘曙明，洪浚浩（编），《传播学》，北京：中国人民大学出版社，2007。

③ Armand Mattelart et al. *International Image Markets: In Search of an Alternative Perspective*, Comedia Publishing Group, 1984.

④ Peter Golding &Graham Murdock, Introduction: Communication and Capitalism, *The Political Economy of the Media*, Edward Elgar Publishing Limited, Vol. 1, 1997, p xiv.

加以考察；其次，政治经济学持历史观点，这不仅意味着历时过程，而且表明在资本主义和全球的背景中来理解传播的过程和作用；最后，政治经济学采取现实主义/唯物主义观点。并认为对于批判政治经济学，还需注意另外两个基本特征：首先，古典政治经济学中的道德哲学，在于强调"应该是什么"；其次，沿袭古典政治经济学，分析传播过程和机构的资本主义分配结果，即分析市场对文化分配模式以及不同意义形式和结构的有效性模式的影响。实际上，在对传播的现实分析操作中，这两种视觉的界限已经模糊，"传播政治经济学"成了通用说法。在法国学者那里，传播政治经济学不仅仅是媒体，而且涉及不同的文化产业，如法国学者贝尔纳·米涅对复数文化工业的模式分类——成了研究文化工业的产业框架参照；而北美的传播学者更多集中媒体（media）和电信（telecommunications），如罗伯特·麦克切斯尼（Robert Mc-Chesney）和丹·席勒（Dan Schiller）①。在麦克切斯尼与席勒那里，"传播政治经济学'分析媒介和传播系统与社会结构的关系，亦即媒介与传播系统及内容如何强化、挑战或影响的阶级与其他社会关系，并强调经济因素对政治和社会关系的关键作用。审视所有权、支持机制（如广告）和政府政策对媒体行为与内容的效果，强调结构性因素与劳动过程对传播的生产、流通和消费的影响'。更进一步说，传播经济学主要关注两个相互关联的问题：一是分析政治经济压力与限制对传播与文化实践的影响，以及在资本主义制度下资本是如何左右传播的内容与形式的；二是研究传播产业在信息化全球资本主义资本积累过程中的上升地位。"② 莫斯可也在自己的《传播政治经济学》中讲道："两种政治经济学的界定结构着对这门学科的研究方法。狭义上，政治经济学（political economy）是对构成资源生产、分配和消费——包括传播资源——的社会关系，特别是权力关系的研究。这种表述有一定的实践价值，因为它注意到传播业是如何运作的。……政治经济学的一个比较普遍和雄心的界定是对社会生活中的控制和生存的研究。控制（control）具体指一个社会如何组织自己，管理自己的事物以及如何适应和不能适应所有社会面对的必然变化。生存（survival）意思是，人们如何生产自己需要再生产的东西，保持自己社会仅需运转。……该概念的优势在于使这政治经济学的范围包括（至少）人类所有的活动，所有的生活过程。"③ 不过

---

① Robert W. McChesney and Dan Schiller, "The Political Economy of International Communications", Technology, Business and Society Programme Paper Number 11 October 2003, United Nations Research Institute for Social Development.

② 曹晋、赵月枝："传播政治经济学的学术脉络与人文关怀"，《南开学报（哲学社会科学版）》2008 年第 5 期，第 34 页。

③ Vincent Mosco, *The Political Economy of Communication* (2 ed), SAGE, 2009, pp. 2–3.

在他的政治经济学观点倾向于更多把"传播"作为"意义"的建构，而不是遵循商业逻辑的产业活动："为了探讨传播政治经济学，把传播（communication）看作是意义（meaning）的社会交换——其结果是对社会关系的度量或标示。从这种观点出发，传播不只是数据或信息的传送，而且是构成某种关系的意义的生活生产。"①

三、传播政治经济学的发展前景

以《传播政治经济学》著作而闻名的加拿大传播学者文森特·莫斯科总结了传播政治经济学的发展前景。在他看来，传播政治经济学未来有五个主要方向：该领域的全球化；历史研究的视角持续下去；另类研究视角的增加，特别是女权主义和劳工；研究重点从旧媒体向新媒体的转移；与政治经济学传统相关联的行动主义（activism）的增加。②

首先是该研究领域的全球化与国际化。莫斯科采用现象学的方法，描述了众多传播政治经济学研究全球化的事例，展现了该学科在发展中国家的崛起和发达国家的延续，以及新人辈出喜人场景。而且研究的内容重点从全球政治经济的整合及其媒介体制转向了跨地区、国家以及阶层（classes）的整合；从跨国公司的权力（power）转向了世界范围内的跨边界经济的崛起，如印度传媒系统向西方社会的整合；借助国内社会阶层（或阶级）划分来进行政治经济学分析的方法转向了对跨国社会阶层的关注——因为其结构着跨国权力网络；企业、政府与社会阶层结构的全球整合一直是传播政治经济学研究的对象。

其次，历史的方法意味着传播政治经济学的研究不只是去关照涉及资本家与政府的媒介体制，而且事关工会、公民组织等。这些元素与媒介的发展史融合在一起，成了认识论层面上的切入点。

在另类研究方法方面。传播政治经济学开始了另类研究视角，如女性主义视角等。在这里，关注的不只是往日传统议题的传播支配，而且开始强调抵抗，如媒介工业的全球化与女性在媒介产业领域的就业紧密地联系在一起。抵抗成了思考的一个重要元素。

再次，研究重点从旧媒体转向新媒体。这种转换，或者，新媒体强化与扩展了旧媒体的商业化倾向与元素。媒介集中、商业化、信息丰富国家对世界经济的控制等，

---

① Vincent Mosco, *The Political Economy of Communication* (2 ed), SAGE, 2009, p. 6.

② Vincent Mosco, Current Trends in the Political Economy of Communication, *Global Media Journal*, 2008, Volume 1, Issue1, pp. 45 – 63.

不但继续存在而且得到进一步加强，"数字资本主义"（digital capitalism）成了这种新的情形的经济特征。或者，信息传播技术的发展，不仅服务和强化了资本主义，而且打断了资本主义活动秩序——这是一种认识论上的断裂——，形成了后现代的另类资本主义模式或另类全球化模式，一种去中心化的政治—经济世界，体现为哈特与内格里意义上的"帝国"（empire）。

在媒介领域的行动主义层面上。传播政治经济学的研究者也是行动主义者，他们涉入媒介民主化、发展传播、独立媒体、劳工、女性主义等运动之中，成了媒介社会运动的组成部分。

总体上，这几种所谓的研究前景都是基于传播政治经济学的现存的研究议题之上，实际上，更多是以往研究的深化与继续，其特征主要表现为：私人领域与公共领域的整合；信息的支配与权力；社会运动与抵抗；历史主义方法。这更多是北美政治经济学派的研究特征。就传播政治经济学的新趋势而言，其明显的趋势之一是：研究角度从宏观向微观分析的过渡。换句话，日常生活社会学成了分析传播与传播媒体的重要学科。对传播的社会—经济—技术的综合视角成了新媒体背景下的一种新思路。这主要体现具有深厚社会学传统的法国传播学传统。法国当代传播学奠基人贝尔纳·米涅在 2012 年 9 月 26 日在接受本书作者的采访时说道："欧洲（特别是法国）传播学研究与北美研究的重要差别是：法国传统不仅关注媒介产业，即商业视角，更关注媒体（新媒体）的日常社会应用。"[1]

第三节　文化工业与产业

文化的工业化不是陡然出现的概念，有着自己的发展历程。"19 世纪创造了新闻和信息的即时性思想。在 1830 – 1850 年间创立了规模庞大的通讯社。从 1875 年起，又开始组建新闻集团。大众文化早期的文字题材显露出来。甚至在第一次世界大战之前，电影与音乐工业已表现出了出口的潜力。"[2] 在传播学家马特拉看来，在文化的工业化发源过程中，存在着几个非常重要的因素。首先是在 19 世纪后半叶的欧美在新闻信息采集和传播的地缘政治分配（如路透社、法新社、沃尔夫等新闻社的利益

---

① Bernard Miège, "Sciences de la communication et l'information et sa future", interview par ZHU Zhenming à l'Institut de la communication de l'Universite Stendhal-Grenoble 3, 2012 – 09 – 26.

② Armand Mattelart, *La mondialisation de la communication*, PUF, 2008, p. 28.

范围划分）以及由此实现的信息的工业化，如《纽约信报》（*New York Herald*）于 1887 年 10 月在巴黎开始发行欧洲版；其次是欧美的文学创作的商业化形式的出现，如"欧洲赋予工业化文化的是情节剧体裁，那么美国则贡献了连环漫画。"① ——情节剧题材的"工业文学"从 19 世纪 30 至 40 年代开始形成于法国，并成了"感情国际化"的运载工具，连环画在 1895 年左右也开始形成了传统。再其次是承载声音和图像的装置的发明，爱迪生的留声机（1897），卢米埃尔（Lumières）兄弟的第一场电影（1895），为音像工业奠定了基础，并产生了世界性的影响，由此带来的是音像工业的繁荣，"自 1898 年起，百代（Pathé）兄弟投资音乐工业。英国的唱片公司（The Gramophone Co.）和德国唱机公司（Deutsche Gramophone）在 1898 年成立。美国的胜利唱片公司（Victor Talking Machine）出现于 1901 年。……电影的扩散非常迅速，以至于许多亚洲和拉丁美洲国家几乎与欧洲与美国在同一时期懂得了这项技术。"② 最后是作为消费者的公众的出现，心理学家勒庞和社会学家塔尔德的"乌合之众"和"公众"之争，开启了对"受众"性质的界定，为后来受众分析增添了丰富的内容。在美国国际电报和电话（ITT）公司于 20 世纪 30 年代取代英国在垄断南美远距离通信的位置之时，在 1919 年欧洲的放映厅里播放着 90% 的美国电影之时，在 1927 年的金融危机迫使德国的电影业与美国的大公司妥协之后，汽车制造商通用汽车公司于 1927 年邀请了汤普森（J. Walter Thompson）在世界上到处做广告之时，在法国赫礼欧（Herriot）法令于 1928 年规定 120 部美国电影的法国年配额之时，在美联社和合众国际社于 1930 年以"自由接触信息"的国际化策略终结了欧洲卡特尔组织的束缚的时候，伴随而来的是欧洲知识分子对美国文化工业入侵的批判性反应：开始出现了"美国化"概念。"美国化"概念被看成一种开始成为文化网络（如电影）和金融网络的物质主义威胁，表现为拒绝欧洲文化代表的文化类型以及对这种文化普遍性的研究。③ 随之而来的"西方化"、"文化帝国主义"、"依附"等国际传播概念见证了文化工业的扩张过程。

尤其是自 20 世纪 80 年代后，随着"放松管制"运动在世界范围内展开，美国在"二战"后提出的"信息自由流动原则"、信息社会意识形态、新自由主义思想思想整合在一起，文化与信息的差别被模糊，文化产品被看成像其他产品和商业服务一

---

① Armand Mattelart，*La mondialisation de la communication*，PUF，2008，p. 32.

② Armand Mattelart，*La mondialisation de la communication*，PUF，2008，p. 34.

③ Armand Mattelart，"Généalogie des nouveaux scénarios de la communication"，intervention d'Armand Mattelart aucolloque 25 images seconde，Valence（France），1996.

样，"文化产品"的例外性被提上了议事日程，并因此导致了《联合国文化多元性公约》于 2005 年的诞生。其中，新自由主义思想起着重要的作用，从中衍生出的"新自由主义政策与时至 20 世纪 80 年代的凯恩斯主义分析有着鲜明的反差。由经济学家约翰·梅纳德·凯恩斯（John Maynard Keynes，1883 – 1946）名字而来的凯恩斯主义者（Keynesians）相信，为了保证增长和公正，政府应当在经济中发挥积极的干预作用。相反，新自由主义（neo-liberalism）试图压缩国家，减少政府的作用，把经济中有关分配、生产、销售的决策留给市场。到了 20 世纪 80 年代晚期，'华盛顿共识'（Washingtong consensus）一词被采用，这意味着这些政策主要反映着美国的利益。"①伴随着美国商业文化利益的驱动，文化产业成了世界市场的主要组成部分。有的学者就把 1992 年以后的文化工业领域中的融合和国家化称作"第四次市场浪潮"②。促使"第四市场浪潮"形成的因素很多，但主要有三方面：首先，是文化产业和传播技术的进一步融合，譬如"从 20 世纪 80 年代开始，政策制定者和分析家已经提出了未来发展的一个前景，即，电信、计算机和媒介之间日益融合和汇聚。届时，人们将通过某种电脑和电视机的混合体来享受信息和娱乐，并通过电缆、卫星、电话线以及无线点播进行传播——无线电波也可能代替前三者。"③ 这种技术规划随着 20 世纪 90 年代以来，电脑数字技术的成熟变成现实，新媒体技术成了重要的技术支撑。其次是产业政策的促进因素，如，美国在 1996 年通过了《美国电信法案》（US Telecommunications Act）为后来的媒体的跨行业兼并和规模经济的发展奠定了基础。最后是国际政策机构的支持，"这些机构在市场化的名义下日益趋向于'支持融合政策'"④，如，欧盟（EU）、北美自由贸易联盟（NAFTA）、南方共同市场（MERCOSUR）、东南亚国家联盟（ASEAN）简称东盟、世界贸易组织（WTO）、国际电信联盟（UIT）等。随着全球化过程的展开和经济增长方式的转变，文化工业（复数）不仅被看成战略因素，而且也被看作新的经济增长点。

就文化工业的发展，学者斯科特·拉什（Scott Lash）给出了一个现象学描述："1945 – 1975 年，文化根本上仍是一种上层建筑。作为上层建筑，支配与对抗通过意识形态、符号、表达（representation）发生在上层建筑中，并借助上层建筑来发挥作

① John Baylis, Steve Smith & Patricia Owens, *The Globalization of World Politics*: *An Introduction to Internationall Relations* (5ᵗʰ ed.), Oxford University Press, 2011, p. 251.

② 大卫·赫斯蒙德夫：《文化产业》，北京：中国人民大学出版社，2007 年，第 148 页。

③ 大卫·赫斯蒙德夫：《文化产业》，北京：中国人民大学出版社，2007 年，第 149 页。

④ 大卫·赫斯蒙德夫：《文化产业》，北京：中国人民大学出版社，2007 年，第 150 页。

用。当文化首先是上层建筑的时候，文化实体（entities）仍是例外的东西。日常生活中经常遇到是来自上层建筑的物质对象（物品）。这种情况在 1945 年是如此，到 1975 仍没改变。但是到了 2005 年，文化物品（objects）以信息、通信工具（communications）、品牌产品、金融服务、媒介产品、交通和休闲服务等形式遍布各处。文化实体不再稀缺，而是成了流行的东西。文化无处不在，似乎从上层建筑中渗透出来，又渗入并掌控了经济基础本身，并开始支配经济与日常生活体验。……文化首先不再作为霸权意识形态、象征符号、表达来发挥作用。在全球文化工业兴起的时代，以往作为表达的文化开始支配经济和日常生活，文化被物化（thingified）。在传统文化工业中，就支配和对抗而言，中介化（mediation）首先是通过表达来进行的。但在全球文化工业中，则是通过物（things）的中介化来进行。"①

对于文化工业的研究，不仅体现于对媒介与文化产品的生产、分配、消费及其所产生的中短长其效果的考察，而且也体现于对媒介与文化产品的现实日常社会中应用以及与社会逻辑的分析，前者更多体现着政治经济学与文化研究的学科特征，后者则体则属于社会学与文化人类学的范畴。作为欧洲"文化工业"概念最早提出者之一，贝尔纳·米涅（Bernard Miège，1941 —　）在《传播征服社会：社会逻辑》（1996）中，再现和分析了一个被信息—传播所渗透的社会，在一定程度上，一个被信息与文化工业传播所征服的社会。米涅把社会逻辑（logiques sociales）界定为"长时段的结构—被结构运动"（mouvements structurants-structurés de longue durée），"结构性的横向逻辑"（logiques transversales fortes et structurales），"趋势"（tendances），"变化"（changements），"嬗变"（mutations），其中心思想在于，社会逻辑是一些运动，围绕这些着逻辑的是社会活动者组织和构建的策略，不同社会者、参与媒介化传播的横向运动以及不同的相互交叉的运动在此展开活动和碰撞。② 米涅所指出并对其进行研究的主要社会逻辑是出版和流动模式（及其衍生形态），卖方市场（oligopole）和买方市场（fourmiliere）间的结合，网络工业、硬件工业和内容工业间的结合，信息化（informationnalisation）过程（同样，信息—传播化过程），网络化发展，信息与文化实践的个体化，公共空间的碎化（走向局部公共空间），向主流媒体的靠拢，中介机构（médiation）的媒介化（médiatisation），传播工具的杂交。对米涅来说，社会逻辑

---

① Scott Lash and Celia Lury, *Global culture industry：The Mediation of Things*, Polity Press, 2007, pp. 3 – 4.

② Bernard Miège, *L'information-communication*, *objet de connaissance*, De Boeck, 2004, p. xcii.

不是针对文化工业中某项工业，拒绝严格的领域划分，而是体现着文化、信息和传播等整个"场域"的特征。

第四节　文化工业的理论坐标

　　思考"文化、信息工业与传播的近用"的问题意识来自于信息与文化的工业化以及由此对社会、政治、经济与文化生活造成的冲击。"文化工业"概念基本上都源自于德国哲学家阿多诺和霍克海默在《启蒙辩证法》中对大众文化（或流行文化）的批判。此处的"单数文化工业"成了后来"复数文化工业"批判或分析的参照系。在"文化工业"的研究上，出现了一系列观点或思想的变迁，这些变迁主要来自于信息传播技术的多元化、传播学的跨学科特征以及研究学者们学术背景的差异。传播技术的发展促进了媒介与文化表述形式的多元化，跨学科特征使工业工业具有丰富的现象学描述和阐释。

一、西奥多·阿多诺（Theodor W. Adorno，1903－1969）

　　首先我们知道，阿多诺是哲学家，是传统主体哲学的继承者。"阿多诺与霍克海默与其他19－20世纪的'文化'概念的使用者一样，把理想状态中的文化等同于艺术（art），等同于人类创造性（creativity）特殊的、与众不同的形式。对他们以及自己作为遵循着的黑格尔传统来说，艺术能过作为对生活其他部分的批判形式而发挥作用，能够提供一种可能美好生活的乌托邦图景。然而因为被商品化，文化几乎完全失去这种作为乌托邦批判的能力。"[1] 随着文化的工业化，"批判和尊重消失在文化工业之中：前者成了机械专业知识，后者则是对带头人物的空洞崇拜。"[2] 于是，文化行为向价值的转变消除了文化的批判力量，消解了真实体验的痕迹，把文化作为商品来生产的全球化运动导致了文化的破产。

　　单数的"文化工业"概念首次出现在阿多诺和霍克海默的《启蒙辩证法》（1947）一书中。[3] 实际上，两位哲学家要讨论的是"大众文化"（culture de masse），

---

① Jim McGuigan, *Culture and the Public Sphere*, Routledge, 1996, p. 16.

② Theodor W. Adorno & Max Horkheimer, *Dialectic of Enlightenment*, Verso, 1979, p. 61.

③ Théodore W. Adorno, L'industrie culturelle. In: Communications, 3, 1964, p. 12.

因要避开令"大众文化"辩护者高兴的阐释——认为"大众文化"是在大众中自然生成的东西，是大众艺术的实际形式——，于是就用单数的"文化工业"概念来代替。①

"文化工业给人们提供的补偿在于唤醒令人舒服的情感……文化工业的总体效果是一种反去神秘化（démysitification）效果，反启蒙（Aufklärung）效果；在文化工业中，去神秘化或启蒙，即渐进的技术支配嬗变成对大众欺骗，也就是说通过束缚意识（consciences）来进行。它阻止自治的、独立的、能够判断和自觉决定的个体的形成。不过这些个体是一个民主社会的前提条件。民主社会只有通过不受舒服的人才能被捍卫和繁荣。如果我们在上面错误地称'大众'（masses），这往往正是文化工业把他们化约这种连自己都轻视的'大众'状态，并阻止他们摆脱束缚。这就是为何人们就像当时的生产力使他变得醉醺醺的一样。"② 在阿多诺与霍克海默看来，"'启蒙'通过'文化工业'（单数）诡计把'启蒙'变成了'大众欺骗'。"③ 与阿多诺和霍克海默的悲观态度不同，"本雅明提出了现代传播媒介的民主化性质，这种媒介就是阿多诺和霍克海默后来所说的'文化工业'（culturel industry）。"④ "为何人们采用文化工业的复数而不是单数？这种区分具有展示性，要比刚开始出现时所显现的更具意义。法国的'复数文化工业'社会学家反对阿多诺和霍克海默的单数文化工业。"⑤ 这就是贝尔纳·米涅等人的学术贡献。

二、贝尔纳·米涅（Bernard Miège，1941 –　　）

经济学博士和人文科学博士出身（复数文化工业）。贝尔纳·米涅在《文化生产的资本化》中对阿多诺和霍克海默的"文化工业"（单数）论题进行了批判，"这种批判反对由德国传统的'悲观主义'与'乐观主义'间张力所勾勒出来的对文化工业与技术的赞成—反对二元见解。米涅指出了原始文化工业理论的三个重要局限。首先，最明显的是依恋'一个有限的、僵化的艺术创造观念'，其源自对'技术和艺术革新'的不信任。其次，'对单数文化工业的参照误导人认为，我们面对一种统一化的领域，在那里，不同的元素在单一的过程中进行运转'。最后，在米涅看来，阿多

① Théodore W. Adorno, L'industrie culturelle. In：*Communications*，3，1964，p. 12.
② Théodore W. Adorno, L'industrie culturelle. In：*Communications*，3，1964，p. 18.
③ Jim McGuigan，*Culture and the Public Sphere*，Routledge，1996，p. 76.
④ Jim McGuigan，*Culture and the Public Sphere*，Routledge，1996，p. 79.
⑤ Jim McGuigan，*Culture and the Public Sphere*，Routledge，1996，p. 16.

诺和霍克海默'相对工业,矛盾地对市场表现出了更大的兴趣'。米涅认为'文化生产的资本化是一个复杂的、多面的,甚至矛盾的过程'。"① "阿多诺和霍克海默没能解开'文化工业'的内部的差异与复杂性。米涅没有单指'文化工业',而是指'文化与信息工业'概念,并提出了资本主义文化与信息工业生产的三种具有竞争性的逻辑:出版逻辑(modèle éditorial);主要体现为广播特征的流动逻辑(modèle de flot)和印刷(modèle de l'information écrite)逻辑。"② 并阐述了三种与以上划分相关联的三种文化与信息商品化类型。十年后,文化产业模式被分为五类:文化商品的编辑,涉及信息、娱乐和文化的流产品,写作信息,包括管理程序、家用软件和大众音像服务的计算机化节目产品,现场表演转播。③ 米涅认为,文化和信息的工业并不是由信息传播技术造成的,文化工业的主要目标是尤其保证文化商品的增值和资本积累,不过对这种文化商品的需求是无法预测,至少难于预测。作为经济学家和人文科学专家出身的米涅,并没有把全部注意力集中文化信息工业的资本化与增值,也关注了文化信息工业化传播对社会所产生的互动性影响,技术创新的社会挪用使得技术使用者本身在社会运动中同时扮演结构者和被结构者的角色。文化与信息传播的过程也是技术—经济—社会—文化的构和过程。阿多诺和霍克海默没有揭示出单数文化工业内部的复杂性和分化,从"文化工业"到"文化产业"的概念转型是一种学科视野的拓展,继续强化而不是弱化传播政治经济学在西方资本主义国家的学术使命。④ 在米涅看来,传播学的研究重点已经从将近半个世纪前的大众传播效果研究转向了现在的新媒体文化产业的商业化研究;在文化产业方面,新媒体的使用和商业化进一步受到关注,欧洲(具体法国)的社会—经济学(socio-économique)方法始终有别于北美(美国)的经济学方法。⑤

三、阿芒·马特拉(Armand Mattelart, 1936 –　)

法学和社会学出身(复数文化工业)。马特拉对文化工业的态度体现在阿多诺和

---

① Jim McGuigan, *Culture and the Public Sphere*, Routledge, 1996, p. 80.

② Miège Bernard. Les industriels de la culture et de l'information à l'ère des nouveaux médias et des réseaux de diffusion. *In*: *Sociologie de la communication*, 1997, volume 1 n°1, p. 82.

③ 陈卫星:《从"文化工业"到"文化产业":关于传播政治经济学的一种概念转型》,《国际新闻界》2009 年第 8 期,第 8 页。

④ 陈卫星:《从"文化工业"到"文化产业":关于传播政治经济学的一种概念转型》,《国际新闻界》2009 年第 8 期,第 9 页。

⑤ Bernard Miège, "Sciences de la communication et l'information et sa future", interview par ZHU Zhenming à l'Institut de la communication de l'Universite Stendhal-Grenoble 3, 2012 – 09 – 26.

霍克海默单数文化工业的态度。相对后者对大众文化（或流行文化）的哲学批判态度和对艺术的批判的哲学力量，马特拉认为，大众文化不仅是工业产品，而且也是政治的组成部分。① 马特拉对法兰克福学派的单数"文化工业"概念进行了批判，认为它只不过是摆设，并没有探讨文化的工业化过程以及国际化过程。马特拉认为，被阿多诺等批判的"大众文化是自由民主的结果，是通过市场实现物质财富民主化的结果，大众文化直接被民主游戏规则的重新部署所关注。……作为国内和国际层面上群体和阶层间共识的生产者，它被要求参与思想的重构和促使产生一种新的全球意识，一种新的、超越根深蒂固的文化以及传统宗教等的文化。……就是在这种语境中，跨国扩张逻辑在重塑社会控制方法中贡献了自己的力量（跨国化是一种重塑社会控制方法的模式）。"② 认识文化工业的运行就在于揭示了不同阶段的生产和商业化过程。

马特拉在影像工业的发展发展方面既反对斯大林式的中央集权化规划，又不赞成福利国家的社会民主化的官僚体制。因此对于美国文化工业对欧洲的入侵，马特拉认为这是由于一种文化工业生产方式在欧洲找到了一个合适的环境。于是马特拉摆脱了流行的"第三世界主义"的善、恶二元论思想，不赞同文化的盲目反美国化思想，以便能认识和理解美国的电视节目为何非常流行，否则可能会回到文化精英主义和地方观念中去。从文化工业角度来说，马特拉不赞成民族国家对公共服务广播文化现状的单纯保护，机械地反对美国化的选择，而是强调对国内外的文化调节形式的民主化运作。基于对社会力量的多元性和国际市场的现实性的认识，他的观点推荐了一种摆脱公共服务和市场间缺乏独创性的对立，为传播工业的发展提供一个新的视角。欧洲文化工业的变迁为地方文化工业与国际商业空间的接合提供了有益的借鉴，"它们使从简单的工业/文化对立过渡到对文化、国家和工业的力量关系的考察成为可能。"③ 文化工业的二重性：在传播全球化的语境下，文化的传播是与文化工业分不开的，文化的传播主要靠文化工业来进行，对文化工业进行的社会经济反思显现了全球化语境下媒介产业以及经济、金融集中成了文化与信息传播中的主要现象。在文化性方面，"文化活动与文化服务有着经济和文化双重性质，因为它们是身份、价值和意义的载体，不能只按其商业简直来处理。"④ 在经济性方面。马特拉认为，20 世纪 70 年代出

① Armand Mattelart, *La culture contre la démocratie*, La Découverte, 1984, p. 52.

② Armand Mattelart, *La culture contre la démocratie*, La Découverte, 1984, pp. 56 – 57.

③ Armand Mattelart, *La culture contre la démocratie*, La Découverte, 1984, p. 53.

④ "CONVENTION SUR LA PROTECTION ET LA PROMOTION DE LA DIVERSITÉ DES EXPRESSIONS CULTURELLES", UNESCO, Paris, le 20 octobre 2005.

现的文化工业（复数）是指通过具有国际特征的市场来实现的文化民主化载体的多元性范畴，如书籍、出版、光盘、广播、电视、电影、视频新产品和新支撑、摄影、艺术生产、广告等。① 这种文化工业遵循着经济学的游戏规则。

四、埃德加·莫兰（Edgar Morin，1921 –　　）

社会学家出身。"在 20 世纪初，工业的力量在全球占据了支配地位。对非洲的殖民和对亚洲的支配圆满完成。但是在集市和廉价影院中开始了第二次工业化，这次工业化力求战胜的不是物（choses），而是影像和梦想（rêves）。第二次殖民化不再是横向的，而是纵向的，它渗透到作为人类灵魂的大仓库（Réserve）里。……大众传播构成了一个全球层面上的不可思议的神经网络……第二次工业化是对精神的工业化，是涉及灵魂的第二次殖民化。"② "工业化的文化是一个由资本主义发展起来的、由国家控制的、在不同社会内部作为工业－文化系统来进行组织的文明事实。"③ 在私人和国有这两种类型的大众传播结构中，存在着公共的工业领域，该领域不但涉及扩散技术，而且涉及了生产、消费、效果等，就是在生产层面上我们能够把握这种新文化的真实工业特征，就是在此层面上，进行着精神（esprit）的工业化——精神领域中的创造趋向变成生产（production）。④ "私人系统首先是要讨消费者喜欢，因此尽力在审查（censure）的范围内去逗乐和娱乐。国有系统要去说服（convaincre）和教育：一方面，这是由国家的利益决定的，去宣传可能令人讨厌的意识形态，另一方面，它不是由利益（profit）来推动的，因此能够提供一些'高文化'价值观。"⑤

"文化在 20 世纪初曾被分层（stratifiée）。社会阶层、年龄阶层、教育程度阶层等栅栏划定了文化各个区域的范围。"⑥ "在大众媒介的共同市场中，文化的边界被废除。当然，分层在新类型文化内部进行了重构。"⑦ 文化工业在全球市场范围内发展开来，其想象的、游戏的、审美的信息流动摇了地方的、种族的、社会的、民族的、年龄的、性别的、教育的栅栏，并创造了普遍的由"平均人"（homme moyen）来适应的主题；这种文化工业的语言具有"四键"特征：影像、词语、音乐和概念（concept）。⑧

---

① Armand Mattelart, *La culture contre la démocratie*, La Découverte, 1984, p. 57.
② Morin Edgar. L'industrie culturelle. In：*Communications*, 1, 1961, p. 38.
③ Morin Edgar. L'industrie culturelle. In：*Communications*, 1, 1961, p. 39.
④ Morin Edgar. L'industrie culturelle. In：*Communications*, 1, 1961, p. 39.
⑤ Morin Edgar. L'industrie culturelle. In：*Communications*, 1, 1961, p. 44.
⑥ Morin Edgar. L'industrie culturelle. In：*Communications*, 1, 1961, p. 50.
⑦ Morin Edgar. L'industrie culturelle. In：*Communications*, 1, 1961, p. 52 – 53.
⑧ Morin Edgar. L'industrie culturelle. In：*Communications*, 1, 1961, p. 56.

五、尼古拉·加汉姆（Nicholas Garnham，1937—　）

文化研究出身（学英国文学后转到电影）。米涅的复数文化工业和法兰克福学派的单数文化工业存在着认识论上的断裂；加汉姆的复数文化工业则认为是法兰克学派单数文化工业概念的延续。"文化工业"（单数）被加汉姆看作是方法论，认为"文化工业（单数）方法于20世纪60年代晚期首次回归到学术领域，接着返回到政治话语中。这种回归既来自于关注意识形态和霸权的以及与法兰克福学派相关的西方马克思主义的复兴，又来自于社会学中的广泛的'文化转向'（cultural turn）——注意力从社会结构和阶级分析转向文化分析。"[1]

不过这种延续不但是单纯的复活，而是具有新的含义。在这里，复数的文化工业概念不再分享法兰克学派的经营主义的文化悲观主义，也不分享特定的马克思主义的经济学。一方面是脱离唯物主义的马克思主义，从经济基础/上层结构转向对意识形态和霸权，如葛兰西的文化霸权，把文化看作一个社会实践相对自治的领域，是霸权的关键位置所在。基于生产上的劳动阶级（working-class）政策被文化政策（politics）所代替，政治实践的对抗的场所由工厂、工会和政党转到家庭、摇滚音乐会和教室。在这里，"复数文化工业"的标签显示了重点从对报刊新闻广播、它们的可能效果以及意识形态内容和所有权结构联系的分析，向音乐、电影和电视等娱乐工业的转变。另一方面，"复数文化工业"概念的使用也标示一种对抗的分析流派，后来被称作"政治经济学"。这些分析者来自于媒介研究和涉及对新闻、电影、广播业及其调节进行社会民主政策分析——加汉姆就属于该流派，该派别认真地对待"复数的工业"（industries），在象征形式的生产、分配和消费的分析中，既采用更加细致的和具有差异的马克思主义经济学分析，又利用主流的工业信息经济学。这里所使用的"文化的"（cultural）有两种含义：首先，它不像法兰克福学派把资本主义经济模式作为整体来参照，深受信息经济学影响的该学派强调经济结构的特有特征以及象征生产、分配和消费的动力；其次，参照纵向与横向的集中（concentration and conglomeration），从以往的印刷、电影、广播和音乐的不同产业中创造出一个统一的全球经济领域。[2]在英国的现实语境中，加汉姆倾向于采用"创意产业"（creative industries），而不是

---

① Nicholas Garnham，From cultural to creative industries，*International Journal of Cultural Policy*，Vol. 11，No. 1，2005，p. 17.

② Nicholas Garnham，From cultural to creative industries，*International Journal of Cultural Policy*，Vol. 11，No. 1，2005，p. 18.

"复数的文化工业"。这种概念的转换实际上是一种艺术和媒介产业政策的政策策略应用或政策修辞，旨在获取公共投资支持。在加汉姆看来："从复数文化工业向创意产业的转变显示一种向以艺术家为中心的、文化支持政策的回归，远离采用'复数文化工业'最初所指示的充分配和消费的方向。"[1] 不过，这种更改实际上还是为了"全球竞争经济中的就业和出口创收。"[2] "尤其是，政治经济学分析强调整个过程的收益流向传播技术系统的控制者而不是文化产品或服务的最初生产者。"[3]

随着经济全球化的加强以及"放松管制"运动，传播的地缘政治模式转向了地缘经济模式。文化工业和数字化成了文化传播的主要形式：电影和音乐工业、电视娱乐、媒体、出版、商业演出、主题公园、电子游戏、漫画、旅游等等，内容与数字技术结合在一起，借助电子商务网络、因特网（如社会媒体、搜索引擎、网络音视频）、移动终端（如手机、随身听）等技术网络迅速传播。文化产业活动运作不再局限于某个地区，在市场机制的调节和资源配置下，被扩展到世界范围，如曾出品《怪物史莱克》、《功夫熊猫》和《马达加斯加》等热卖电影的好莱坞工作室梦工厂动画电影公司（Dream Works Animation SKG）于 2012 年 8 月表示，将与中国的合作伙伴一起投资 31 亿美元在上海打造一个文化娱乐区，另外更有遍布世界各地的迪士尼主题公园，特殊的文化元素成功地实现了"去地域化"。这些文化产业活动成了后现代国际政治背景下提高国家软实力的新宠：它们一方面迎合了试图融入全球化过程的中央政府的文化产业政策，如大力发展文化产业，提高所谓的软实力；另一方面迎合了现代大都市彰显自己的文化地位和身份。这些以文化产业活动跨边界化为特征的信息流动，实现了"象征形式"、"集体想象"、"社会想象"、"集体记忆"等国际化，伴随而来的是国家间物理边界的被穿透以及现实与虚拟界限的模糊。随着传播的国际化，文化产品被数字化，文化的跨边界活动构成全球化的构成部分。

"20 世纪 60 年代，加拿大教授马歇尔麦克卢汉（Marshall McLuhan）预言媒介将创立一个'时间停止，空间消失的'地球村。麦克卢汉的语言变成了现实，但是他没有预测存在于媒介传播中的技术融合与全球化程度。自 20 世纪 60 年代以后，全球媒体和跨国媒体公司的崛起极大地影响着人们的思维互动以及获取和传播信息

---

[1]　Nicholas Garnham, From cultural to creative industries, *International Journal of Cultural Policy*, Vol. 11, No. 1, 2005, p. 27.

[2]　Nicholas Garnham, From cultural to creative industries, *International Journal of Cultural Policy*, Vol. 11, No. 1, 2005, p. 28.

[3]　Nicholas Garnham, From cultural to creative industries, *International Journal of Cultural Policy*, Vol. 11, No. 1, 2005, p. 20.

的方式。"① 对文化和信息工业的全球流动，基本上有两种态度：一方面，是末世论，主要体现为对媒介帝国主义和文化帝国主义的批判；另一方面，是乐观论，主要体现为对全球文化民主场景的预测。无论是末世论还是乐观论，都充满着对全球性文化—信息流动的辩证看法。

对于"文化工业"研究，相对多的多元性反思出现在欧洲的学术研究中，因为在这里，"文化产业"问题从哲学层面上的探讨延伸到政治经济、文化研究和社会学层面的探讨，它不仅仅是一个现代经济学意义上的问题。在某种程度上，"文化工业"问题不仅是一个学术问题，而且还是一个社会动员问题，一个具有动员性的学术概念，因为对"文化工业"的研究出现来自大众文化中商业－技术逻辑对人类自由发展理念的束缚以及由此引发"想象的工业化"（industrialisation de l'imaginaire）。这种束缚始终是作为欧洲启蒙运动遗产的文化对技术与传播工具性的一种批判，是学术界的一种反思性的动员。

"在 20 世纪 80 年代地缘经济、地缘金融化的庇护下产生的……全球化在商业实用主义的指导下来进行的，它脱离社会科学思考和地缘政治的支配。"② 传播领域的斗争已不再局限于所谓的"传播学奠基人物"的心理战，传播网络也不再局限于无边界的"电视或电波"，信息社会网络、世界社会运动网络、文化产品分配网络、世界经济网络等都成了不同国家、民族、利益群体间日常活动的载体。如果说肇始于两次世界大战中的大众传播研究从早期关注"大众媒介对受众做了什么"（what media do to people：如媒介效果的"皮下注射"论）过渡到后来的"受众利用媒介做了什么"（what people do with media：如功能主义的"使用与满足"论），那么我们同样可以说文化与信息传播的研究也体现着早期的对"文化与信息存在和传播形式与逻辑"（如复数的文化工业）的关注过渡到"人们利用文化与信息做了什么"，即，信息具有战略性作用，成了一种战略资源。

第五节　媒介的近用与知识生产：知识的新地位

法国哲学家弗朗索瓦·利奥塔（François Lyotard）的《后现代状况》（1979）成

---

① Jorge Reina Schement (ed.), *Encyclopedia of Communication and Information* (V. II), Macmillan Reference USA, 2002, p. 363.

② *Généalogie des nouveaux scénarios de la communication*, intervention d'Armand Mattelart au colloque 25 *images seconde*, Valence (France), 1996.

了描述后工业社会象征表达（représentations）的嬗变的经典著作。在他看来，宏大叙事的可信性逐渐走向终结，正在失去其功能元素（foncteurs），如伟大的英雄、巨大的危险、壮观的游历以及宏大的目标。"出现的新颖的东西是：在这种语境下，曾经构成关注中心的民族国家、政党、公开主张、制度和历史传统正在失去它们的吸引力。不过，至少在属于它们自己的范围内似乎还不能被取代……对伟大名字、当下历史英雄的认同变得越来越困难。"① 利奥塔属于后现代主义的主要分析者，它所作的分析，换句话来说，西方传统意义上的宏大的、理性的、自治的"主体"已不存在，它不能再去书写宏大的历史叙事或为事物的发展设置一个所谓"理性框架"，如写千篇一律的"编年史"或"传统"，涉及民族和文化起源的"英雄"和"神话"。在后现代情境下，知识的生产状态被"碎化"，即，知识的创造者不再是这个代表传统和反映"绝对精神"的理性的主体，而是位于现实日常生活情境中的"主体"（subjects），其身份不再与特定的时空维度联系在一起，而是在某种程度上呈现出"时空分离"的漂浮特征，历史不再是特定逻辑的结果，而是日常生活中的构建物。在文艺作品中，现代主义（modernism）试图通过文艺作品为现实社会构想一种想象的秩序，而后现代主义（postmodernism）面对的是一个无序而且也不能构建秩序的世界。在后现代背景下，知识的生产不再是官方指定所谓合法机构，如大学、研究院所、出版社、新闻媒体、电影制片厂等，而是除此之外，日常生活中的活动者个体也成了知识的生产者，如私人博客、草根新闻、自由维基、网络明星、民间化电影等，知识的生产和传播不需要再借助指定的官方机构，借助发达的传播技术网络，生产者和消费者融合成"生产—消费者"，教育和娱乐融合为"教育—娱乐"等。如在互联网时代，"'每个人都是生活的导演。'网络的普及给网络视频的发展提供了广阔的空间。视频的制作的低成本、短周期，发布的低门槛以及传播的高速度，使电影在一百年的发展之后，得以贴近大众，成为人人都有可能参与、随时都可以分享的'草根艺术'。"② 2010年10月上线的《老男孩》（42分钟）和2011年8月上传网络的《红领巾》（16分钟）的两部"草根短片电影"一夜爆红，而且《红领巾》于2012年5月入围戛纳电影节"短片角"展映单元，登上国际舞台。在传播全球化与新媒体的背景下，知识的生产因媒介的近用而逐渐失去了制度与规范性，实现了大众化，尤其在威权社会中，知识的生产不再是实现支配与控制的中介，而是具有了反—制度与反—

---

① Armand et Michèle Mattelart, *Histoire des théories de la communicaiton*（3ᵉ éd.）, La Decouverte, 2004, p, 96.

② 王燕，赵慧丽："当电影遇上互联网"，《人民日报》（海外版）2012年6月13日。

纪律的市民性，与社会行动者的日常消费活动一样，不仅是社会行动者展示自己心智和身份工具，而且也成了市民社会结构的重要组成部分与参与政治辩论的手段。

本章参考文献：

曹晋、赵月枝，传播政治经济学的学术脉络与人文关怀，南开学报（哲学社会科学版），2008，（5）

陈卫星. 从"文化工业"到"文化产业"：关于传播政治经济学的一种概念转型. 国际新闻界，2009，（8）

大卫·赫斯蒙德夫. 文化产业. 北京：中国人民大学出版社，2007

刘曙明，洪浚浩（编），传播学，北京：中国人民大学出版社，2007

诺曼·费尔克拉夫. 话语与社会变迁. 北京：华夏出版社，2003

王燕，赵慧丽. 当电影遇上互联网. 人民日报（海外版），2012 年 6 月 13 日

朱振明. 传播世界观的思想者. 上海：上海交通大学出版社，2011

Adorno，Theodor W. & Horkheimer，Max. *Dialectic of Enlightenment*，London：Verso，1979

Baylis，John，Smith，Steve & Owens，Patricia. *The Globalization of World Politics*：*An Introduction to Internationall Relations*（5th ed.）. Oxford：Oxford University Press，2011

Castells，Manuel. *La Société en Réseau*，Paris：Libraires Arhème Fayard，2001

Castells，Manuel. *The Rise of the Network Society*（2nd ed.），Oxford：Wiley-Blackwell，2010

Charaudeau，Patrick. *Les médias et l'information*：*l'impossible transparence du discours*. Bruxelles：De boeck，2005

CONVENTION SUR LA PROTECTION ET LA PROMOTION DE LA DIVERSITÉ DES EXPRESSIONS CULTURELLES. UNESCO，Paris，le 20 octobre 2005.

Edgar，Morin. L'industrie culturelle. *Communications*，1961，（1）

Garnham，Nicholas. From cultural to creative industries. *International Journal of Cultural Policy*，2005，11（1）

Golding，Peter & Murdock，Graham. *The Political Economy of the Media*. Cheltenham：Edward Elgar Publishing Limited，Vol. 1，1997

Lash，Scott and Lury，Celia. *Global culture industry*：*The Mediation of Things*. Cambridge：Polity Press，2007

Lyotard, Jean-François. *A Report on Knowledge*：A Report on Knowledge, Minneapolis：University of Minnesota Press, 1984.

Mattelart, Armant. *Diversité culturelle et mondialisation.* Paris：La Découverte, 2005

Mattelart, Armand. Généalogie des nouveaux scénarios de la communication. intervention d'Armand Mattelart au colloque 25 images seconde, Valence（France）, 1996

Mattelart, Armand. *Histoire de la société de l'infomration.* Paris：La Découverte, 2001

Mattelart, Armand et al. *International Image Markets*：*In Search of an Alternative Perspective.* London：Comedia Publishing Group, 1984.

Mattelart, Armand. *Histoire des théories de la communicaiton.* Paris：La Découverte, 2004

Mattelart, Armand. *La mondialisation de la communication.* Paris：PUF, 2008

McChesney, Robert W. and Schiller, Dan. The Political Economy of International Communications. Technology, Business and Society Programme Paper Number 11 October 2003

McGuigan, Jim. *Culture and the Public Sphere*, London：Routledge, 1996

Miège, Bernard. Les industries culturelles et médiatiques：une approche sicoléconomique. Matrizes, 2007,（1）

Miège, Bernard. Les industriels de la culture et de l'information à l'ère des nouveaux médias et des réseaux de diffusion. In：*Sociologie de la communication*, 1997, 1（1）

Miège, Bernard. *l'information-communication*, *objet de connaissance.* Bruxelles：De Boeck, 2004.

Miège, Bernard . Sciences de la communication et l'information et sa future. interview par ZHU Zhenming à l'Institut de la communication de l'Universite Stendhal-Grenoble 3, 2012 – 09 – 26.

Moriset, Claire et Miège, Bernard. Les industries du contenu sur la scène médiatique. Réseaux 2005,（131）

Mosco, Vincent. Current Trends in the Political Economy of Communication. *Global Media Journal.* 2008, 1（1）

Mosco, Vincent . *The Political Economy of Communication.* London：Sage Publications, 1996

Schement, Jorge Reina（ed.）. *Encyclopedia of Communication and Information*（V. II）. New York：Macmillan Reference USA, 2002

思考题：

1. 如何理解信息。

2. 何谓传播政治经济学。

3. 文化工业的理论坐标还有哪些。

4. 文化工业的思考视角。

5. 后现代知识的生产与传播。

第五章

管理与操纵：跨边界的意识形态

本章要点：

* 传播与宣传的关系

* 传播全球化背景下的意识形态传播

* 跨边界意识形态传播的后果

　　大众文化的普遍主义（universalisme）相对启蒙运动遗留下来的古典文化的世界性（cosmopolite）方案占据了上风。在从一种方案向另一种变迁的过程，文化关系嬗变成了种地缘政治的工具。①

——阿芒·马特拉

　　传播（communiquer）往往是一种向别人施加影响的方法。②

——米歇尔·福柯

　　个体被重新构建。新人只通过其自己与意识形态的关系来界定。异化不是商业而是精神方面的……思考的自治性（autonomie）转移给了领导者。③

——Fabrice d' Almeida

　　国际传播研究中的"管理与操纵"的问题意识主要来自于跨边界信息传播的"感召力"与"说服"功用，这是大众传播最基本的、也是常用的功能。管理与操纵

---

① Armand Mattelart, *Diversité culturelle et mondilisation*, La Découverte, 2007, p. 22.

② Michel Foucault, *Dits et écrits*, IV, Gallimard, 1994, p. 233.

③ Fabrice d'Almeida, *La Manipulation*, Presses Universitaires de France, 2011, p. 83.

的传播问题，主要来源于 20 世纪 20 年代后北美大众传播主要在社会心理学、政治学和社会学启发下所作的研究，关注"大众媒介对受众做了什么"，大众媒介在北美的军事、选举和商品营销中对信息受众产生的影响，研究方法呈现出实证主义特征，传统认为的北美传播学奠基人拉斯韦尔、拉扎斯菲尔德、霍夫兰、卢因等是其杰出的代表，这些代表又被法国学者阿芒·马特拉称作"心理学战士"。在"心理学战士"看来，传播的效果在于改变信息接收者的意见、看法与观点，实现"说服"，无论是战争还是政治与经济营销。从散发传单、墙上涂鸦，到高音喇叭喊话，再到大众传播媒介（如书籍、报纸、广播、电视等），直至现在的新媒体（如互联网与移动终端的整合），争取人心或思想的说服活动由直接（如面对面）到间接，由现实到虚拟，用来说服的信息流动构成了一张整合实体与虚拟元素的权力关系网络。在这里，所谓的"权力"、"权力关系"、"意识形态"、"软实力或感召力"时刻在发挥作用，进行着日常生活社会学意义上的构建：或身份的、或制度的、或习惯的、或道德的。传播信息流动具有了政治与经济层面上的战略作用，信息沦落为战略工具。

"传播的立场，实际上就是社会的立场。应该看到，利用被传播的象征符号来操纵人的自我意识和社会意识，是一个随时都要有所警觉的问题。"①

第一节　宣传动力学

在物理学中，"动力学"用来描述力和运动的关系的科学。在传播学领域，不同的利益（interests）的博弈成了驱动传播活动展开的动力。"宣传在第一次世界大战中首次作为大众意见管理技术和对国外政府施压的手段而得到重视。"② 第一次世界大战"是政治、经济和意识形态上的冲突，它超出了严格的军事行动范畴，在全球范围内扩展开来。交战双方成了从事宣传和审查的官方机构"③。宣传的目的就是为了操纵，所谓操纵，就是"把某人变成自己想要的那样"④。消除"我们"（wedom）与"他们"（theydom）、"自己"（self）与"他者"（other）间的差别，达到认知上的一

---

① 陈卫星：《传播的观念》，北京：人民出版社，2004 年，第 451 页。

② Armand Mattelart, *La communication-monde：histoire des idéees et des stratégies*, La Découverte, 1992, p. 57.

③ Armand Mattelart, *Le mondialisation de la communication*, PUF, 1996, p. 40.

④ Fabrice d'Almeida, La Manipulation, PUF, 2002, p. 3.

致性与同一。就"宣传"概念的发展来看，它更多与"象征的"（如宗教、争取人心）或"物质的"利益联系在一起，宣传的目的就在于实现这些利益，若用约瑟夫·奈的话说，就是"软实力"或"硬实力"。

一、何谓宣传

"宣传"（propagande）出现在 1622 年的《信仰传播》（*Congregatio de propaganda fide*）之中，意为"信仰的传播、扩散"。这个起源于西方宗教传播的概念，经过时间和意义的变迁与沉淀，特别是经过两次世界大战中"心理战"的修正，在西方嬗变成了一个富有贬义的表达。"'宣传'一词仍旧意味着某种邪恶的东西；常常包含着'撒谎'、'欺骗'和'洗脑'……因此普遍任务，宣传是政治躯体上的癌症，它操纵着我们的思想和行为，应当不惜一切代价地回避。"① "宣传"往往与"操纵"概念联系在一起，成了后者的同义词。这是因为，"一方面，新诞生的社会心理学肯定了领导大众的规则的存在，这些大众没有别的选择。……宣传无关好好地讲和教育，而是要适应人类群体的情感。另一方面，在 20 世纪初，选民成了主权的持有者。民主化和普选权的获得迫使党派在投票实践吸引注意力。……宣传改变了意义，意味着在公民没有意识到的情况下对其施加影响。在集权国家……目标是对行为进行无法挽回的修正：一个新人。……个体被重新构造。新人单纯由其与意识形态（idéologie）的关系来界定。异化不再是商品性质的，而是精神层面上的。销售的不再是劳动。而是思考的自治性被转移到领导人手中。"②

"所谓宣传，其实就是思想对思想的战争。"③ 传播活动就在于实现一种意向性（intentional）的社会建构，传播技术被看成实现这种构建的技术支撑。在本体论的层面上，宣传就是传播信息的跨地区或跨边界的流动。"宣传"活动的前提在于存在着利益或身份的差异，其公设在于可以通过信息传播活动来减小这种差异。该差异既可是群体内、国家内的，也可是跨边界的。宣传（propaganda）具有三个重要特征："第一，宣传是意向性传播，旨在改变目标受众的态度（attitudes）；第二，为了进一步推进与受众面对面的说服者的事业，宣传是便利的手段（这说明了为何广告、公

① Nicholas J. Cull et al. *PROPAGANDA AND MASS PERSUASION*：*A Historical Encyclopedia*，1500 *to the Present*. ABC – Clio Inc，2003，pxv.
② Fabrice d'Almeida，*La Manipulation*，PUF，2002，pp. 81 – 83.
③ 哈罗德·D·拉斯韦尔：《世界大战中的宣传技巧》，北京：中国人民大学出版社，2003年，第 23 页。

共关系与政治竞选游说是宣传形式）；第三，相对双向的与互动的教育来说，宣传是单向的信息流动，即，表现大众传媒（mass media）活动。"① 就国际传播而言，通过以往与现实的诸多例证，我们可以看到，宣传的修辞特征更多在于：用扭曲、夸张或错误传递信息的手法，呈现一种貌似合理的"虚拟现实"——或令人向往或令人厌恶，以达到影响公共舆论或争取受众人心或思想，以便达到操纵的目的：操纵（manipulation）基于真实，因此依赖支持错误阐释的一揽子事实。② 传播信息流动的不对称造成福柯意义上的权力关系的失衡，在自由选择的基础上，意向性（intentionality）成了信息流动中介者（mediator）的中介化特征。本来，国际宣传的意义就在于形成一种具有"软实力"内涵的想象，用感召力来呼唤一种期待的或意向性结果。在认识论的层面上，无论是在结构主义或后结构主义视角里（如赫伯特·马尔库塞，米歇尔·福柯），"现代社会（modernity）都类似一个巨大的机器（machinery），其通过理性化的（rational）方法与程序（procedures）支配着它的构成元素。"③ 这里的"理性化"始终构成了现代社会发展的重要特征，作为传播活动的宣传，也不例外。宣传是在日常生活中静悄悄地进行的，"大声向敌人宣告一名'对敌宣传总监'已被任命，则是一个糟糕的战略。"④

在国际政治与国际关系层面上，宣传的发生来自国家利益的差异与冲突，利益的冲突致使宣传成了赢得"人心与思想"的工具。"国家利益跨越了国界。如果说有哪个国家的公民和政府不想染指其能力所及之事物的话，那纯粹是幻想。"⑤ "不计其数的官方或非官方的宣传试图煽动革命，脱离或是种族的、文化的、地狱的及宗教的团结。它们通常由下面这些词语来暗示：共产主义、爱尔兰独立、泛伊斯兰教、泛斯拉夫、泛美、泛欧及国际联盟。"⑥ 宣传不仅是思想的传播，而且是一种直接战术手段。1910 年的具有社会主义倾向的《汉堡回声报》（*Hamburger Echo*）写道："'发起我们

---

① Nancy Snow, Propaganda, Inc.：*Selling America's Culture to the World*, New York：Seven Stories Press, 2002, p. 40.

② Fabrice d'Almeida, *La Manipulation*, PUF, 2002, p. 92.

③ Andrew Feenberg, *Transforming Technology：A Critical Theory Revisited*, New York：Oxford University Press, 2002, p. 38.

④ 哈罗德·D·拉斯韦尔：《世界大战中的宣传技巧》，北京：中国人民大学出版社，2003年，第 26 页。

⑤ 哈罗德·D·拉斯韦尔：《世界大战中的宣传技巧》，北京：中国人民大学出版社，2003年，第 20 页。

⑥ 哈罗德·D·拉斯韦尔：《世界大战中的宣传技巧》，北京：中国人民大学出版社，2003年，第 21 页。

的战争，我不是去扔炸弹，而是把我们的报纸投到工人大众之间。'……为何要允许言论自由和报刊自由？……观念（ideas）远比枪炮要致命。"①

美国学者弗兰·克科尔曼在美国驻华使馆工作多年，对中国社会及军事有深入了解，回国后供职于国防情报局。在为美国智库斯坦利基金会写的一份秘密研究报告中，他指出："为了影响中国的国家战略和军事战略，我们必须确保能够让中国最出色的智库停止思考。"② 这实际上也是美国中情局的"猎鹰"计划的重要内容，通过媒体宣传，或栽赃、抹黑、妖魔化、散播黑材料等手段（用中国的话来说"反间计"）来阻止了解美国对华战略的中国智囊人物在政府的决策中发挥作用，使其边缘化。于是美国的一位战略学者总结经验时说："我们与中国的战争，既不是海上战争，也不是空中战争，而是现代的网络战。我们需要用极低的成本，就可以让中国军队在发展竞赛中失败。"③ 在一些研究"宣传"的学者看来，宣传符合了经济学的原理，它比暴力、收买及其他同类管理技术都要经济的多，其用较低的成本换来了不菲的收益。"通过宣传意味着不通过改变客观条件，……来控制人们的精神状态。……它（宣传）仅仅指通过重要的符号、或者更具体但是不那么准确地说，就是通过故事、谣言、报道、图片以及社会传播形式，来控制意见。宣传关注的是通过直接操纵社会暗示，而不是通过改变环境中或有机体中的其他条件，来控制公众舆论和态度。……宣传是反对一个交战敌人的行动中的三大工具之一，这三大工具是：军事压力（陆、海、空军的强制力）；经济压力（在获取物质资源、市场、劳资权力上的冲突）；宣传（对暗示的直接运用）……宣传最有效力的作用是动员社会成员仇恨敌人，维持与中立国及盟国之间的友好关系，促使中立国转而反对帝国，以及粉碎敌人坚不可摧的抵抗。简而言之，正是宣传在战争中队国际态度的重要影响使其具有了特殊的重要性。"④

二、嬗变的"宣传"

"宣传"因包含"心理操纵"意思而被"公共外交"所代替。"在美国被用来描述跨国文化宣传和新闻管理活动。在 1997 年被美国国务院界定为'试图通过理解、

---

① Robert Justin Goldstein, *The War for the Public Mind：Political Censorship in Nineteenth-Century Europe*, PRAEGER, 2000, p. 1.
② 邱风："中情局的'猎鹰'计划"，《人民日报》（海外版）2012 年 8 月 31 日。
③ 邱风："中情局的'猎鹰'计划"，《人民日报》（海外版）2012 年 8 月 31 日。
④ 哈罗德·D·拉斯韦尔：《世界大战中的宣传技巧》，北京：中国人民大学出版社，2003年，第22页。

鼓舞和影响外国受众来促进美国的利益'……该词在一定程度上就是宣传，但是美国希望回避'宣传'的负面含义来描述美国新闻署和和美国之音的活动。"① "公共外交（public diplomacy）因此是以人民（people）为中心的。公共外交也被称作文化外交（cultural diplomacy）、媒介外交（media diplomacy）、公共信息（public informaiton）、内外广播和印刷媒介，跨国新闻（transnational news）以及政治影响（public influence）。逐渐地，公共外交媒介（public diplomatic media）也包含快速穿越文化、国家和地域边界的互联网、网址、聊天室、博客。"② 于是，"政府资助的项目通过出版（publications）、电影、文化交流、广播、电视、互联网、艺术、音乐、戏剧、体育以及公共展出来告知或影响其他国家的公民。在这层意义上，外交官（diplomats）与其他国家的公民间或不同国家的公民间的一种双向对话交流。"③ 国际战略学者乔良在《超限战》中认为，由于现代技术的介入与全球化的影响，军人和平民间界限变得模糊，都受到战争的威胁，非军事战争行动更让战争超越了原有的界限和限度，将触觉延伸到社会的每个角落。手段的组合或超组合成了超限战的特征。同样，在国际传播层面上，由于全球化和传播技术的发展（如网络新媒体），外交以超越了传统外交形式，普通人和外交官的界限消失，跨边界活动变得频繁，他们成了日常国际外交活动的参与者，成了"软实力"的传播者，信息传播及传播技术成了"非对称"博弈的重要组合手段。

实际上，公共外交不只是把"宣传"变成了西方社会可接受的概念，并且是传播世界化过程中对传统外交的进一步深化，进一步在互联网时代与"媒体外交"和"新媒体外交"结合，核心是增强国家的软实力，增强国家政治、文化与经济对"他者"的吸引力和感召力。从马克·康沃尔（Mark Cornwall）的《瓦解奥匈帝国：为人心和思想的战斗》④（2000）到亚历山大·勒农（Alexander T. J. Lenon）的《为人心和思想的战斗：用软实力瓦解恐怖主义网络》⑤（2003），争取人心的思想逐渐从使用

①　Nicholas J. Cull et al. *PROPAGANDA AND MASS PERSUASION：A Historical Encyclopedia*, 1500 *to the Present.* ABC-Clio Inc, 2003, p. 327.

②　Michael H. Prosser, "Media Diplomacy", *Encyclopedia of Communication Theory*, Stephen W. Littlejohn & Karen A. Foss (ed.), SAGE, 2009, p. 631.

③　Michael H. Prosser, "Media Diplomacy", *Encyclopedia of Communication Theory*, Stephen W. Littlejohn & Karen A. Foss (ed.), SAGE, 2009, p. 631.

④　Mark Cornwall, *The underming of Austria-Hungary：The battle for hearts and minds*, Palgrave Nacmillan 2000.

⑤　Alexander T. J. Lenon, *The battles for hearts and minds：Using soft power to undermine terrorism networks*, MACMILLAN PRESS LTD, The MIT Press, 2003.

八种语言的"前线宣传"（Front propaganda）转向了美国政治学者约瑟夫·奈（Joseph Nye）的软实力，其中博弈的实质是"思想的战争"，而且是英国前首相托尼·布莱尔（Tony Blair）的全球"思想战争"（battles of ideas）："当我被要求界定今天世界的特征时，我会说：是变化的速度。我们或调整或被清除，……您用思想来和思想作战，（参与）的不仅是学生，而且还有政治、金融、国际外交中的世界领导者以及普通公众。"① 总之，"不仅是政府意识到在何种思想（ideas）被提倡方面存在着一个全球竞争的场所，而且行动组织也得出了相同结论：在和平和战争时期，通过思想来影响公众是一个非做不可的事情。"②

无论是"宣传"还是"公共外交"，其主要内涵在于产生感召力与赢得人心，瓦解他者存在的合法性。合法性（legitimité）基本上，可以用两种方法来理解。"一种是'规范的'（normative）方法，认为，一个活动者、一个机构或一种政治秩序要想具有合法性，必须满足一些标准。这些标准可以包括人民的好不含糊的同意（一般通过民主选举）或者对公正和平等原则的肯定。实际上，这些标准来自于道德上的考量，这些考量往往基于人的根本权利上。另一种'经验的'（empirique）方法：它不指向标准规范的本身，而是指向下列问题：知道人们是否、怎样、为何接受（或拒绝）一个活动者（acteur）或尤其是一个机构。在这种情况下，注意力要集中在人们共享的信仰（croyance）与感知之上。被被统治者看作具有合法性的权力或支配被界定为'权威'（autorité）。不符合某些规范标准的国家往往获益于一种事实（de facto）上的、被被统治者看作合法的合法性。"③ 作为"规范"与"经验"基础的"集体想象"成了社会活动的行为参照体系，嬗变为一种战略工具，"心智"（mentality）、"思想"与"人心"成了争取的对象。"我们现代的政治家很清楚，与采用绝对的物理力量相比，想象（imagination）的力量更容易鼓动大批群众。"④

在"宣传"与"公共外交"那里，"国家不再接受成为最冷冰冰的怪物，而是成为诱惑者、保护者和组织者（animateur）。即使在战斗，甚至进行军事干预来恢复和平的时候，国家就主张赢得人心。就是在和平的时候，它也一直进行着影像和信息战。以往的单向的与铁板一块的、花里胡哨的与高调的、劝说的与指令的宣传方法不

① Sean Coughlan, Tony Blair's global "battle of ideas", BBC, Retrieved 2011 - 12 - 11.

② Walid Phares, *The War of Ideas*, *Jihadism Against Democracy*, Palgrave, 2007, p. xi.

③ Séverine Bellina et al. *L'État en quête de légitimité*, Éditions Charles Leopold Mayer, 2010, p. 21.

④ Ernest Cassirer, *The Myth of the State*, Yale University Press, 1946, p. 289.

再适用一种柔化的配置（configuration）。影响（influence）成了影响他人的传统方式（如武力、规范和捐赠）的补充和竞争者。……对国家来说，影响是一种武器。它使妖魔化、颠覆和孤立对手成为可能。"①

三、"宣传"动力学

国际传播中的"宣传"直接动力来自于远距离信息传播技术与"对大众意见的管理"。"最早的跨边界广播形式大约在20世纪20年代后随着短波广播电台的建立而出现，如1922年建立的俄罗斯之声（Voice of Russia）、BBC World Service（1932年）以及1952年建立的美国之音（Voice of America）。这些及其他诸家的具有明确目标受众的短波电台成了国际传播的最早形式，构成了真实意义上的国家间的传播。除了这些早期的跨边界信号传递形式，国家的播送信号有意或无意地穿过边界进入到邻国，如从美国到加拿大和墨西哥。"② 远距离传播尤其在第一次、第二次世界大战后（如铁幕冷战）的获取"人心"方面发挥着重要的作用。

获取"人心"是"大众意见管理"的目标，从传道新闻到大众新闻的跨边界传播以及电报、电话、电影、广播等传播技术的国际化，这些都与某种地缘政治或/和地缘经济利益联系在一起，目的是为了征服受众的人心和思想。"这种公共外交实际上利用传播研究和相关的跨学科领域领域来对国外受众进行控制，以便自己（美国）的外交政策或就此而言，应用这种技术的国家使人羡慕，或至少被接受和容忍。"③

第一次世界大战"是政治、经济和意识形态上的冲突，它超出了严格的军事行动范畴，在全球范围内扩展开来。交战双方成了从事宣传和审查的官方机构"④。"美国政府在第一次世界大战中吸取的教训是战略上的"⑤，宣传被看成了促使战争胜利一个重要因素。在第二次世界大战中，大量的社会科学专家被动员走上战场，并把战场变成传播研究的实验室⑥。战略情报处（OSS）和战时新闻处（OWI）雇用了大量心

---

① François-Bernard Huyghe, *Maîtres du faire croire*, Vuibert, 2008, p. 76.

② Ingrid Volkmer, "Globalization Theories", *Encyclopedia of Communication Theory*, Stephen W. Littlejohn & Karen A. Foss（ed.）, SAGE, 2009, p. 445.

③ Herbert Schiller, *Communication and cultural domination*, International Arts and Sciences Press, Inc., 1976, p. 20.

④ Armand Mattelart, *Le mondialisation de la communication*, PUF, 1996, p. 40.

⑤ Armand Mattelart, *La communication-monde：histoire des idées et des stratégies*, La Découverte, 1992, p. 69.

⑥ Armand Mattelart, *Histoire de l'utopie planetaire*, La Découverte, 2000, p. 290.

理专家，如著名的斯坦福大学传播学创始人威尔伯·施拉姆（Wilbur Schramm）就是其中的一位，曾随着美国军队转战朝鲜（1950－1957）。由纳粹政权发明的"心理战"概念在"二战"后被美国的"心理战士"发挥得淋漓尽致，无论是大众管理（企业管理）还是意识形态对抗，还是遏制地方性抵抗运动。"宣传在第一次世界大战中首次作为大众意见管理技术和对国外政府施压的手段而得到重视。"① 哈罗德·拉斯韦尔（Harold D. Lasswell，1902－1978）从第一次世界大战中吸取经验，写成了自己博士论文《世界大战中的宣传技巧》（Propaganda Techniques in the World War，1927）。他对战争中的宣传的技巧做了分析，认为"对宣传'技术'的关注在某种程度上是对长期以来的国际态度思辨模式的一种反应"②。在拉斯韦尔那里，"宣传成了刺激群众凝聚力的唯一工具，而且它比暴力、收买及其他同类管理技术都要经济的多。这种简单的工具就像'水泵的曲柄'一样无所谓道德与非道德。它既可用于好目的，也可用于坏目的。这种工具论认可了对媒介万能的表述：认为媒介是'象征符号的传输'工具。"③ "要让平民团结起来，不能靠人身控制，也不能靠重复运动，而只能依赖重复理念。平民的思想是经过新闻报道，而不是军事训练，才能统一起来的。宣传正是帮助和支持这一过程的方法。"④

"毫无疑问，新闻工作者所具有的品质是最适合宣传工作的。"⑤ 在传播全球化和公共外交已成为宣传常态的背景下，官方机构、民间组织、个体的博客与微博都成了传播渠道。异议人士的日常谈话或采访、母语传播（国外的"中文网站"）、非正式的所谓"透风"和"知情人"、网络意见领袖等，具有不亚于新闻工作者的品质，在某种程度上，后者可被看作"民间的"或"草根"非官方的新闻工作者。他们所发出的消息同样极具影响力和煽动性，特别是对于信息或消息饥渴的受众来说，更具冲击力。"'宣传'（propaganda）在广义上可描述为'对颠覆性、可争论的或纯粹新颖的态度的散布'。它可通过官方或非官方机构来传播，它是国家组织或私人个体的工

① Armand Mattelart，La communication-monde：histoire des idéees et des stratégies，La Découverte，1992，p57.

② Harold D. Lasswell，Propaganda technique in World War I，M. I. T. Press，1971，p. xi.

③ Armand Mattelart et Michèle Mattelart，Histoire des théories de la communication，La Découverte，1995，p. 19.

④ 哈罗德·D·拉斯韦尔：《世界大战中的宣传技巧》，北京：中国人民大学出版社，2003年，第23页。

⑤ 哈罗德·D·拉斯韦尔：《世界大战中的宣传技巧》，北京：中国人民大学出版社，2003年，第36页。

作。在近些年来，'非正式'维度越来越被文化历史学家研究，试图把宣传解释为对战时大众的所有形式的说服。国家发起的宣传因此只是这种为思想竞争现象中的一个元素。……官方宣传有着不同的描述，如对国内人民的说服和动员，思想在中立者和盟友间传播，为打击和防御敌人而发起的运动。"① 如在 2011 年，新媒体促动下的"茉莉花革命"涉及被西方（尤其美国）仇视的利比亚。在利比亚的内部冲突中，为了打击卡扎菲（Muammar Gaddafi），西方媒体把他描绘成屠杀利比亚平民的"刽子手"。说卡扎菲屠杀示威者主要由国际人权组织、路透社、半岛电视台（al-jazeera）等报道形成，然后西方媒体 BBC、CNN、France24 反复添油加醋报道，这些报道常用的术语多是"某某人说，怎么，怎么"，而不是直接的现场报道。卡扎菲的联合国大使以及叛逃也门的飞行员都被推出来佐证说他屠杀示威者。半岛电视台还在电视台播送一段由平民提供的电话录音，说利比亚国家的战斗机在的黎波里到处扔炸弹，雇佣军到处开枪、杀人，并且该报道由路透社（Reuters）转播。于是，无论西方媒体还是其他国家的媒体（尤其是网民）都把卡扎菲看成"杀人魔王"。这种宣传手法使人不难想起被想象拥有大规模杀伤武器的"萨达姆·侯赛因"。尤其是，在这些国家的前领导人被武力惩处以后，鲜有西方媒体再去关注这些国家的战后重建。

第二节　意识形态传播

一、何谓意识形态

传统上，意识形态（ideologie）是社会学与政治科学研究的对象。虽然"意识形态"有不同的界定，但我们更愿意与法国思想家保罗·利科（Paul Ricoeur, 1913 - 2005）一样把它看成一种文化或社会想象（imaginaire），而不是情感地认为某个思想潮流就是科学的意识形态。② "想象是按照范型来进行结构的：存在某些人类精神的模型和某些被结构的需求。所有文化都有某些'模型'构成，它们决定着梦想和习惯。"③ 在联系未来期待、传统继承和现在主动性的过程中，意识形态（和乌托邦）

---

① Mark Cornwall, *The Undermining of Austria-Hungary：The Battle for Hearts and Minds*, Palgrave, 2000, pp. 2 - 3.

② 汤家玉："意识形态研究综述"，《安徽电气工程职业学院学报》2006 年 6 月。

③ Morin Edgar. L'industrie culturelle. In：*Communications*, 1, 1961, pp. 41 - 42.

这种根本现象在我们如何定位自己方面发挥着决定性作用。我们就是通过个体或集体想象（imagniation）的方法，来运作这种意识，不过这种文化或社会想象具有两面性：它要么在意识形态下，要么在乌托邦形式下面发挥作用。① 在研究过韦伯、马克思、曼海姆、阿尔都塞、哈贝马斯、格尔茨等人在意识形态方面的研究贡献之后，利科认为，社会行为的结构不可避免地是象征性的：就是在这个象征性中介（médiation）基础上，我们才能充分地理解和定位意识形态的性质及其功能，换句话说，所有社会行为都是象征性中介化的，在社会场域中，意识形态就是发挥中介化的作用，作为象征性中介化（médiation）的意识形态是社会存在的组成部分。② 利科并分析了意识形态的不同层面上的用途：当作为表象（représentations）的意识形态在谋求自治时——在这里，表象指人们对自己的看法，即根据上帝的表象来确定彼此间的关系——就体现出了扭曲（distorsion）特征，真实的生活过程被掩盖，如在马克思那里；当被统治者对统治者的合法性置信度（croyance）超过统治者对合法性的要求时，换句化，统治者对合法化要求出现了"增值"（plus-value）时，意识形态就体现出了合法化功能，如在韦伯那里；当维持社会身份时，意识形态具有了整合功能。③

在国际传播中，文化—信息的跨边界流动正体现着"集体想象"的移动。"对物质与精神的全球化的分析，跨国公司往往成为关注点。"④ 对这种移动的分析往往与跨国公司的传播联系在一起。"在研究全球化和地区化的互动分析时，企业常常是一个好的出发点。"⑤ 因为全球化公司成了国家对外意识形态传播的桥头堡。尤其是在美国，跨国公司成了美国国际公共外交的执行者。"'美国跨国公司的增长现象在改善美国全球政治、军事和经济力量方面起着重要的作用'。为了保护美帝国的安全，必须把军事和民用秘密地结合起来以便保证国家的安全。这项研究高度评价了意识形态斗争的重要性，认为维护和保持北美的价值观和生活方式是何等重要："'在我们如此小的星球上，所有的社会、所有的文化都在为生存和主导地位进行不可避免的竞争。将来领导我们世界潮流的将是那些能够使自己的形象占据支配地位

---

① Paul Ricoeur, *Du texte à l'action：Essais d'Herméneutique*, Éditions du Seuil, 1986, pp. 379 – 380.

② Paul Ricoeur, *L'idéologie et l'utopie*, éditions du Seuil, 1997, pp. 8 – 9.

③ Paul Ricoeur, *L'idéologie et l'utopie*, éditions du Seuil, 1997, pp. 17 – 38.

④ György Adam, Les firmes multinationales dans les années 70, *Revue économique*, Année 1972, Volume 23, Numéro 4, pp. 592.

⑤ Maria Green Cowles et al., L'européanisation de l'action politique des multinationales, *Politique étrangère*, Année 1997, Volume 62, Numéro 2, p. 309.

和产生长远影响的国家……如果想让我们的价值观和生活方式立于不败之地，我们被迫进入与其他文化和权力中心竞争的行动当中。为此，跨国公司能够提供巨大的杠杆作用。它是具有国外基地的商业兵工厂，一天 24 小时地运转。这是一种渗透事实，它传递和移植的不但是企业管理方法、金融技术和北美的商业关系，而且是我们的法律体系和概念、我们的政治思想、传播方式、机动性思想以及合乎我们文明的文学艺术。"①

跨国公司之所以在意识形态宣传方面有着重要作用，关键是长期以来，跨国公司成了国家对外活动的代理人与共谋者。"长期以来，跨国公司成了一种独特的现象。大的石油公司是这些准国家而又游离在国家之外的庞大私人组织的原型。这些公司如同殖民公司一样，它们毫不犹豫地求助国家机构的权威和力量，但这种对管理过程的干预局限于自己利益受到威胁的领域。"② 这就是跨国公司在一定程度上与国家的捆绑在一起。跨国公司有时通过国家来实现自己的目的，这是因为，跨国公司的商业活动在一定程度上影响着东道国和资本来源国的政策。如社会学家伊夫斯·德扎雷（Yves Dezalay）所说，"私人企业的投资选择塑造着世界经济的结构，而这种结构则构成了政治决策的框架。私人企业影响着政治选择，因为这些结构对国家利益以及政治家的活动余地具有决定性作用。"③ 所以，跨国公司的利益也代表着国家的利益。"1974 年，在对有关国际经济新秩序的经济权利和义务宪章投票时，6 个发达国家（美国、联邦德国、英国、丹麦、比利时、卢森堡）公开反对 120 国家。同样，联合国工业发展组织（ONUDI）在 1975 年就限制'跨国公司不可接受行为'的投票中，80 个国家赞成，美国反对，其他工业国家弃权。"④ 这在某种程度上说明跨国公司和宗主国的共谋关系。

跨国公司的扩张除了商业经济因素外，主要还有科学技术因素。科学技术为跨国公司的迅速发展提供了便利的条件，"一方面，现代科学技术的发展引发了一系列新

---

① Armand Mattelart, *Multinational Corporations and the Control of Culture*：*The Ideological Apparatus of Imperialism* (Multinationales et systèmes de communication, 1976), The Harvester Press, 1979, pp. 294 – 95.

② Yves Dezalay, Multinationales de l'expertise et "dépérissement de l'État", *Actes de la recherche en sciences sociales*, Année 1993, Volume 96, Numéro 1, p. 5.

③ Gerd Junne, "Multinational Enterprises as Actors", in Walter Carlsnaes et Steve Smith (eds.), *European Foreign Policy*：*the EC and Changing Perspectives in Europe*, London：Sage, 1994, pp. 84 – 102.

④ Guy CAIRE, Codes de conduite：multinationales et acteurs sociaux, *Revue d'économie industrielle*, Année 1982, Volume 22, Numéro 1, p. 16.

兴工业部门的出现和发展……另一方面，由于战后科学技术革命的发展，从 20 世纪 50 年代起，资本主义的物质生产、交通运输、电讯服务等方面都发生了深刻的变化，电子技术的采用扩大了跨国公司活动的范围。"① 这些因素在促进跨国公司发展的同时，并使其负有另类功能添加了可能性。

二、科学技术意识形态——静悄悄地控制

对科学技术意识形态做精致分析的是法国学者阿芒·马特拉。他对传播的阶级分析主要体现在《大众媒介、意识形态和革命运动：智利 1970 - 1973》（西班牙文书名为《解放过程中的大众传媒》）中。从这本书看来，马特拉深受马克思主义历史唯物主义的影响，吸收经济基础、上层建筑、生产方式、意识形态等概念并借鉴罗兰·巴特（Roland Barthes）的现代神话理论，主要分析了资产阶级传播方式在社会依附形成过程中的作用以及阶级斗争中的功能。马特拉对资产阶级传播的分析主要体现在以下三个方面：

首先是传播拜物教。马特拉认为，"为了保证自己的合法性，资本主义的生产方式需要巩固自己支配理性的偶像（fétiches）。……制造一种偶像或把一种过程或现象提升为偶像意味着'要用一种不同的物体形式'把它体现出来，并从它的真实生产条件中分离出来。"② 这就如同，马克思把商品、货币看成资本主义生产方式中的拜物教，似乎是货币生产了资本，消除了劳动力生产剩余价值的事实。"传播拜物教掩盖了传播（diffusion）支配性技术权力的抑制和操纵特征，把这种权力看成是解放和幸福力量，并在这种外表下被呈现给被统治阶级。"③ 这种拜物现象具体表现在两个方面：1）传播工具（moyen de communication）拜物教④，即传播工具表现为具有自治性和超越社会现实的实体。传播在资本主义社会中成了自治的系统，把上层建筑和经济基础分裂开来，实现了对受众的"原子化"过程；2）系统神话，这种神话在于被传播讯息的意识形态特征。"意识形态是一个阶级实施支配理性的符号仓库，这种符号是规定的，因为它在自己掩盖了基础的体制中发挥作用。……统治阶级的意识形

---

① 隋启炎：《当代西方跨国公司》，北京：经济日报出版社，1992 年，第 96 页。

② Armand Mattelart, *Mass media, idéologie et movement révolutionnaire, Chili* 1970 - 1973, Anthropos, 1973, p. 28.

③ Armand Mattelart, *Mass media, idéologie et movement révolutionnaire, Chili* 1970 - 1973, Anthropos, 1973, p. 29.

④ Armand Mattelart, *Mass media, idéologie et movement révolutionnaire, Chili* 1970 - 1973, Anthropos, 1973, p. 30.

态担负着一种功能：使体制（système）具有一定的连贯性和一定的统一性。"① 但统治阶级采用神话的方法，使传播讯息呈现为中性的、自然的东西。神话排空了社会现象的事实，净化了体制。根据某种方法，它排空了社会现象的历史意义并使这些现象自然化。神话在于驯服事实，使其成为一种"虚假事实"。

其次是帝国主义的技术统治意识形态。"技术统治意识形态的根本特征在于支持对自己认同的社会方案的去政治化思想（a-politisime），这种去政治化由该社会借以实现的工具的中立性（neutralité）所保证，这种工具即是科学技术。"② "这种技术统治意识形态倾向于普及社会统治（domination）的基础，并且成为日常生活意识形态，使被统治者整天生活在由拉丁美洲社会构成特有的意识形态综合症（如民族主义、民粹主义、发展主义）。"③ 这种技术统治意识形态主要体现于上层建筑、产品、传播者等方面。

在产品方面，我们不能局限于电视连续剧等这些文化产品，不要认为市场上可以得到的电影、广告、光盘等就包括了大众文化的所有东西。这仅仅是接触到了一些机械的表征，如果只关注这些，我们就有可能漏掉大众文化的无所不包的特性，就不能把大众文化看作一个上层建筑角色定位其中的全体系统的组成部分。在帝国主义看来，大众文化是意识形态斗争的重要角色。"拜物教的实现过程使我们陷入另一个圈套之中，把我们紧闭在大众文化（mass culture）这个资产阶级概念之中。大众文化同样采用了对现实的化约机制（mécanisme reducteurs）。"④ 它欣赏非政治思想，采用现代神话机制，排空内容的社会文化因素。因此马特拉说，"大众文化在某定程度上是反动派优先采用的领域，因为这里，在玩弄政治和使政治变为神话时不需要再提及政治。"⑤ "如果大众文化表现出了一定的影响，这不仅仅因为它反映了'美国生活的价值观'，而且因为它承载的讯息倾向于陷入统治体制喜欢的领域：电视连续剧、动画

---

① Armand Mattelart, *Mass media*, *idéologie et movement révolutionnaire*, *Chili* 1970 – 1973, Anthropos, 1973, p. 34.

② Armand Mattelart, *Mass media*, *idéologie et movement révolutionnaire*, *Chili* 1970 – 1973, Anthropos, 1973, p. 49.

③ Armand Mattelart, *Mass media*, *idéologie et movement révolutionnaire*, *Chili* 1970 – 1973, Anthropos, 1973, p. 49.

④ Armand Mattelart, *Mass media*, *idéologie et movement révolutionnaire*, *Chili* 1970 – 1973, Anthropos, 1973, p. 40.

⑤ Armand Mattelart, *Mass media*, *idéologie et movement révolutionnaire*, *Chili* 1970 – 1973, Anthropos, 1973, p. 41.

片等不主张改变社会。"① 向往购买某种产品或向往某种行为规范，就转换成对一种上层建筑的赞成，因此就赞同一种社会关系。对于传播工具来说，它不是满足于广告和销售某种产品，而是要销售商品社会社会的再生产条件。问题的本质在于，"如果我们不把表面产品和促使其生产的整体系统联系起来，就不可能发现每个人的作用，尤其不可能揭露结构大众文化内容、赋予其连贯性、使其参与结构一种普遍生活方式的意识形态路线。"② 于是，文化产品的销售，也是社会再生产模式的推销。

语言和商品世界把我们带到一个物的世界（monde des objets）之中。这也是我们能够看到传播工具在支配意识形态中所占的地位。物品作为一种新的"偶像"（fétiche），它掩盖了一个阶级的被神话过程：这个阶级不再鼓动公民政治平等的乌托邦，而是主张一种通过消费实现的实用主义民主。从公民的表达自由推理出商业表达自由。阶级消失，意识形态也已终结，消费主义和技术决定论搭建起一个纯朴而美妙的日常世界。这些是帝国主义和资产阶级欲达到的效果。

在依附的上层建筑方面。在拉丁美洲的依附社会中，资产阶级与帝国主义的关系是密切，它一方面在巩固自己的统治地位，一方面依赖于帝国主义。因此，马特拉在分析拉美文化帝国主义时指出：文化帝国主义确保了既定国家内民族资产阶级对美国依赖关系以及自己作为统治阶级之霸权关系的再生产。马特拉认为，"拉丁美洲的依附式社会构成是一个比较宏大的过程的结果，这个过程最终赋予了依附的原动力，它贴合着国际资本主义体系扩张的节奏。在这种体系中，该依附式社会构成担负着特定的功能：形成国内结构并决定它的特殊性。在这种情况下大众传播的位置如何？借助于现代传播技术，集体表达不是来自于自己的经济基础，但它倾向于瞬时入侵所有的社会阶层。借助这些技术，统治者及其追随者能够使超越真实社会基础和生产关系的'意识'大规模地得到发展。"③ "资产阶级控制的传播工具如同直接从属于北美当局的传播工具一样，是按照否认经济基础和上层建筑间的关系的方法来结构的，把愿望、集体表达以及依附社会中流动的价值和影像推广到该社会的现实之外。"尽管显得有些奇怪，帝国主义的错误意识把自己的支配意图和人类的解放联合在一起，甚至

---

① Armand Mattelart, *Mass media*, *idéologie et movement révolutionnaire*, *Chili* 1970 – 1973, Anthropos, 1973, pp. 41 – 42.

② Armand Mattelart, *Mass media*, *idéologie et movement révolutionnaire*, *Chili* 1970 – 1973, Anthropos, 1973, p. 42.

③ Armand Mattelart, *Mass media*, *idéologie et movement révolutionnaire*, *Chili* 1970 – 1973, Anthropos, 1973, pp. 42 – 43.

用'共产主义'和'参与'的概念来描述。"① 于是大众传播就成帝国主义及其依附社会中的资产阶级构建自己的团体的工具，使其成为一个"地球村"。这种由上游强加的、通过所有人参与共同上层建筑获得的"团体"只是中央（相对边缘）地区强加的团体。这就造成"经历别人的历史，没有时间来关心自己的历史，从而间接地与所有非自己东西保持一致，总之把历史时间转换成任何一种消费品"②。"获得了信息，就是参与"，这是技术主义的观点。在垄断资本主义阶段，大众传播的预言使命变成了跨国企业的使命，这掩盖了后者作为产品的制造者的条件，也掩盖了这些企业生产体制在进行国际资本积累过程中在世界范围内的扩张。好像，历史的发展不是在阶级斗争的过程中实现的，而是某些企业老板构筑的现代性利益扩张的结果。

在传播者方面。"技术统治思想（technocratisme）具有普及性抱负，它使大众传播讯息的发出者的社会身份变得复杂起来。"③ "随着科学技术的发展，生产工具所有权不再是社会权力的主要因素，主要因素是指它能使所有者来决定社会产品的用途。"④ 官僚技术精英代替了所有者，它的技术使自己有可能操纵着生产工具，指导着生产过程。统治阶级强化巩固自己的统治的思想，并在技术统治主义（technocratie）的帮助下，开始走入绝对的决定论思想。"技术统治主义思想的漫射性特征使得统治阶级意识形态传播到社会的各个领域。"⑤ 当技术统治者（technocrate）在为自己的存在权力辩护时、为自己的职业辩护时候，就显示出了它在保护技术所有者的利益，技术赋予了每个人在社会再生产中的地位，据此技术得以被规划。帝国主义和资产阶级的各种机构都非常理解在经济和意识形态进攻方面依赖技术"神话"的必要性，以便把不同的、不具有政治观点的组织聚拢在文化和经济殖民化"工程"的周围。

最后是意识形态进攻。资产阶级的支配理性在没有受到攻击的时候，他们的传播讯息不会反映出自己的纲领性路线，即自己阶级斗争策略，而是满足于普遍地传播一

---

① Armand Mattelart, *Mass media*, *idéologie et movement révolutionnaire*, *Chili* 1970 – 1973, Anthropos, 1973, p. 43.

② Armand Mattelart, *Mass media*, *idéologie et movement révolutionnaire*, *Chili* 1970 – 1973, Anthropos, 1973, p. 44.

③ Armand Mattelart, *Mass media*, *idéologie et movement révolutionnaire*, *Chili* 1970 – 1973, Anthropos, 1973, p. 50.

④ Armand Mattelart, *Mass media*, *idéologie et movement révolutionnaire*, *Chili* 1970 – 1973, Anthropos, 1973, p. 53.

⑤ Armand Mattelart, *Mass media*, *idéologie et movement révolutionnaire*, *Chili* 1970 – 1973, Anthropos, 1973, p. 52.

些虚假普遍性以及阶级理性的隐含性准则。但在阶级斗争加剧的时期，看似自由的大众传播工具就否认这种自由主义（libéralisme），它就停止把传播作为隐蔽和颠倒客观事实的社会关系体系，而是明显地行动起来，通过大众传播工具来动员自己的群众阵线，争取一切力量来巩固自己处于危险中的社会秩序。简单地说，在和平时期采用"原子化"策略，通过大众传播（大众文化）使群众分散为孤立的个体，其利益通过市场消费与他人保持一致；在危机来临之时，则动用大众传播工具煽动群众，把个体动员起来形成自己的群众阵线。"话语意识形态领域让位于宣传领域。"① 在智利革命斗争中，对于左派政权来说，要通过大众传播工具来构建自己的集体表达上层建筑。

马特拉虽然作了帝国主义技术统治意识形态的分析，但他认为，"如果认为资产阶级的传播工具只包含技术意识形态讯息，这将是错误的。"② 因为针对拉丁美洲的依附社会来说，存在多种社会关系（如从前资本主义到资本主义时期）的叠加，与占统治地位的资产阶级并存的还有与外国中央霸权相联系的不同社会领域。这种社会构成的思想体系中，不但存在着讯息的叠加而且与统治思想的讯息。不要忘记，（智利）社会资产阶级引入的技术统治意识形态几乎从未与使其经济合法化的生产力状况相适应。从而与被压迫群体的反意识形态价值观发生冲突。"如果认为大众媒介传播的统治阶级意识形态是铁板一块，这将陷入另一种新的神话。"③ 这种统治意识形态可以被其他阶级吸收和修改，从而发生变化。从而从被统治阶级的意识能动性出发，提出了对大众媒介的内容中的统治意识形态作出能动性的解读。

总之，马特拉对传播的阶级分析，主要是从马克思的历史唯物主义观点出发，分析了意识形态在阶级斗争中的作用。虽然在社会中有占主流的意识形态，但这不是唯一的意识形态。社会构成的多样性，形成了意识形态的多样性。意识形态不是对经济基础地机械的直观反映，它有利于对经济基础的巩固。大众传播工具成了获取意识形态斗争的重要手段，无产阶级应当采取灵活的手法，调动大众参与来推动意识形态宣传以便取得最后胜利。马特拉的分析主要围绕对智利革命的反思，而这种反思又超越了单个国家的界限，探究上层建筑在对群众日常动员中的作用来确定大众文化和传播在阶级斗争中的重要性，"突出在危机和资本主义制度过渡时刻作为控制机制的文化

---

① Armand Mattelart, *Mass media*, *idéologie et movement révolutionnaire*, *Chili* 1970 – 1973, Anthropos, 1973, p. 57.

② Armand Mattelart, *Mass media*, *idéologie et movement révolutionnaire*, *Chili* 1970 – 1973, Anthropos, 1973, p. 55.

③ Armand Mattelart, *Mass media*, *idéologie et movement révolutionnaire*, *Chili* 1970 – 1973, Anthropos, 1973, p. 56.

形式和文化实践在意识形态方面的发挥的政治作用。"①

三、合作与交流的意识形态——广告、大众文化产品、语言的全球化

拉美著名学者奥萨瓦尔·桑凯尔（Oswaldo Sunkel）就北美对拉美的援助谈到：在金融方面，采用公共和私人贷款，证券投资、外国资本家侨居或设立由外国人控制的矿跨国公司分支；在人力方面，外国派遣技术人员、应聘地方专家、在当地或国外培训；在技术转让方面，要么通过外国公司分支，采用许可证、专利、商品、技术合同等方法，要么在当地作为实验室来培育国外技术。② 这些东西的引入造成的结果是，经济上与国际的整合和国内社会、经济、文化的分解。因此，媒介政治经济批判的先驱赫伯特·席勒认为：现在，技术的中立性虽然仍在提倡，但已难于维持：科学技术在政治—军事—经济方面的制度化自第二次世界大战以来被着重表现出来。③ 新的科学技术为全球传播提供了可能性，以技术为中介的跨国公司成了新的传道者和教育者，成了北美思想输出的得力助手。

在纪念美国独立战争二百年之际，历史学家丹尼尔·布尔斯廷（Daniel Boorstin）在题为"民主的修辞"（The Rhetoric of Democracy）的文章中说，"在像我们这样存在消费团体并特别关注国民生产总值和增长系数的国家里，广告成了大众文化的中心、甚至它的原型。美国的广告创造了其他社会的大部分大众文化特征：重复性、单纯性、夸张和幻想、大众诗词和大众音乐……这些大众文化表达不再来自于土地、村庄、农场或郊区和城市。它们主要来自于这些庞大的集中化的创造（creation）组织中，来自于广告公司以及新闻、广播和电视频道……仅被看成'销售方法现代化技术'的广告在第二次世界大战末随着美国的国旗登陆欧洲……广告的网络之网不纯粹是工业产品促销的新回路，而且是堂而皇之的文化和政治影响网络。"④ 广告的影响领域非常开阔，以至于它形成的社会网络联系着媒介、经济、文化、政治和市民社

---

① Nicholas Garnham, "Introduction" to *International Image Markets*: *In Search of An Alternative Perspective*, by Armand Mattelart, Gomedia Publishing Group, 1983, p. 5.

② Osvaldo Sunkel, Intégration capitaliste transnationale et désintégration nationale en Amérique latine, *Politique étrangère*, Année 1970, Volume 35, Numéro 6, p. 649.

③ Herbert Schiller, *INFORMATION AND THE CRISIS ECONOMY*, Oxford University Press, 1986, p. 79.

④ Daniel J. Boorstin, Hidden History: *Exploring Our Secret Past*, Random House, Inc. 1987, p. 136.

会、国际关系。"人们可以说，广告和营销位于国家的官方外交之外。与国防部驻外使节相比，它们更强烈地以现实主义的方法表现着我们国家的生活方式。美国的广告和营销在国际上的巨大影响使我们看到广告外交（adplomacy）一词的出现。"①

"语言是支配的工具。"② 统治阶层总是把自己的语言规定为一种参照（如官方语言），并因此成为权力游戏的组成部分。于是语言不再属于纯粹的语言学的范畴，而是具有政治学乃至经济学的特性。能否掌握标准官方语言有意或无意地被作为社会阶层或范畴的参照，如法语时态以及日语的敬语的运用显示着讲话者的修养以及社会地位。语言学结构变成了一种权力装置，成了合法性以及资源分配的规定者。在传播技术网络的庇护下，文化和信息被整合在一起。在整个世界上，英语倾向成为信息技术的惯用语言。③ 1977 年《广告时代》的一篇文章是这样描述的："高技术中所采用的语言都是英语。在地球上，所有的专家都在研究美国的手册和经典。"④ 美国的信息科学协会第 25 任会长认为，"国际网络的建设需要认识英语……人们逐渐把英语作为国际语言是信息网络国际化的关键一步。"⑤ 马特拉曾在《计算机和第三世界》中借鉴一位法国科学工作者的研究，认为这有三方面的原因：首先过多国家使用英语；其次，非流行语言国家的研究人员倾向用英语直接发表论文；最后，美国在一些信息上处于垄断地位。⑥ 就拉丁美洲而言，这里的研究者认为，在用英语编辑的杂志上发表文章有"被承认"的感觉。在墨西哥和巴西，人们常常看到用双语或直接用英语印刷的科技杂志，这更加强化了拉美研究界崇尚英语的风气。借助英语常常是拉美决策者听取意见的必要手段。对研究人员来说，"尽管外语是理解研究成果的障碍，但是这是吸引决策者注意力的一张王牌，因为外语使研究者工作被合法化并得到承认。用外语或在国外发表自己的研究成果要比用葡萄牙语或在国内（巴西）发表的研究更具合法性。如果偶然地，用双语发表同一项研究，获得决策者注意力就增加，外语为本

---

① Lynch K. ，"Adplomacy Faux-Pas Can Ruin Sales"，*Advertising Age International*，January 15，1979，p. 64. cf. ，Armand Mattelart，l'internationale publicitaire，La Découverte，1989，p. 34.

② Herbert Schiller，*Communication and cultural domination*，International Arts and Sciences Press，Inc. ，1976，p. 88.

③ Armand Mattelart，*l'ordinateur et le tiers monde*，Maspero，1982，p. 166.

④ D. Cudaback，" French Language Law Beginning to Worry Foreign Marketers"，*Advertising Age*，March 21 1977. cf. Armand Mattelart，L'ordinateur et le tiers monde，Maspero，1982，p. 166.

⑤ Serge Cacaly，"L'information scientifique et technique aux États-Unis：impact politique et économique du système d'information"，*Documentaliste-Sciences de l'information* ，Volume 14：n° 2 ／ mars 1977，pp. 17 – 24.

⑥ Armand Mattelart，*L'ordinateur et le tiers monde*，Maspero，1982，p. 167.

地语（巴西）提供了保障。"① 这就是说英语产生了拜物教的作用，具有了分封其他语言的能力。这种情况不仅是在过去，在进入21世纪更是如此，学术论文与科技成果的国际知名度和影响力来自于"英语"语言的赋权。布迪厄在他的《言说意味着什么：语言交换经济学》中说道，"我们必须记住，特别是语言交换的传播关系也是象征权力关系，在这里不同的对话者和他们群体的力量关系被表现出来。"② 因此语言的交流是权力关系的互动。广告、大众文化和语言在跨国关系中的互动是在业已形成的权力关系中进行的，并且同时又增强了这种现存的或支配或依附的关系。

第三节　意识形态跨边界传播的后果

从众多的研究文献看来，意识形态跨边界传播导致的主要后果是文化帝国主义与媒介帝国主义。

文化帝国主义是跨边界传播结果的最重要的辩论议题，与跨边界的意识形态传播或"想象"的"去地域化"与"再地域化"联系在一起。文化帝国主义主要与发达国家（尤其是美国）与发展中国家的非平衡传播联系在一起，特别是在上个世纪资本主义与共产主义进行着激烈的意识形态斗争的时候。"在20世纪60年代、70年代，文化和媒介帝国主义概念和意识形态以及美国媒介的霸权问题成了资本主义和共产主义为建立新的世界秩序的斗争的组成部分。"③ 一般地，"文化帝国主义有别于媒介帝国主义，它出现在20世纪60年代的社会政治运动高涨时期。文化帝国主义观点的持有者们在国际文化与传播领域提出了各种各样的观点：媒介被看作多国公司的意识形态武器，促进和扩展了社会经济组织的资本主义形式；西方媒介散布着西方的文化价值观；传播技术在跨国公司的集中威胁着发展中国家的文化主权；跨国文化媒介促使了民族文化和身份的同质化。"④ "媒介帝国主义的证据存在于新的传播和信息技

---

① A. DE SOUZA COSTA BARROS, Dissemination and use of Social Sciences Research among and by Policy Makers. étude non publiée realisée pour la Fondation Tinker, 1980. cf. Armand Mattelart, *L'ordinateur et le tiers monde*, *Maspero*, 1982, p168.

② Bourdieu, Pierre. *Ce que parler veut dire*：*l'éecnomie des échanges linguistiques*, Fayard, 1982, p. 13 – 14.

③ Roger de la Garde, "Americanization of Media", *Encyclopedia of Communication Theory*, Stephen W. Littlejohn & Karen A. Foss (ed.), SAGE, 2009, p. 35.

④ Mehdi Semati, *New Frontiers in International Communication Theory*, Rowman & Littlefield Publishers, INC, 2004, p. 9.

术工业中，世界退回到帝国主义和主流媒体共生的状态。"① "有关媒介帝国主义（media imperialism）的辩论是新殖民主义（neocolonialism）的一个变种：强势国家不再直接依靠军事和政治控制从弱势国家攫取资源。"② 换句话，文化帝国主义与媒介帝国主义的关注点稍有不同，前者在作为意识形态的内容，后者在于作为传播中介的媒介。无论如何，在一些社会科学批判学者看来，"文化和媒介帝国主义理论认为，文化、语言、商业运作方式、生活方式以及从外国进口的媒介硬件和软件等，使后殖民社会的经济依赖变得很自然。"③ 两种"主义"以协同合作的方式实现了意识形态的转移与发展道路上的依附。

总体而言，文化帝国主义或被看作是一种种族中心主义的意识心态，表现为从属群体的救赎之路（朗特纳利），或是被看是一种诱骗、吸引或强制的文化适应过程（席勒）或是被看成了一种象征暴力（violence symbolique），它把特殊性变成了普遍性特征（布迪厄）。其实质过程是，"世界上尚存的最重要的动力不是各种独特的习俗、文化和信仰，而是西方的组织和技术成就。其直接后果就是融化了所有独特的习俗、文化和信仰。"④ 即西方的象征层面上的知识生产消解了作为特殊性与多样性的地方文化，西方文化的特殊性被看作全球的普遍性。

在历经人类学家韦托里奥·朗特纳利（Vittorio Lanternari，1979）、传播政治经济学先赫伯特·席勒（1976）以及社会学家皮埃尔·布迪厄（2000）的文化帝国主义思想后，⑤ 马特拉对文化帝国主义作了如下描述："文化帝国主义首先事关一个权力系统的力量机制，这种机制是一种由世界霸权造成的不平等关系的啮合。因此，有必要回到作为象征结构中介的文化的物质—象征思想上来。世界秩序的表述、参照系和组织模式的普及，似乎表现为唯一的可能性、唯一的合理性。这些'唯一'把特殊社会直接嫁接到现代性的唯一模式流动之上，这种模式触及到社会的所有领域：技术、语言、经济、政治、司法、教育和宗教。文化帝国主义并不因此归结为媒介和大众文化领域内权力关系的唯一表现，即使这些装置在与'他者'构形新殖

---

① Oliver Boyd-Barrett, "Flow and Contra-Flow", *Encyclopedia of Communication Theory*, Stephen W. Littlejohn & Karen A. Foss（ed.）, SAGE, 2009, p. 406.

② James Shanahan, "Cultural Indicators", *Encyclopedia of Communication Theory*, Stephen W. Littlejohn & Karen A. Foss（ed.）, SAGE, 2009, p. 264.

③ Oliver Boyd-Barrett, "Flow and Contra-Flow", *Encyclopedia of Communication Theory*, Stephen W. Littlejohn & Karen A. Foss（ed.）, SAGE, 2009, p. 405.

④ 大卫·里斯曼：《孤独的人群》，南京：南京大学出版社，2002年，第15页。

⑤ Armand Mattelart, *Diversité culturelle et mondilisation*, La Découverte, 2005, p. 52.

民主义关系时占有愈来愈重要的战略地位……另外，还有支配国际关系的法律（droit）（就像引入据美国司法思想裁剪的合同法所显示的那样）和世界语（lingua franca）。根据地区和社会施动者在面对作为普遍存在的参照系时的可渗透程度，不平等关系的操作方式可分为差别、非同步与非对称。这与阴谋理论和目的心理学没有任何关系，尽管在这种象征暴力形式中存在着意识和意愿的成分。"[1] 这就是说，文化帝国主义只是批判的理论的一个组成部分，并不是文化领域内权力关系机制的唯一表现形式。不过，它为我们对国际文化不平等交流的认识提供了一个视觉。

美国是文化帝国主义批判理论的主要参照。跨边界的意识形态的传播是否注定了具有单向传播特征的文化帝国主义。真实情况远非如此，随着全球化过程的展开，发展中国家和发达国家都成了全球化进程的利益攸关方，随着不同地区与地方文化的崛起，也存在着传播的另外可能性。法国学者马特尔（Frédéric Martel）在综合研究世界上三十多个国家后写道："美国文化帝国主义理论的假设前提是，文化全球化是一个'超级大国'向'被支配'国家单向和单边传输的美国化。但现实既有差异又更加复杂：同质化和异质化同时存在。正在发生的情况是：世界主流娱乐文化的实力上升，主要是美国的；地区团队（bloc）在形成。而且处处，民族文化得到加强，即使存在着'另一种'参照对象或参照文化，也越来越多时美国。最后，一切在加速，一切缠绕在一起：美国的娱乐往往由欧洲、日本或印度的跨国公司生产，而地方的文化越来越由好莱坞来协同制作。至于新兴国家，他们希望在这些交换中存在，并与'帝国'进行竞争。该文化战争因此有着众多参与者。全球化和因特网重组着所有的交换，改变着现存的力量。实际上，他们在重新洗牌。"[2]

本章参考文献：

陈卫星. 传播的观念. 北京：人民出版社，2004

大卫·里斯曼. 孤独的人群. 南京：南京大学出版社，2002

哈罗德·D·拉斯韦尔. 世界大战中的宣传技巧. 北京：中国人民大学出版社，2003

邱风. 中情局的"猎鹰"计划. 人民日报（海外版），2012 年 8 月 31 日

---

[1] Armand Mattelart, *Diversité culturelle et mondilisation*, La Découverte, 2005, pp. 52 – 54.

[2] Frédéric Martel, MAINSTREAM：*Enquête sur cette culture qui plaît à tout le monde*, Flammarion, 2010, p. 419.

隋启炎. 当代西方跨国公司. 北京：经济日报出版社，1992

汤家玉. 意识形态研究综述. 安徽电气工程职业学院学报，2006 年 6 月

Adam，György. Les firmes multinationales dans les années 70. *Revue économique*，1972，23（4）

Almeida，Fabrice d'. *La Manipulation. Paris*：Presses Universitaires de France，2011

Bellina，Séverine et al. *l'État en quête de légitimité.* Paris：éditions Charles Leopold Mayer，2010

Boorstin，Daniel J. *Hidden History*：*Exploring Our Secret Past.* New York：Random House，Inc. 1989

Cacaly，Serge. L'information scientifique et technique aux états-Unis：impact politique et économique du système d'information. *Documentaliste-Sciences de l'information*，1997，14（2）

CAIRE，Guy. Codes de conduite：multinationales et acteurs sociaux. *Revue d'économie industrielle*，1982，22（1）

Cassirer，Ernest. *The Myth of the State.* New Haven：Yale University Press，1946

Cornwall，Mark. *The undermining of Austria-Hungary*：The battle for hearts and minds. New York：St. Martin's Press，INC. ，2000

Coughlan，Sean. Tony Blair's global "battle of ideas". *BBC*，Retrieved 2011 - 12 - 11.

Cowles，Maria Green et al. . L'européanisation de l'action politique des multinationales. *Politique étrangère*，1997，62（2）

Cull，Nicholas J. et al. *PROPAGANDA AND MASS PERSUASION*：*A Historical Encyclopedia*，1500 *to the Present.* Santa Barbara：ABC-Clio Inc，2003

Dezalay，Yves . Multinationales de l'expertise et "dépérissement de l'État". *Actes de la recherche en sciences sociales*，1993，96（1）

Edgar，Morin. L'industrie culturelle. *Communications*，1961，（1）

Feenberg，Andrew. Transforming Technology：*A Critical Theory Revisited.* New York：Oxford University Press，2002

Foucault，Michel. *Dits et écrits.* Paris：Gallimard，1994

Goldstein，Robert Justin. *The War for the Public Mind*：*Political Censorship in Nineteenth-Century Europe.* Westport：PRAEGER，2000

Huyghe，François-Bernard. *Maîtres du faire croire.* Paris：Vuibert，2008

Lasswell, Harold D. *Propaganda technique in World War I.* Cambridge: M. I. T. Press, 1971

Lenon, Alexander T. J. , *The battles for hearts and minds: Using soft power to undermine terrorism networks.* Cambridge: The MIT Press, 2003

Littlejohn, Stephen W. & Foss, Karen *A. Encyclopedia of Communication Theory.* London: SAGE, 2009

Martel, Frédéric. MAINSTREAM: *Enquête sur cette culture qui plaît à tout le monde.* Paris: Flammarion, 2010

Mattelart, Armand. *Diversité culturelle et mondilisation.* Paris: La Découverte, 2007

Mattelart, Armand. *Histoire de l'utopie planétaire.* Paris: La Decouverte &Syros, 2000

Mattelart, Armand. *La communication-monde: histoire des idéees et des stratégies.* Paris: La Découverte, 1992

Mattelart, Armand. *La Globalisation de la surveillance.* Paris: La Découverte, 2007

Mattelart, Armand. *La mondialisation de la communication.* Paris: PUF, 2008

Mattelart, Armand. *L'internationale publicitaire.* Paris: La Découverte, 1989

Mattelart, Armand. *L'ordinateur et le tiers monde.* Paris: Maspero, 1982.

Mattelart, Armand. *Mass media, idéologie et movement révolutionnaire, Chili 1970 – 1973.* Paris: Anthropos, 1973

Mattelart, Armand. *Multinational Corporations and the Control of Culture: the Ideological Apparatuses of Imperialism.* Brighton: Harvester Press, 1979

Mattelart, Armand et al. *International Image Markets: In Search of an Alternative Perspective.* London: Comedia Publishing Group, 1984

Mattelart, Armand et Michèle. *Histoire des théories de la communicaiton* (3ᵉ éd.) . Paris:La Découverte, 2004

Phares, Walid. *The War of Ideas, Jihadism against Democracy.* New York: Palgrave, 2007

Ricoeur, Paul. *Du texte à l'action: Essais d'Herméneutique.* Paris: éditions du Seuil, 1986

Ricoeur, Paul, *L'idéologie et l'utopie.* Paris: éditions du Seuil, 1997

Pierre, Bourdieu. *Ce que parler veut dire: l'éecnomie des échanges linguistiques.* Paris: Fayard, 1982

Quadruppani，Serge. *La politique de la peur.* Paris：Seuil，2011

Schiller，Herbert. *Communication and cultural domination.* White Plains：International Arts and Sciences Press，Inc. ，1976

Schiller，Herbert. *INFORMATION AND THE CRISIS ECONOMY.* New York：Oxford University Press，1986

Semati，Mehdi. *New Frontiers in International Communication Theory.* Hanham：Rowman & Littlefield Publishers，INC，2004

Snow，Nancy. Propaganda，Inc. ：*Selling America's Culture to the World*，New York：Seven Stories Press，2002

Sunkel，Osvaldo. Intégration capitaliste transnationale et désintégration nationale en Amérique latine. *Politique étrangère*，1970，35（6）

思考题：

1. 何谓"宣传"，国内外对"宣传"的理解差别。

2. "心理操纵"与"公共外交"。

3. 充分理解"意识形态装置"。

4. 意识形态跨边界传播的后果。

第六章
作为制度全球化的传播

本章要点：

* 制度的界定及其与传播的关系
* 制度化的注脚
* 国际传播的制度化作用

全球制度机构（institutions）在数量和功能上的扩张已明显成为全球化的一个重要特征，总体上反映了传播上的新框架，并且把跨国交换（exchanges）推到前所未有的层次。①

——Peter N. Stearns

国家的发展与全球企业和多边制度机构的兴起一同进行，这些当代全球网络与民族国家的内部结构紧密的缠绕在一起。当国家网络发展了，这些跨国网络也发展。②

——Linda Weiss

如果加油站、iPod、电子游戏全球都一样，为何政治制度（institutions）不能这样？这个观点低估了世界的复杂性。③

——英国《卫报》

---

① Peter N. Stearns，*Globalization in World History*，Routledge，2010，p. 145.

② Linda Weiss，"The state-augmenting effects of globalization"，*New Political Economy*，2005，10（2），p. 346.

③ Eric Hobsbawm，"The dangers of exporting democracy"，The Guardian, 22 January 2005. Retrieved 2012 – 7 – 9. http：//www. guardian. co. uk/world/2005/jan/22/usa. comment

第一节　制度与传播

何谓制度？当我们谈论制度与传播时，这涉及日常生活活动、习惯与规范等关系问题。该认识更多与日常生活社会学与制度经济学联系在一起。从上面的分析中我们可以看到，日常生活社会学更多社会学与现象学的结合，旨在产生日常生活的意义的生产与使用。在制度与传播的关系中，传播的意义就在于日常生活传播活动构建了象征层面上的制度规则。

在社会学认识层面上，"人们是通过传播完成社会化的，也就是说，人们是通过传播变成社会成员的。反过来，正是在这个社会化的过程中，人们在无意识地学习价值观念、思维模式、社会规范的同时，培养着自己的传播能力。"[1] 人的日常活动、社会化、价值观的形成以及制度的形成与传播活动紧密地联系在一起。"传播是社会存在的要素，社会空间的建构是根据信息的流动和传播交换的情景来决定的。"[2] 制度与规则构成了社会空间的象征表象。何谓制度？在制度经济学那里，"制度是社会博弈规则，并且会提供特定的激励框架，从而形成各种经济、政治、社会组织。制度有由正式规则（法律、宪法、准则）、非正式规则（习惯、道德、行为准则）及其实施效果构成。"[3] "制度是已有社会惯例、结构的储存，通过这种储存我们使集体记忆、表述、价值、标准、贵的等外部化，以便它们比我们人类更持久。"[4] "制度只能在所有有关人员可以理解的共同设想或世界观的基础上建立起来，它不是政体内自发产生的，而是在共同的象征逐步清楚表达的基础上产生的，而这种象征本身也是通过积累慢慢确定的。"[5] 也就是，制度的产生是一个构建过程，其与传播活动是分不开的。"无论何时存在一个被某类型活动者（types of actors）习惯的（habitualized）行为的相应的（reciprocal）标准化，就会出现制度化（institutationalization），换句话，

---

① 陈卫星：《传播的观念》，北京：人民出版社，2004年，第306页。

② 陈卫星：《传播的观念》，北京：人民出版社，2004年，第382页。

③ 道格拉斯·C·诺斯："绪论"，《新制度经济学前沿》，约翰·N·德勒巴克（编），经济科学出版社，2003年，第14页。

④ 马克斯·H·布瓦索：《信息空间——认识组织、制度和文化的一种框架》，上海：上海译文出版社，2000年，第390页。

⑤ 马克斯·H·布瓦索：《信息空间——认识组织、制度和文化的一种框架》，上海：上海译文出版社，2000年，第189页。

任何这样的标准化（typification）就是制度（institution）。构成制度的被习惯行为的标准化往往是共享的。"① 制度既是一种文化秩序——因为"它（文化秩序）是一种含蓄的结构，它已经被我们所内在化，并无意识地指导我们对交易和管理态度"②——，又是一种社会逻辑（social order），因为"它是人的（活动）产物，更具体地，是一个不断进行的人类的生产，是人在不断外化（externalization）过程中被生产出来的"③。正是"制度"这些本体论和认识论特征，使我们看到，随着全球化或国际化的过程，制度有了全球的或国际的维度。

法国学者图拉尔（Hélène Tourard）在法学的层面上对"国际化"（internationalization）进行界定，认为国际化是一种以往由国内支配的法律关系开始受国际法支配的现象：首先，其主要适用于象冲突这样的情景，几个相关国家涉入其中；其次，国际化来指一个国际机构干涉一个国家的内部事务——当这些事务具有国际影响的时候。④ 不过，随着全球化过程的展开，对国际化的理解有了多样性的维度，其中明显的就是作为社会逻辑组成部分的制度的国际化。

制度全球化的问题意识来源于全球化整合过程中群体或社会制度规范的移植或全球地方化，换句话，来自于实现全球发展过程中的对不同社会群体行为规范和规则的整合。社会、文化、企业群体面对全球整合、时空压缩、世界变成"地球村"情景中的自我存在反应。作为制度的全球化，主要体现于两个方面：一方是全球化过程中的全球化主体——跨国企业，如 CNN、时代华纳、福特基金、洛克菲勒基金等；另一方面是全球化过程中的国际组织结构，如联合国（UN），联合国教科文组织（UNESCO）、国际邮政联盟、世贸组织（WTO）、世界货币基金组织（IMF）、世界银行（WB）等。前者主要体现于局部制度文化跨边界活动；后者则体现于，最初由少数成员发起的组织最后成为世界各国行动的参照系。全球化意味着普遍性与特殊性、整体与局部、国际与国内、普世与多元等辩证内涵的互动与融合。从地区政治、经济和军事组织到国际政治、经济和军事的联合或联盟，从国内的制度框架到国际上的组织规范，都显示了制度不再是某个民族国家内部的设置，随着全球化过程的展开，制

---

① Peter L. Berger & Thomas Luckmann, *The Social Construction of Reality：A Treatise in the Sociology of Knowledge*, Penguin Books, 1966, p. 72.

② 马克斯·H·布瓦索：《信息空间——认识组织、制度和文化的一种框架》，上海：上海译文出版社，2000 年，第 472 页。

③ Peter L. Berger & Thomas Luckmann, *The Social Construction of Reality：A Treatise in the Sociology of Knowledge*, Penguin Books, 1966, pp. 69 – 70.

④ Hélène Tourard, *l'internationalizaton des constitutions nationales*, L. G. D. J, 2000, p. 1.

度（institutions）也在进行着全球—地方化的逻辑。如，《帝国》的作者哈特等认为，"通过改变当代的超国家法律，帝国的构成过程趋于或直接或间接地渗透、重构民族国家的内部法律，因此超国家法律有效地支配了国内法。"①

第二节　制度的国际化：全球化的后果

全球化所造成的后果是多方面的，并引起了诸多辩论，如全球化所造成的文化的同质化或异质化、极化或杂交、标准化或多样化。作为全球化的组成部分，在制度全球化的研究领域同样产生不同的辩论和话语，不过在此，制度全球化的分析的重点放在"制度"（institutions）的全球性共享，制度机构不再是局限于民族边界的局部产物，其构成的规范网络不再是"局域网"，而是成了国际"互联网"；其指示的规则也不再是局部的行动参考标准，而是成了不同的（地方的、国家的、国际的）行动者的交易框架，进一步说，传播互动框架。制度具有了全球化的特征，实现了"去地域化"与"再地域化"。"组织和结构（structuration）的政治形式的国际化（internationalisation），如同国家间跨国依赖（solidarité）的必然性的出现一样，使人们有必要去思考国家间彼此依赖的民族性表达（représentations）与政治策略发挥作用的国际形势间的辩证方法（modalités）。"②

实际上，制度的跨边界过程，是"制度性装置"（dispositif institutionnel）的"去地域化"与"再地域化"过程。从制度化的历史来看，存在着以下几种特征：第一，殖民式的制度全球化（如德国的美国化）；第二，地区整合的制度化（如欧盟化）；第三，企业文化的全球化（如丰田文化）；第四，国际组织的全球化（世界邮政联盟等）。殖民式的制度化源自于宗主国对殖民地的改造，利用宗主国的制度设置与经验来实现殖民地制度的变迁，如英法对非洲的殖民，"二战"后美国对德日的改造。地域整合的制度化源自于地区组织在经济或政治上的一体化进行，欧盟是其中的典范，为推进欧洲的一体化进行，欧洲拥有欧洲央行以及欧洲议会来处理欧盟的金融与政治事务。企业的国际化是全球化背景下的重要经济现象，企业文化的国际化是跨国经营与管理的必然结果。国际组织的全球化是实现全球社会治理的重要方式，伴随着不同

---

① 麦克尔·哈特等：《帝国——全球化的政治秩序》，南京：江苏人民出版社，2003 年，第14 页。

② Bernard Lamizet, *La médiation politique*, L'Harmattan, 1998, p. 279.

国家间的协约或协议的签订，国际组织的准则与规范成了参与各国国际行动的参照；在这里，如欧洲启蒙运动思想家的"社会契约"一样，不同参与国家或多或少地让渡自己的某些主权，以换取所有国家对规则与规范的尊重。

一、欧盟化构建

制度全球化的典型事例之一是欧盟的整合，尤其是自冷战结束（1989 年）和东欧剧变后出现的"欧洲化"（Européanisation）。自 20 世纪 80 年代的东欧剧变之后，在东欧及苏联独立的加盟共和国中出现了"欧洲化"浪潮。暂不论欧盟和北约的地缘政治意图，但就"欧洲化"而言，最终重要的特征之一就是，"欧洲化成了公共政策的转移过程"[1]，因此，"欧洲化概念便在论述欧盟不同规则形成的政治社会学中占据了重要的位置，不管是在共同体的制度层面还是在民族国家层面。"[2] 对于欧洲的一体化过程，出现了诸多论述"欧洲化"的著作，这些研究涉及老和新成员国，其中两种研究视角受到重视：其一是从利益（intérêts）、制度（institutions）和观念（idées）综合层面来看到"欧洲化"。在此"欧洲化"被描述为："正式与非正式规则、程序（procédures）、政治范式、风格（styles）、'做事情的方法'以及被分享的规范与信仰等的构建、传播和制度化的过程。这些过程在欧洲政策过程内部被界定和巩固，并吸收到国内（国家或次国家层面）的话语逻辑、政治结构和公共政策之中。"[3] 第二种视角是从有关的行动者（acteurs）与国内制度结构的影响出发，来考虑规则采取形式的多样性。该视角显示，一个国家越是有能力使自己的资源（制度的、立法的、被组织的行动者）受到重视，就越有力抵抗要求接受欧盟规则的压力，在欧盟与国内层面上的冲突风险就越大。相反，一个国家的可利用资源少，就越容易采用外部的规则。"[4] 在"欧洲化"研究学理上是如此分析，在现实中加入就需要满足的是欧盟提出的条件。欧盟在 1993 年 6 月举行的欧盟哥本哈根首脑会议上确定的三项基本的成员国标准：1）拥有捍卫民主稳定的机构、法治、人权、尊重和保护少

① Sabine Saurugger et Yves Surel，l'européanisation comme processus de transfert de politique publique，Revue *Internationale de Politique Comparée*，Vol. 13，n° 2，2006，p. 179.

② François Bafoil，l'européanisation：héritages，résistances，mobilisations collectives et cohésion，*Critique internationale* no 41 – octobre-décembre 2008，p. 159.

③ François Bafoil，l'européanisation：héritages，résistances，mobilisations collectives et cohésion，*Critique internationale* no 41 – octobre-décembre 2008，p. 159.

④ François Bafoil，l'européanisation：héritages，résistances，mobilisations collectives et cohésion，*Critique internationale* no 41 – octobre-décembre 2008，p. 160.

数民族；2）拥有行之有效的市场经济，以及应对欧盟内部竞争压力和市场力量的能力；3）履行成员国职责的能力，包括恪守政治、经济和货币联盟的宗旨。克罗地亚总统约西波维奇曾在 2011 年 4 月 7 日与到访的欧盟委员会主席巴罗佐会晤后说，克罗地亚将满足所有加入欧盟的条件，不会寻求"打折扣"。这就是说，加入欧盟就是就是要"不打折扣地"接受欧盟的制度游戏规则。

二、美国化改造

"美国化"不仅是欧洲国家与第三世界国家对美国政治、经济与文化意识形态霸权的反映，而且也在国际化的层面上也体现着制度（insititions）的全球化或跨边界扩张。美国化比较集中的时间是在第二次世界大战后，美国对西欧实行的马歇尔计划（1948－1952）以及对德国和日本的制度改造。美国盟国的支持主要是物质方面的援助。1955 年随着北大西洋公约组织（NATO）的成立，为防止共产主义扩散而对西欧的提供的军事援助更促进了西欧经济的恢复和发展。与马歇尔计划相伴而行是负载美国价值观的文化产品的输出。"在战后，尽管马歇尔计划使遭到重创的欧洲重新回到发展的道路，但它同时也是欧洲社会'美国化'的特洛伊之马。它为相关国家工业机器的现代化开辟了道路，并且成了社会重新规划布置的背景。……通过这个突破口，在美国经受考验的价值观、社会技术和优秀的模型都拥了进来。"[1] 美国对欧洲的"美国化"尤其表现在德国和奥地利。德国战败后，直到 1955 年才成为一个主权国家，在 1948－1949 年甚至没有中央政府，东西两德各由占领者自己直接按自己的意图来行事。"美国对德国政策的中心思想是改变德国社会的一些基础结构，用美国设计的制度机构（institutions）来代替它们。"[2] 美国按照自己的经济组织模式来改造德国的组织，创立彼此可以竞争的寡占（oligopoly），而不是垄断（monopoly），这样形成经济权力的制衡。如德国与奥地利的中央银行就被改造成完全独立于政府的机构，州银行投票来决定中央银行的决定。"这种设置和德国的传统银行和金融传统失去了连续。最终证明这对国家的货币的实力是非常重要的。德国的新货币（德国马克）的在 1948 年的引入也是美国占领机构的单方面决定，德国人几乎就不知道。"[3] 在日本，美国占领当局根据《战后初期美国对日政策》颁布了一系列旨在促进日本政治民主化的命令：下达了关于言论和新闻自由的命令；取消一切通信自由的限制，

---

① Armand Mattelart，*Le mondialisation de la communication*，PUF，2008，p. 68.

② Harm G. Schröter，*Americanization of the European Economy*，Springer，2005，p. 55.

③ Harm G. Schröter，*Americanization of the European Economy*，Springer，2005，p. 55.

并鼓励日本人民批评政府的政策；废除了日本所有限制基本人权的法律和法案（后称"人权法案"）；废除对政治、民权及信仰自由的限制；释放了全部在押政治犯，等等。政治上，1946年天皇发布《关于建设新日本的诏书》（或称作"人权宣言"），否定了天皇拥有神权和日本民族负有统治全世界使命的神话；并颁布了战后日本的新"和平宪法"。教育上，1946年，美国占领军总部发出了《关于教育根本改革的备忘录》，提出了关于改造日本教育的具体意见和实施要点，其中包括：宗教（特别是神道教）同教育分离；为清除日本教育中央集权式管理影响而把教育权移交给地方政府，实施九年制义务教育等。在经济上，"盟国的领导者把德国和日本的扩张外交政策归咎于其非民主政府，并相信自己国家未来的安全利益只需要这两个国家的社会重构（reconstruction）。……除了民主没有什么是最基本的社会重构，它具有和平性，将可以扎根……德国与日本的民主化计划是相似的。在两种情况下，他们需要一部新的宪法、新的领导者，并且要改变经济结构。经济的改变是出于政治原因。盟国相信，如果没有主要的压力权力来支持它的意识形态，一部民主宪法是没有意义的。在德国与日本，集中的商业被看作最强力的压力团体之一。但两国的商业被认为不利于民主，而利于寡头政治（oligarchy），因此是占领改革的一个目标。"①

三、企业文化的全球化

当我们使用"学习"、"借鉴"、"吸收"等词汇描述对外部经验和理论的反应时，这意味着什么？这意味着对外来知识的分析、采用与内化。就企业经营管理而言，西方有着不同的理论，从19世纪末到20世纪初形成的所谓的"探讨经济管理"的"古典管理理论"，如美国泰勒的以提高劳动生产率为目的科学管理理论（或称泰勒制）、法国法约尔的以大企业整体为研究对象的"工业管理与一般管理"分析，德国韦伯的行政组织体系理论；到20世纪20年代开始的西方管理理论中的"人际关系"—"行为科学"理论，如美国梅奥与罗特利斯伯格的"社会人"、"非正式组织"、"职工满足度"等概念弥补古典惯例理论的不足，有利于解决劳资之间乃至"工业文明社会"的矛盾与冲突，提高劳动生产率；再到第二次世界大战后的出现的当代西方管理理论，如社会系统理论、决策理论、系统管理理论、管理科学理论等等。② 这些不同阶段的理论涉及是不同时期西方社会对企业经济管理的内容与分析，

---

① Gary Herrigel, *Manufacturing Possibilities：Creative Action and Industrial Recomposition in the United States，Germany，and Japan*，New York：Oxford University Press，2010，pp. 47 – 48.

② 威廉·大：《Z理论：美国企业界怎样迎接日本的挑战》，北京：中国社会科学出版社，1984年，第2 – 13页。

展现出企业经济管理的宏观与微观文化、经济、社会与技术想象，从而也构成了企业与经济全球化的重要内容。

在全球化的背景下，作为全球化主要载体的跨国公司努力开展着"去地域化"和"再地域化"或"全球地方化"过程，虽然全球营销策略中的"文化多元化"成了跨国公司扩展的主题词和表明自己对世界存在形态表明态度的"口号"。"每个国家有自己的传统，自己界定每个人权利和义务的方法，以及命令、遵从、合作和对抗的方式。我们对荣誉的吹毛求疵的崇拜以及尊贵（noble）与卑贱（vil）间的无止境的区分，使我们生活在一个不同于大西洋彼岸的世界，那里进行对抗的是对盈利的贪婪和对诚实的热情。同时，也使我们不同于导致荷兰人自愿行事的谨慎态度。"① "人们让文化靠近的价值观（valeurs），不是其他什么东西，而是集体行为所同意的并以之为基础的东西。这些价值观是这种行为的结果并由其所构建。"② "在一个企业中，如果一种观点（position）被研究，一种权威（autorité）商标被接受，一种存在方法引起信任、厌恶和愤怒，这往往不是因为它们的物质性出了问题，而是因为它们意味着什么。"③ 从发生论的角度而言，一个群体的文化可以界定为："一个群体在解决自己的外部适应和内部整合问题时所学习到的基础共享假设的模式，这种模式的作用发挥得很好，被认为是有效的，可以把作为正确的观察、思考和感觉问题的方法教给新的成员。"④ 换句话，文化发生于一个群体对外部适应问题和内部团结问题的解决。

"企业文化是指一套由整个企业共享的复杂的思想体系、象征符号和核心价值观，它们影响着企业的经营。"⑤ "企业文化（culture organisationnelle）是对一个组织价值观或价值体系的感知和阐释，组织成员拥有这种价值观以便能够理解、学习和采取行动。"⑥ "文化是企业的特征，它把一个企业从外表上与其他企业区分开来，特别是在对企业生活的现实状况反应、应对市场、界定效率标准或处理人事问题方法上与其他

① Philippe d'；Iribarne, *La logique de l'honneur：Gestion des entreprises et traditions nationales*, Éditions du Seuil, 1989.

② Philippe d'；Iribarne, *La logique de l'honneur：Gestion des entreprises et traditions nationales*, Éditions du Seuil, 1989, p. xiv.

③ Philippe d'；Iribarne, *La logique de l'honneur：Gestion des entreprises et traditions nationales*, Éditions du Seuil, 1989, p. xxiii.

④ Edgar H. Schein, *Organizational Culture and Leadership*, John Wiley & Sons, Inc. 2004, p. 19.

⑤ Michael A. Hitt et al. *Strategic Management Concepts and Cases：Competitivness and Globalization*, （8ed.）South - Western Cengage Learning, 2009, p. 23.

⑥ Yves Bertrand, *Culture organisationnelle*, Presses Universitaires du Québec, 1991, p. 7.

企业区分开来。"① 在企业的全球化的过程中，企业文化不仅维护着企业的团结，把职工团结在自己的品牌、产品、服务、企业形象等周围，形成企业发展的动力，而且吸收同化新来的雇员，使每个职工都有一个共同的参照，从而减小企业内部的张力。除此之外，作为企业身份的文化还构成了企业进行科学技术和经营管理创新的根源，为企业行为或行动赋予与众不同的意义。在全球化的过程中，无论是企业的管理经验的"全球地方化"还是技术的"再地域化"，都意味着"制度"（institutions）和"意识形态"的国际化。霍克海默（Max Horkheimer）就曾说过："不仅形而上学，而且还有它所批判的科学本身，皆为意识形态的［东西］；科学之所以是意识形态，是因为它保留着一种阻碍人们发现社会危机真正原因的形式，……所有掩盖以对立面为基础的社会真是本质的人的行为方式，皆为意识形态的［东西］。"② 我们经常说的学习外国先进的管理经验就是这种制度化的实践过程。

在企业文化的传播过程中，"福特制"和"丰田制"成了企业文化的典范。亨利·福特（Henry Ford, 1863 – 1947）是美国著名的企业家，是第一个采取"量"策略的汽车生产商。他在1908年末策划了一款标准化的汽车模型 Fort T，并于1915年普及了"流水线作业"，并实现了在扩大生产的同时，还增加了工人的工资。同时，撰写《我的生活与工作》（*My Life and Work*, 1922）和《今天与明天》（*Today and Tomorrow*, 1926）来阐述自己的"有必要增加工资来扩大需求"的思想。福特对生产模式的理性化成绩巨大，致使"供企业家谈论'福特体制'（système Ford）或'福特化'（fordisation），知识分子和政治家很快在20世纪30年代用'福特制'（fordisme）来指称'福特学说'（doctrine de Ford）"③。于是，"福特制"不再局限于"一种位于确定制度系统内的资本积累动力的具体框架模式"，而且扩展为"一系列旨在减缓经济循环周期和实施充分就业的制度"，以及"一种可以理解为把私权领域扩展到政治与社会权力的具体民主模型"。④ 时至今日，"福特制"中的流水生产线运转在全世界的工厂中，而且扩及文化的生产以及教育模式，换句话说，商业模式渗入了社会文化领域。在继美国19世纪末以"优化劳动时间"为特征的泰勒制（taylorism）

---

① Maurice Thévenet, *La culture d'entreprise*, PUF, 1993, p. 3.

② 转引自哈贝马斯，《作为"意识形态"的技术与科学》（中文序），1999，学林出版社，第3页。

③ Robert Boyer et Michel Freyssenet, *Les modèles productifs*, Éditions La Découverte, 2000, p. 51.

④ Emmanuel Renault, Du fordisme au post-fordisme: Dépassement ou retour de l'aliénation? *Actuel Marx*, 2006/1 n°39, p. 91.

以及 20 个世纪初的以"流水线生产"为特征的福特制（fordism）成为企业的生产管理模式之后，20 世纪 80 年代日元经济横扫全球之际，日本企业获得广泛的赞誉。日本人丰田英二吸取西方科层制组织形式和泰罗制的管理经验，结合东方的文化特点，鼓励职工加强联系，培养职工的集体荣誉感，强调人与人的合作，人与机器优化组合，强调利润共享，借此调动职工的积极性和责任心，形成了一套"以人为中心"与"以压力管理"为特征的日本现代管理方式，这种"压力管理"为特征的丰田主义（toyotism）在 20 世纪后半叶于欧美世界中被推广，另外，它的终身雇佣制和集体主义成了国际企业的样板。

企业的全球化意味着，"经理必须培育出一种全球性心态（mindset）。要有能力为那些不依赖单个国家、文化或语境条件的人员与业务运作培育出解释标准，有能力把这些标准合理地应用于不同的国家、文化与语境。这是心智（intellect）的全球化：'真正的挑战是把组织的精神（mind）全球化……在您没有把心智全球化之前，您还没有真正实现公司的全球化'。"①

"跨国公司是全球化过程的活跃载体，直接涉及人员、形象、资本、产品和技术在地区、国家、城市、郊区、农村、种族、语言及其他框架下的流动。"② 跨国公司的经营不仅是经济问题，更重要的还是社会—技术问题。换句话说，跨国精英不仅是按经济学规律来追求利润，而且同时是一个不同心智（如文化、价值观、宗教等）状态或意识形态与技术维度上的整合过程。

四、国际机构制度化

作为制度全球化的最明显的例子体现于全球化过程中"现代化"或"发展意识形态"。这种制度和规范的全球化不只是"二战"以后，或因深层次的地缘政治和经济利益赌注，或因浅层次的"心理张"或"意识形态斗争"，而且要也体现在落后国家在西方中心主义框架下，对西方发展模式的有意识或无意识的参照，从 19 世纪末日本在"尊王攘夷"、"和魂洋才"的口号下进行的明治维新，到中国清朝末、民国建立，直至现在的"现代化"发展模式探索，从"中体西用"、"西化"、"中西互补"等浪漫思考，到现在实事求是地进行"改革开放"，积极地参与经济全球化进

---

① Henry W. Lane et al. *The Blackwell Handbook of Global Management：A Guide to Managing Complexity*，Blackwell Publishing Ltd. 2004，p. 19.

② Mitchell W. Sedgwick，*Globalisation and Japanese Organisational Culture*，Toutledge，2007，p. 3.

程，融入国家社会，其内容无不体现着"我"与"他者"游戏规则和规范的彼此协商和妥协，制度和规范被推向了民族国家的地理边界。最切身的例子就是中国加入世界贸易组织，"加入世贸组织，要求我们必须按世贸组织的协议和我们作出的承诺办事。一方面，世界贸易组织在诞生前后形成的、要求入世组织的成员所必须接受的一揽子经贸协定和协议，已经成为世界各国开展经贸合作与竞争的'游戏规则'，它是世界上大多数国家共同接受国际贸易的惯例与规范，也已经成为国际经济贸易法律体系的核心部分。"① 加入这个国际性的商业组织，成员国就要协调自己的规范制度与国际游戏规则的接合，游戏规则不再是某个国家的规则，而是为实现国际化，单个民族国家必须遵循的国际公共规则。

公元 1000 年以前，塑造人类生活和社会机构（institutions）的最重要因素是分离的，社会是一个一个的，在众多的地区发散的冲动中，借助仅发挥着边沿性作用。相反，在公元 1000 年后，社会作为接触、交际甚至故意模仿的结果来发挥作用，因此世界历史更多成了汇聚（convergence）的叙事而不是分离的故事。② "国际社会是一个国家联合体，它不能依赖超国家机构去制定和执行法律，但是它要求各国接受它们自上而下的宪法性限制。从这个意义上说，从国家无政府社会向一个国家在其中是一个共同联合体的一部分世界的转变，要求这个联合体成员国承担国际法律义务，并按照法治要求治理国内活动。"③ 如，中国在加入世界贸易组织（WTO）之后，中国就需要对自己企业进行改革，建立现代企业制度，以适应世贸组织的游戏规则以及制度化的规则。要建立完善的企业制度，就需要改变以往的计划经济下的"政企不分"，"大锅饭"等状况，确立产权制度、法人治理结构、组织结构、内部管理制度、契约制度等。

随着世界博览会的召开，国际会议与国际组织受到了有力的推动。"时至 1878 年，这些（借助世博会举行的大型）国际会议还是非正式的。……在 19 世纪 70 年代，国际会议的数量有所增加。在当时的国际环境下，跨边界的联系增多。……历史学家维尔纳·桑巴特（Werner Sombart，1863－1941）在世纪之交就国际组织协议的出现节奏所做的统计很具说服力：1850 年之前，只有 7 种；在随后的 20 年中，创立了 17 种；1870 年至 1880 年为 20 种；1880 年至 1890 年为 31 种。在随后十年内，这个数字增加了一倍。"④ 国际会议增多导致的一个结果是国际组织和调节的机构的成立。如，1865 年在拿破仑三世的召集下，二十多个国家聚会巴黎，成立了"国际电

---

① 王利明："加入世贸组织与我国法制建设"，《中国工商管理研究》2000 年第 7 期。

② Peter N. Stearns, Globalization in World History, Routledge, 2010, p. 29.

③ 保罗·赫斯特等：《质疑全球化：国际经济与治理的可能性》，北京：社会科学文献出版社，2002 年，第 357 页。

④ Armand Mattelart, l'invention de la communication, La Découverte, 1994, p. 144.

报联盟"，该联盟是现代第一个国家间的国际组织，后于 1934 年更名为"国际电信联盟"（International Telecommunication Union），是联合国主管世界信息通信技术的机构。在普鲁士邮政部长 Heinrich von Stephen 的倡议下，根据在瑞士签订的《伯尔尼条约》（*Treaty of Berne*）于 1874 年成立了"邮政总联盟"（General Postal Union），并于 1878 年更名为"万国邮政联盟"（Universal Postal Union），今天成了联合国的组成部分。该联盟原则规定：所有国家同意对国际邮件维持一个标准费率，不管目的地是哪里；同意尊重来信件来源国的邮票，由来源国保留收入。从此国际邮件传播拥有了被所有成员国遵守的制度性规则。1864 年签署的《日内瓦公约》（*Geneva Convention*）为伤员、战犯等的处理提供了世界国家应当共同遵守的标准。自第二次世界大战后成了国际组织更是支配着当今的国际政治、经济、文化、传播与社会等领域的生活，如 1945 年成立的"联合国"；1945 年的"国际货币基金组织"；1945 年的"世界银行"；1994 年成立的"世贸组织"（WTO），等等。

"世界机构（institutions）不仅影响着界定国家（states）和其他行动者（actors）的机会和局限的政治和法律环境，而且也影响着这些行动者如何来看待自己及其利益。因此，国家面对自己公民的实践越来越受到跨国过程的限制。的确，如果不能存在能够界定一个国家政权的权利和合法性的跨国语境，一个国家的自身概念（notion）也就无关紧要。集体（collectivities）通过广泛的关系网络来界定自己，一个跨国家系统为促使跨民族身份的产生提供了语境。"[①] 如现行的世界经济的制度和框架植根于第二次世界大战后期的新经济秩序的规划之中。1944 年，世界经济的决策者聚集在美国的布雷顿森林（Bretton Woods）来考虑如何解决两个严重的问题：首先，他们需要保证 20 世纪 30 年代的大萧条（Great Depression）不再发生；第二，他们需要重建被战争撕破的欧洲经济。这些决策者在布雷顿森林规划出了三个机构（institutitions），试图构建一个新的世界经济秩序（New world economic order）：国际货币基金组织（International Monetary Fund：IMF）、国际重建与发展银行（International Bank for Reconstruction and Development：IBRD，后称世界银行（World Bank）、关税与贸易总协定 General Agreement on Tariffs and Trade：GATT）。国际货币基金组织主要用来保证稳定的汇率以及对处于支付危机中的国家给以帮助；国际重建与发展银行，用来方便私人投资和欧洲的重建；最后是关税与贸易总协定，它签订于 1947 年，成了贸易自由化的协商论坛。在西方（特别是美国）主导下所建立的三个世界机构，"在 20 世纪

---

① Jackie Smith, *Social Movements for Global Democracy*, The Johns Hopkins University Press, p. 38.

50 年代开始发挥作用的时候，它们明显地使严重依赖美国的西方组织（Western organisations）。"① 直至现在，这些结构仍是世界各国在进行国际活动的时候的参考框架。当然，在社会批判理论的学者那里，这些机构成了美国与西方构建世界霸权的工具。

第三节 国际传播的制度化作用

传播的制度化建构作用来源上面所提及的日常传播活动的制度化作用，这是一种日常社会学与人类学的视角。它所关注的焦点在于，日常传播活动成了一种"结构—被结构"的积量循环，简单地说，表现为一种"习惯与制度"关系。不但传播活动具有制度化作用，从传播政治经济学的观点来，作为一种系统，传播技术成了一种等级体系装置的黏合剂。"现代信息技术的出现肯定是技术史上最重要的一场革命。其革命性意义不仅仅在于它本身是一项全新的技术，更在于它是一种能轻松穿透技术间的重重壁垒，把看似毫不相关的各种技术联结在一起的黏合剂。"② "我们能够注意到，在所有传播系统中，技术的制度化模型之一起着黏合作用，使整体具有相对的一致性。信息技术的这种整合性质，越来越表现为一种新的动力，牵引着系统的其他成分。这种性质意味着相信一种新的等级体系，意味着该传播系统所有部分的重新配合以及各部分在生产共议（consensus）中各个部分功能的重新界定。"③ 1901 年，马可尼通过从康沃尔（Cornouaille）向纽芬兰（Terre-Neuve）发送字母"S"而展示了无线电报的用处。"英国海军部成了马可尼无线传播实验的最早受益者——1897 年实现了第一次无线联络，四年之后又实现了首次穿越北大西洋的传输。这种技术的使用者主要是海军，他们借助无线传输来实现舰船间及与本土间的传输。这些海上强国除了英国之外，还有德国、法国、美国和俄罗斯。作为主要的使用者，这些国家都在无线频率波段使用规则的起草过程努力施加自己的影响。1906 年，由 28 个国家在柏林成立了国际无线电报联盟（Union radiotélégraphique internationale），通过了具有帝国主义性质的'先到，先用'（premier arrivé, premier servi）的游戏规则。一个国家只要通

① John Baylis, Steve Smith & Patricia Owens, *The Globalization of World Politics: An Introduction to Internationall Relations* (5ᵗʰ ed.), Oxford University Press, 2011, pp. 248 – 249.

② 乔良、王湘穗：《超限战》，崇文书局，2010 年。

③ Armand Mattelart, *l'ordinateur et le tiers monde*, Maspero, 1982, p. 71.

知该联盟自己想使用某某波长就可成为使用者，实际上，该原则使得国际无线发生频谱在半个世纪后被工业大国所垄断。"① 再如现在国际货币基金组织的决策是靠投票权来决定的，即哪个成员国的贡献份额大，就拥有更多的投票权，也就是说，说话就有权威性。这反映在全球性的制度层面上，也就是哪个国家更有能力把自己的特殊意志或决策作为普遍的意志或决策来加以推行。

"制度机构（institutions）是根据其功能作用来界定的单位（entités），这种作用在于促使不同行动者行动（actions）的协调，这种协调自然遭受不同的'故障'（défaillance）的威胁。这些制度机构旨在弱化内在于具有不同利益的行动者当中，或只是努力把与相同环境相关的行动者的期望集中到一起。制度机构可以具有一个纯粹的概念形式，仅借助行动者所赋予的表达（représentations）而存在，具体化一种有机形式，并从此成为体制（système）的补充因素。在较普遍的层面上，制度机构结构着行动者被赋予的功能（rôle）、行动者进行选择的决定因素或他们付诸实施的决策过程（procédure），这赋予这些行动者一种'确定的合理性'（rationalité située）。"② 特别是在一个充满意识形态斗争的世界中，这种"故障"成了某种霸权意识形态的隐喻。美国参议员阿尔伯特·贝弗里奇（Albert J. Beveridge，1862–1927）曾在演说中说道："上帝的代理人们，我们不会放弃我们在教化世界任务中的角色。我们将推进我们的工作，不会像肩负重担的奴隶一样牢骚满腹。而是满怀感激来接收这个值得我们努力的任务，感谢全能的神为了人类的再生而把我们指定为选民。……这种政策是神灵启示的结果，是命中注定的。"③

在全球化发展的过程中，一方面存在着为支配国际（或世界）传播秩序的博弈——因为传播具有制度化的作用——各种权力及其意识形态，另一方面，为了发展，民族国家必须融合入世界体系当中，这又面对着与国际制度和体制对接的风险。"在柏林墙倒塌之后，出现了一种普遍的政治和经济共识，不仅是在西方，很大程度上是出现在全世界，认为市场和民主的携手并进讲给世界带来转变，让它成为一个现代的、爱好和平的多国社区。在此过程中，种族仇恨、极端原教旨主义和其他不发达的'落后'现象将一扫而光。"④ 但现实情况是，因文明、宗教和体制差别所引发的

① Armand Mattelart，*l'invention de la communication*，La Découverte，1994，P. 191.
② Jean Michel Berthelot，*Epistemologie des sciences sociales*，PUF，2001，p. 122.
③ Armand Mattelart，*l'invention de la communication*，La Découverte，1994，p. 242.
④ 蔡爱眉：《起火的世界——输出自由市场民主酿成种族仇恨和全球动荡》，北京：中国大百科全书出版社，2003 年，第 131 页。

冲突或局部战争每天都在发生，种族中心主义始终是不同文明交流过程中的"暗礁"，市场经济规则所欣赏的国际自由贸易规则因各国政治和经济战略不同滋生出众多的变相"保护措施"，如反倾销调查、高科技禁售等。这就是制度的全球化面对的，与其说是困境，倒不如说是一种挑战。

本章参考文献

保罗·赫斯特等．质疑全球化：国际经济与治理的可能性．北京：社会科学文献出版社，2002

蔡爱眉．起火的世界——输出自由市场民主酿成种族仇恨和全球动荡．北京：中国大百科全书出版社，2003

陈卫星．传播的观念．北京：人民出版社，2004

马克斯·H·布瓦索．信息空间——认识组织、制度和文化的一种框架．上海：上海译文出版社，2000

麦克尔·哈特．帝国——全球化的政治秩序．南京：江苏人民出版社，2003

乔良、王湘穗．超限战．武汉：崇文书局，2010

威廉·大．Z理论：美国企业界怎样迎接日本的挑战．北京：中国社会科学出版社，1984

王利明．加入世贸组织与我国法制建设．中国工商管理研究，2000年第7期

约翰·N·德勒巴克（编）．新制度经济学前沿．北京：经济科学出版社，2003

尤尔根·哈贝马斯．作为"意识形态"的技术与科学．上海：学林出版社，1999

Bafoil, François. l'européanisation：héritages, résistances, mobilisations collectives et cohésion, *Critique internationale*, 2008, （41）

Baylis, John, Smith, Steve & Owens, Patricia. *The Globalization of World Politics：An Introduction to International Relations* (5th ed.), New York：Oxford University Press, 2011

Berger, Peter L. & Luckmann, Thomas. *The Social Construction of Reality：A Treatise in the Sociology of Knowledge*, London：Penguin Books, 1966

Berthelot, Jean Michel. *Epistemologie des sciences sociales.* Paris：PUF, 2001

Bertrand, Yves. *Culture organisationnelle.* Ville de Québec：Presses Universitaires du Québec, 1991

Boyer, Robert et Freyssenet, Michel. *Les modèles productifs.* Paris：Éditions La Découverte, 2000

Herrigel, Gary *Manufacturing Possibilities*: *Creative Action and Industrial Recomposition in the United States*, *Germany*, *and Japan.* New York: Oxford University Press, 2010

Hitt, Michael A. et al. *Strategic Management Concepts and Cases*: *Competitiveness and Globalization* (8ed.). Stamford: South-Western Cengage Learning, 2009

Hobsbawm, Eric. The dangers of exporting democracy. *The Guardian*, 22 January 2005. Retrieved 2012 - 7 - 9. http://www. guardian. co. uk/world/2005/jan/22/usa. comment

Iribarne, Philippe d'. *La logique de l'honneur*: *Gestion des entreprises et traditions nationales.* Paris: Éditions du Seuil, 1989

Lamizet, Bernard. *La mÉdiation politique.* Paris: L'Harmattan, 1998

Lane, Henry W. et al. *The Blackwell Handbook of Global Management*: *A Guide to Managing Complexity.* Oxford: Blackwell Publishing Ltd. 2004

Mattelart, Armand. *La mondialisation de la communication.* Paris: PUF, 2008

Mattelart, Armand. *l'invention de la communication.* Paris: La Découverte, 1994

Mattelart, Armand. *l'ordinateur et le tiers monde.* Paris: Maspero, 1982.

Renault, Emmanuel. Du fordisme au post-fordisme: Dépassement ou retour de l'aliénation? Actuel Marx, 2006, (39)

Saurugger, Sabine et Surel, Yves. l'européanisation comme processus de transfert de politique publique. Revue *Internationale de Politique Comparée*, 2006, 13 (2)

Schein, Edgar H.. *Organizational Culture and Leadership.* Hoboken: John Wiley & Sons, Inc. 2004

Schröter, Harm G.. *Americanization of the European Economy.* Dordrecht: Springer, 2005

Sedgwick, Mitchell W. *Globalisation and Japanese Organisational Culture.* London: Toutledge, 2007

Smith, Jackie. *Social Movements for Global Democracy.* Baltimore: The Johns Hopkins University Press, 2007

Stearns, Peter N. *Globalization in World History.* London: Routledge, 2010

Thévenet, Maurice. *La culture d'entreprise.* Paris: PUF, 1993

Tourard, Hélène. *L'internationalizaton des constitutions nationales.* Paris: L. G. D. J, 2000

Weiss，Linda. The state-augmenting effects of globalization. *New Political Economy*，2005，10（2）

思考问题：

1. 如何理解制度的全球化。

2. 给出更多制度全球化的注脚。

3. 制度国际化的"大国意志"特征。

第七章
传播地缘政治学

本章要点：

* 传播与地缘政治——经济的关系
* 海外散居区与地缘政治——经济传播
* 国际传播与国家主权的关系

从马匹到火车，从有机快速到机械快速，在这种转化中出现了一种新的决定社会组织方式的移动方式。

——阿芒·马特拉

地缘政治的标注不再仅是在地形图上的勾列，同时也是虚拟的"链接"。[①]

——Solveig Godeluck

全球化（globalization）长期以来被看作一种由硅谷技术、好莱坞电影和华尔街金钱驱动的"美国制造"现象。但是突然，以往（formerly）位于世界事件边远地区的国家似乎摆起架子，来挑战美国在着全球整合时代的主导地位。[②]

——David J. Lynch

---

① Solveig Godeluck, *La géopolitique d'Internet*, La Découverte, 2002, p. 8.

② David J. Lynch, "Developing nations poised to challenge USA as king of the hill", *US TODAY*, Posted 2/8/2007. Retrieved 2012 – 7 – 3. http：//www. usatoday. com/money/world/2007 – 02 – 07 – emerging-markets-usat_ x. htm

第一节　超越现实政治与经济

"人类的历史是由文化群体之间的战争组成的。……外敌的存在总是维持内部凝聚力的一种有效方式。"① 国际传播研究中"传播地缘政治学"问题意识，主要来自于信息传播与地缘政治相结合，信息嬗变为地缘政治与经济的工具。

一、传播变动中的地缘政治与经济

政治、经济与文化的地形图总是处在一种"变成"（becoming）的状态，在一定程度上，总是处于"新"（new）的状态。传播技术的发展成了地缘政治与地缘经济重新构型的技术支撑。随着传播技术的发展，跨国活动重新勾勒着政治与经济活动的地形图，实现了政治和经济活动从物理层面上的国家向地区、跨边界、国际化（internalization）直至全球化（globalization）的扩张，而且也从物理空间走向网络虚拟空间，呈现出新的地缘政治与地缘经济布局。

"从马匹到火车，从有机快速到机械快速，在这种转化中出现了一种新的决定社会组织方式的移动方式。"② "第一次世界大战之后，在美国海军的背后操纵下，英国的马可尼（Marconi）公司在美国的分公司于 1919 年被美国的传播集团所夺取，如通用电气公司（General Electric）、美国电话电报公司（ATT）、西屋公司（Westinghouse）等。这导致了一个无线电通信专业技术公司的诞生，美国无线电公司（RCA）。在 20 世纪 30 年代初，美国国际电报和电话公司（ITT）把英国公司从垄断南美远距离通讯的位置上驱赶出去，这象征着美国在世界远距离通信网络中实力上升。"③ 同时这样也意味着，美国开始在拉美后院构建自己的地缘政治和经济圈子。无论是移动方式的转换还是无线电网络的垄断，这些传播方式的转换也意味着政治和经济行为组织方式转变。同样以当生美国的"互联网"为基础的网络虚拟空间的出现，意味着国家或国际层面上政治与经济活动被投射一个新的运作空间中。

在经济层面上，经济活动（如人员、财物和信息的流动等）的地形图构建可从

---

① 吉尔特·霍夫斯泰德、哥特·杨·霍夫斯泰德：《文化与组织：心理软件的力量》，北京：中国人民大学出版社，2010 年，第 338－339 页。

② Armand Mattelart, *L'invention de la communication*, Paris: La Découverte, 1994, p. 66.

③ 朱振明：《传播世界观的思想者》，上海：上海交通大学出版社，2011 年，第 141 页。

经济活动的"国际化"和"全球化"的过程上表现出来："国际化过程涉及经济活动单纯的跨国家边界扩张。根本上，它是一个量化过程，导向一个更广泛的经济活动的地理模式（pattern）。全球化过程在性质上不同于国际化过程。它涉及的不仅是经济活动在地理上的扩张，而且更重要的是，涉及这些国际分散的活动的功能的整合（functional integration）。"① 如，"一战"后国际经济中心从伦敦转移到纽约；特别是，"二战"后，经济的发展不再是单个国家的事情，除了跨国公司的经营活动外，地区经济联盟成了重要特点，以经济手段为地区活动制定出活动框架或秩序。同样，随着传播技术（如铁路、航空、电缆、互联网等）的发展，地缘政治也由以往的国家间的政治演变为全球的政治，政治活动不仅是两个国家间的事物，更是全球性的事物，国家间政治博弈的结果影响着地区的、国际的、甚至全球的政治—经济集团的重构与分布，如国际政治秩序从西欧"威斯特伐利亚条约秩序"到第一次世界大战的"凡尔赛秩"，再到第二次世界大战后的"雅尔塔秩序"，甚现在"冷战后的多极秩序"。到了 20 世纪 80 年代，随着西方国家在各个领域实行的"放松管制"运动和全球化，传播的地缘政治与地缘经济活动的边界变得模糊起来，信息成了地缘政治—经济活动的主要战略载体。

二、网络地缘政治—经济的表象

"国家利益"或"国家理性"总是国家政治和经济活动的主要目标。无论是政治的、经济的或文化的手段都可资以为国家间博弈的资本或工具，这些活动不再局限以往传统的以自然地理空间为特征的活动，而是超越了国家和地区的现实边界，具有了全球化和虚拟的特征，于是随着这种变化，地缘政治和地缘经济的内容也不断发生嬗变，呈现出不同的描述这种变迁与构型的地缘政治—经济概念。"全球化"本身就是一种商业意识形态，其概念诞生于经济—商业活动的跨边界推动。商业逻辑是全球化运动的根本逻辑，其支配着商品的跨边界生产、分配和消费，而且更为严重的是，这种商业逻辑正在或试图代替文化逻辑来实现对社会与国家的组织和管理。"全球化"展开过程的本身实际上就是一种地缘经济的构建，因为其借助"网络社会"中的人们的日常生活或消费活动来实现跨国公司或国家资本主义的地区或全球经济战略。

许多有关"全球化"的作品中往往讨论"地理学的终结"、"距离的死亡"：谈论的原因在于，交通和传播技术的发展使资本（capital）变得具有"高度流动性"（hy-

---

① Peter Dicken, "A New Geo-economy", *The Global Transformations Reader：An Introduction to the Globalization Debate*, Second edition, David Held and Anthony McGrew, Polity, 2003, p. 303.

per-mobile)，摆脱了"地域"的控制。虽然卡斯特尔认为全球化的力量使"地理空间"（space of places）被"流动空间"（space of flows）所代替，交通和传播技术发生巨大的变化，不过"地点"（places）仍旧很重要，是根本性的，经济活动依旧植根于具体的场所（locations）。[①] 换句话，虽然传播流动超越了国家间的物理边界，形成了不断变化的"地缘政治"和"地缘经济"地形图，但人不能根除"政治活动"与"经济活动"的"地理学"特征，即其植根于具体的"地理场所"（locations），即我们仍旧生活在一个充满不同意识形态的环境中。虽然新的传播技术的出现，促进或加速了政治与经济地缘空间的重新勾勒，甚至权力关系的运作方式的改变，但并没有消除国家间政治与经济关系的根本性质，即"国家理性"（或"国家利益"）始终是政治和经济活动的根本出发点。

在新的传播技术环境下，现实的日常政治和经济生活被"虚拟化"与"网络化"。"虚拟化"的特征在于，减少了活动或流动的成本，但增加了不确定性和投机的机会；"网络化"的意义在于为人类个体的社会化提供了毛细通道和漫射性技术支撑，身份的生成、意义的生产、欲望的激发与满足、对自由与限制的选择都被内化到主体的身体（body）之中，成了后现代政治学的微观运作基础，致使日常生活社会学代替宏观结构主义社会学，成为日常意义生产的基础阐释学科。实际上，"虚拟化"本身是一个双刃剑，始终具有"正面的"与"负面的"两个辩证面，任何微观或宏观主体都可借这种"虚拟化"来为自己的目标采取行动，例如，当新闻门户网网站、社交网网站、论坛、音频谈话（交流）等在为网民提供资讯、娱乐、辩论、对话方面的便利，并成就富有回报的媒介或互联网产业的同时，也在被一系列虚拟空间中的"眼睛"（如软件）所监视，并形成了一系列附带的、非正当的产业，如专门从事"发帖"或"删帖"的网络公共公司，甚至违法的活动，如音视频对话遭窃听导致的诈骗。当网民在自己的小屋子了上网聊天的时候，觉得非常隐蔽的自己，实际上不知被网络空间（或虚拟空间）中的多少双"眼睛"所注视。换句话，隐秘的私人空间实际就是虚拟的公共空间的一隅，暴露在数字的阳光下。数字化时代的信息不安全，不只是自己身份证号、银行账号、电话号码、年龄、性别的泄露，关键是自己的一举一动无时无刻不被网络上"眼睛"所监视：合法的或非法的、合理的或不合理的。由于网络的虚拟性以及网络传播的隐蔽性，信息的流动才更具"现实政治"（realpolitik）上的战略性作用。随着现实政治、经济、社会乃至军事活动的虚拟化，网络空

---

① Peter Dicken，"A New Geo-economy"，*The Global Transformations Reader：An Introduction to the Globalization Debate*，Second edition，David Held and Anthony McGrew，Polity，2003，p. 308.

间成了一个超越现实的政治与经济以自然地理为特征的博弈空间，嬗变为国家间政治与经济的活动的重要战略平台。

第二节　地缘政治—经济学的"调色板"

一、何谓地缘政治—经济学

"地缘政治"（géopolitique）概念在 19 世纪末由瑞典政治学教授鲁道夫·契伦（Rudolf Kjellen，1864 – 1922）提出。法国地缘政治学教授亚历山大·德菲（Alexandre Defay）对"地缘政治"进行专题分析，指出在概念的界定上，地缘政治旨在研究地理空间与来自此空间的权力对手间的互动关系，这种空间具有物理的与象征性的特征，二者都成了博弈双方自己使用的元素。[①] 在他看来，空间的影响通过地点（milieux）强加给权力对手的局限或提供的机会被反映出来。这些局限或机会是可变的，其依赖于当时对手所拥有的技术能力以及人力或经济手段。现今，如果对手在技术上可行并且具有政治愿望，这种昔日用来保护和隔离的角力（bras de fer）就会被轻易地超越。随着国家的产生，空间（espace）具有长久地缘政治的维度，它不仅仅被自然环境与人群（peuplement）的多元性来塑造和分隔，而且作为竞争对手的国家的主权的行使也成了关键因素。对与处于竞争地位的主权，空间成了对手们博弈的场所：为了增加物理或象征实力，彼此不断地围绕控制权进行博弈。从地缘政治视角来看，空间成了权力（puissance）展开的游戏和场所：所谓游戏博弈，不仅试图去控制战略道路与重要资源，而且还去夺取象征性的领域和常说，空间成了地方的、地区的及世界的力量（puissance）的演练场所。地缘政治空间既是物质的领域，有时"想象的"空间，权力的拥有者通过空间中的表到或表象（représentations）来获取自己的战略目标，"地缘政治"就是关注与地缘相关的意识形态（idéologies）的政治地理学的一部分。

"地缘政治是对资源中心和交通线路在地理上的分配，它依据战略重要性程度为不同地点（locations）赋予不同的价值观（value）。地缘政治情景（situation）是被宽泛界定的技术（technology）与地理布局（geography）互动的结果，它改变了不同地

---

① Alexandre Defay, *La géopolitique*, PUF, 2005, pp. 4 – 5.

点在经济、政治与战略层面上的重要性。"① 这就意味着，不同的技术手段——无论何种性质的手段，如政治的、经济的、文化的、狭义的技术的——都有可能改变不同地点的战略重要性，因此"地缘战略"（geostrategy）就是国家因为地缘政治利益、意识形态（如不同的文明间的冲突）原因、利益群体或单纯的其领导者的愿望把传统的权力（power）投射到某个地点。②

与"地缘政治"紧密联系在一起的"地缘经济"，"地缘经济"往往被看作"地缘政治"的一个分支，是利用经济手段来实现权力投射的战略。据说，"地缘经济"（géoéconomie）概念是美国学者爱德华·卢特沃克（Edward N. Luttwark）提出来，并它界定为"表现在商业基本原理中的冲突逻辑"，并认为，在原子弹出现后的大国之间的军事对抗，经济武器很大程度上代替了军事武器，成为国家建立自己力量的基础。③ 例如，欧盟就是典型的例子，这个本来基于大国制衡理念上的跨国共同体最终成了政治与经济，乃至文化意识形态意义上的联盟，并作为一个整体在国际政治和国际关系中对外发声。实际上，两者无法分离开来，原因在于"政治经济学"的本身涉及的就是物质与象征层面上的生产、分配和消费，以及位于这些表象下的政治－经济支配逻辑：谁拥有了生产资料，又是谁掌握产品的生产和消费，这种不平等的地位如何影响着传统权力或后现代权力关系的运作。我们甚至可以用"地缘政治经济学"的成为来描述国家或国际政治—经济权力与空间（space）间的关系。

从"石油地缘政治"（géopolitique du pétrole）到"旅游政治"、"气候地缘政治"以及"体育地缘政治"，直至现在的因新的传播传播技术（NICTS）手段而出现"网络地缘政治"，国际地缘政治如同社会生活的网络化一样正进行着从"实在"向"虚拟"的变迁。

二、地缘政治——经济的系谱

在国际政治与国际关系中，不同的技术手段都可用作资以实现目标的手段，因而也诞生出了不同性质的地缘政治学概念。在这些地缘政治的大量研究文献中，常见的有"石油地缘政治——经济"、"气候地缘政治——经济"、"旅游地缘政治——经

---

① Jakub J. Grygiel, *Great Powers and Geopolitical Change*, The Johns Hopkins University Press, 2006, p. 22.

② Jakub J. Grygiel, *Great Powers and Geopolitical Change*, The Johns Hopkins University Press, 2006, p. 22.

③ Pascal Guchon et Jean-Marc Huissoud, *Les 100 mots de la géopolitique*, PUF, 2010, pp. 12 - 13.

济"、"体育地缘政治——经济"等。

首先是"石油地缘政治——经济"。随着西方工业化的发展与工业技术革命，石油成了推进社会发展的重要能源；又随着 1973 年与 1979 年的世界能源危机的爆发，石油又被看作是有限的、不可再生的战略资源。在现实中，石油的生产地并不能与石油消费国的自然地理位置相吻合，而且石油又是大国实现发展的必不可少的基础战略资源，于是在国家利益（或国家理性）的驱使下，石油资源成了地区与国际紧张局势的根源。国家，尤其国际大国——往往又是军事强国——，为了获取这种具有高度战略性的资源，常常采用军事的或经济的高压手段来实现目的，因此石油也就常常与地区或国际层面上的冲突或对抗联系在一起，石油的勘探、开采、输油管道的铺设作为广义上的技术手段成了地缘政治的组成部分，对其实施控制意味着国际博弈中的胜出。在石油地缘政治上，美国总是走在世界其他国家的前面，盛产石油的中东地区[①]成了美国外交政策关注的重点："自 20 世纪初以来，美国的外交政治仅靠石油来主导。……为保证自己的能源供应而实施的政策成了美国最重要的事情之一。这就是美国自 1945 年以来的作为：美国总统罗斯福与沙特国王在美国的一艘军舰上签订了《昆西条约》（Pacte Qunicy），美国保证沙特的安全和支持皇室，换来的是廉价的丰富的石油。1953 年，美国和英国为推翻试图把石油国有化并赶走外国石油公司的伊朗总理萨摩台（Mossadegh）……1979 年，卡特政府成了独立于所有军事联盟的快速反应部队（Rapid Deployment Forces），当美国在波斯湾的利益受到威胁时候，随时进行干预。……中东地区成了美国历届政府关注的焦点，每次都是以石油为动机。"[②] 自 20 世纪 90 年代以来的中东地区的战争莫不与美国有关，如海湾战争（1991 年）。

在这种"石油地缘政治——经济"背景下，国家内政与国际政治联系在一起，不仅国家的内政与主权的合法性和强大的消费国政策相关联，而且世界权力的地形图也因石油开发而重新勾勒。随着冷战的结束、国际政治经济格局的多元化以及新兴世界经济体（如所谓"金砖五国"：中国、俄罗斯、印度、巴西、南非）的诞生，能源攫取情形变得愈加复杂，竞争也变得更加激烈。

其次是"气候地缘政治——经济"。在 1979 年日内瓦的首届有关气候的国际大会上，科学家们意识到了"气候的变迁"，人类的活动尤其是温室气体的排放使气候越

---

① 中东的五大产油国（沙特、科威特、伊拉克、伊朗和阿联酋）均在海湾地区；世界 20 个特大的油田，有 11 个在海湾地区。

② Pascal Boniface et Charlotte Lepri, 50 *Idées Reçuses Sur Les États Unis*, Hachette, 2008, pp. 99 – 101.

来越不具有确定性，这种推测在 20 世纪末变成了现实。这些变迁意味着全球化温度不断升高、干旱、洪涝、疾病、海平面上升、生物多元性的消失等，于是 1997 年通过的《联合国气候变化框架公约的京都议定书》，作为第一个国际协议来协调不同国家的温室气体排放，以"将大气中的温室气体含量稳定在一个适当的水平，进而防止剧烈的变化对人类造成危害"。单就围绕排放原则以及限额等问题，各国争吵不休，尤其是温室气体排放最多的美国，在克林顿政府时期签订该协议，在小布什上台后，于 2001 年又推出了改议定书，并以各种借口和理由来逃避批准该协议的生效，目的就不能因为气候因素限制来约束美国经济的发展，使美国比其他国家遭受更多的损失。换句话，"气候"作为一种技术手段被用来约束、延缓或促进国家（尤其经济）的发展，成了国家间维护和调节自身与他国间利益的杠杆。但就美国而言，自己孤立主义并不是万全之策："美国占世界 4% 的人口，却消费世界能源的 25%。……美国的一个悖论在于，联邦政府拒绝所有的有关气候的规章，但工业公司和地方权力机关却对环境方面的创新表现出了很大的兴趣。"① 主要原因在于，经济的全球——地方化使美国的跨国公司面对着挑战，不得不在地方化过程中因面对地方权力的压力而采取措施来保护环境。

再次是"旅游地缘政治——经济"。与人们自由时间和娱乐消遣相联系的"旅游"也是地缘政治的组成部分，世界上成千上万的国际旅游者在被光顾的土地上生产着具有等级体系性质的关系。以旅游为载体的传播实际上构建这一种向心的交流模式，不发达国家的富裕或中产阶层与发达国家的统治阶层一道成就了象征层面上的依附和皈依关系，萨义德的"东方主义"则是这种关系有力注脚。在法国的学者看来，旅游是国家的政治工具，法国实行了殖民地旅游，来颂扬法国的杰作，来诱惑殖民地移民（colons）。"在 19 世纪末，法国的殖民国家就用旅游来到达宣传目的：让人们发现法国的文明和保护使命，强调被土著居民可能忽略的文化与自然元素。……1922 年，殖民部长给帝国所有的领导人发送了规定殖民地旅游的目标：'国家的最高利益要求我们的殖民地被参观，因为今天的旅游者可能成为明天的殖民地移民，这些例子不少。'"② 在以商业意识形态主导的全球化的背景下，作为文化产业的旅游主要表现出两层含义：一方面，在经济层面上，"旅游甚至已经超过石油和汽车工业，成为世界第一大产业"③，旅游经济把权力投射进不同的地区，甚至不同的领域，旅游拥

---

① Pascal Boniface et Charlotte Lepri, 50 *Idées Reçuses Sur Les États Unis*, Hachette, 2008, pp. 193 – 194.

② Saskia Cousin et Bertrand Réau, *Sociologie du tourisme*, La Découverte, 2009, p. 75.

③ 邵琪伟，"旅游业目标：战略性支柱产业"，《人民日报》（海外版）2012 年 8 月 30 日。

有了权力（power）分配的能力；另一方面，在政治层面上，旅游成了国家间博弈的战略工具，与其他经济手段一样，作为经济杠杆，被用来促使对方决策转变或政治态度改变的手段。

最后是"体育地缘政治——经济"。全球化背景下的体育赛事（如奥林匹克运动会）不仅仅是"为人类的和谐发展服务，以提高人类尊严；以友谊、团结和公平竞赛的精神，促进青年之间的相互理解，从而有助于建立一个更加美好的和平世界"，而且成了一种地缘政治和经济符号，体现着世界范围内不同地缘政治与经济团体的实力的彼此消长。路透社从"2012年伦敦奥运"中看到：在21世纪的多极世界中，奖牌榜反映着世界大国的变迁。并且法广（法国国际广播电台）从中看到"上世纪冷战期间，两大强权—美国与苏联—之间，经常通过金牌、银牌以及铜牌的数量相互较量。但在过去两届夏季奥运会上，却演变成了美国与中国的金牌榜首之争。美国在2004年雅典奥运会上胜过了中国，而四年后中国在自家门口反攻成功。……中美在金牌榜上位置的变化，刚好表现出美国的逐渐下降以及中国日益增长的经济影响力"[①]。从运动员入场、到代表宣誓和庄严的点火仪式，直至裁判的规则执行以及运动员获奖后（甚至怪异）的举动，无不体现着缘于健身的体育运动已与政治、经济、文化结合在一起，成了一种象征符号，一种突出个体、群体或国家身份或利益的标签。"奥运会发展到如今，已成为混杂着商业化、职业化、资本主义和民族主义的大熔炉。"[②] 运动员的角逐不只是体育精神、技术和力量的角逐，也更是是经济利益和民族精神（或民族主义）的博弈。参与个人或团队项目时，穿着各国国旗颜色的运动服的运动员，不再是代表自己的个体，而是成了团队（如体育代表团及其所代表的国家）的一员，他或他们所竞技的目标不再只是为自己奖牌，而也是为了国家与民族的荣誉而战，"金牌有助于国家团结，我们仍要用金牌来提升社会士气，人民需要奖牌，运动员也愿意用他们的青春来博取一个更加灿烂的明天"[③]。

---

① 小妍，"奥运会金牌榜的起落 V. S. 国际政治角力的变化"，2012 - 8 - 5，法国国际广播电台。Retrieved 2012 - 8 - 7. http：//www. chinese. rfi. fr//国际/20120805 - 奥运会金牌榜的起落 vs 国际政治角力的变化。

② WILLIAM C. RHODEN，"奥运开幕式的民族主义情结"，《纽约时报》（中文版）2012 年 7 月 28 日。Retrieved August 7，2012. http：//cn. nytimes. com/article/olympics/2012/07/28/c28opening/

③ ANDREW JACOBS，"沉重的奥运金牌"，《纽约时报》（中文版）2012 年 8 月 9 日. Retrieved 2012 - 8 - 9. http：//cn. nytimes. com/article/olympics/2012/08/09/c09olympics/

为了实现奖牌的象征与物质意义，运动员成了利益团体甚至国家在体育赛事中的"赌砝"，他们的身体和精神健康都被整合在利益链条之中，一切都是为了集团的最终目标和利益。或服用兴奋剂，或采用"冷冻仓"（伦敦奥运会），或采用"远程缺血性预处理"（美国和加拿大）技术。脱离经济和科学技术、甚至政治的力量，体育赛事是不可想象的，也正因此，体育活动与政治—经济利益掺和在一起。在利益的驱使下，体育逻辑嬗变成了政治—经济逻辑，体育文化活动被装进了政治和经济的"牢笼"，体育竞技的友谊、团结和理解精神让位于民族主义（nationalism）、爱国主义以及超越国界的企业利益——体育竞技场成了政治和商业意识形态战场，体育上的经济与博弈成了政治和经济博弈的表象。

在传播的全球化和网络化时代，"赛博空间（cyberspace）已经作为一个战斗的空间出现，它不同于陆地、海洋和天空……保护赛博空间安全的国家策略把赛博空间描述为我们国家的神经系统，因此对我们的经济和国家安全至关重要。它为所有的联邦部门、机构、州与地方政府、私人企业组织以及每个美国人在提高赛博安全中的作用……这种方法（approach）的根本在于，通过整个军事行动（operations）整合赛博空间的能力……战略司令部负责国防部（DoD）内的规划和指导赛博防御，并实施赛博攻击来支持确定的任务……历史教会我们，单纯的防御有很大的危险性；如果没有根据侵略性的海外战略，'马其诺防线'式的防御最终为失败……如果我们把战争的原则用到赛博领域，就像在海、陆、空领域，我们会意识到，当有必要阻止危害我们的利益的行动时，我们与对手的战斗能力能更好地服务于国家的防御。（美国众议院军事装备委员会 2007b，11 – 12）。"[1] 在美国人看来，虽然前苏联解体，但危险仍然存在，存在着潜在的对手，如中国与俄罗斯。"为了把分散的行动统一起来，美国已经建造并重新建造了跨越全球（globe-straddling）的命令、控制、通讯和情报等传播系统。"[2] 在这种背景下，网络（具体地互联网）又成了政治、经济与文化（文明）博弈的心的技术手段。

地缘政治与经济的博弈被有的学者简单地描述为"以硬实力和金融"的过去"霸权"、以"信息"为特征的现在"霸权"和以"绿色"为特征的未来霸权。过去霸权体现于金融霸权，金融霸权取代硬实力（如军事）霸权实现了从"硬实力"到

---

① Dan Schiller，"The Militarization of US Communications"，*Handbook of the Political Economy of Communications*，Blackwell Publishing Ltd. ，2011，p. 272.

② Dan Schiller，"The Militarization of US Communications"，*Handbook of the Political Economy of Communications*，Blackwell Publishing Ltd. ，2011，p. 276.

"软实力"的转换；当下，"信息霸权"成了霸权的制高点，其依靠"控制评价体系"、"控制信息的传输"与"控制信息的司法裁决"来实现；现在萌芽的"绿色"势力的崛起，"环境保护"问题成了实现霸权博弈的手段。[①] 实际上，所谓的过去、未来、现在的霸权形式分析是"简单化"的做法，但反映了国际传播中的某些特征。在现实的国际传播中，发挥作用的不仅是金融、也不仅是单纯的信息，而是涉及国际主体互动的诸多信息与非信息因素，霸权是各种传播与中介活动协同作用的结果，其体现了"地缘政治与经济"博弈的"复杂性"。在国际政治学中，因外交手段不同形成不同手段的外交，而这诸多外交形式构成了国际传播的重要流动途径，如文化外交、公共外交、人权外交、能源外交、人道主义外交、援助外交，等等。所有这些外交策略与不同的性质的地缘政治——经济一起形成了"超限战"的重要组合。

第三节　传播地缘政治与经济

主权国家在权力、军事力量、价值观、人口、领土、公共舆论、技术能力、经济发展等方面的地位具有一种非对称性质。各国具有不同的能力要求、实现和发展其主权，即有权实现、维持和扩大本国利益与价值。[②] 在国际政治和国际关系中，正因为主权原则和平等原则的间的矛盾："要保证主权独立就必然冲击主权平等，而要主权平等就难以保证主权独立。"[③] 于是互联网成了国家间或组织间进行政治和经济博弈的工具。

"媒介的全球化包括的东西远多于大的媒介集团的渗透性活动以及它们所生产信息支配世界意识的程度。全球媒介市场的内涵远不止于为电影和电视节目贸易所设立的论坛。媒介的全球化既是一个形塑共同叙事的正式或非正式规则发展与应用的越来越充满依赖性的场所，又是一个思想意识形态彼此竞争和铸造忠诚（allegiances）的空间——该忠诚最终将决定政府和国家自身的存在——，也是一个影像（imagery）

成为无力补充，甚至代替无力的舞台。"① "国家系统成了国际基础设施的重要组成部分。"② "30 年前，闭路电视（cable television）引发了变迁（transformations）；20 年前通信卫星演绎着相同的故事。在过去的 10 年中，互联网以及新技术的融合促使了大规模的重新结构。在这些丰富的试验中，各种各样的游戏参与者和观察者都在寻找着变化的词语和一套为自己提供合法性、后续权力或从技术优势种获得机会的法律和制度（institutions）。"③

传播技术网络对民族政治、经济空间的整合起了重要的作用，弗里德里希·李斯特（Friedrich List，1789－1864）的铁路网络对民族经济空间的建构的分析就是一例。在李斯特看来，德国的铁路网络建设不仅促进了经济的发展，更是对国家起到了整合作用。弗里德里希·拉策尔（Friedrich Ratzel，1844－1904）的《政治地理学》的地缘政治专论，其为"空间科学"（网络科学的开端）奠定了基础，网络使疆土增添了活力。在 20 世纪 80 年代，这种地缘政治空间随着全球化过程的进展嬗变为地缘经济空间。这涉及全球化背景下另一种传播话语的知识形态，这就是 20 世纪 80 年代以后的起源于地缘经济——金融空间中的传播，新的传播的环境条件构成新的传播起源。曼纽尔·卡斯特尔（Manuel Castells）认为，"我们在人类不同活动和体验领域内进行的社会结构探索使我们得出了这样的结论：信息时代的支配性功能和过程越来越组织成了网络。网络成了我们社会的一种新的社会形态，网络逻辑的扩散很大程度上决定着生产、体验、权力和文化的过程…… 现在的新颖地方在于，信息技术的新范式为整个社会结构提供了扩张的物质基础。而且，流动（flux）的权力相对权力的流动占据了上风。网络的在场或缺席以及每个网络相对其他网络的动力（在社会形态相对社会行为占据优势的层面上）是网络社会中支配和变化的主要源泉。"④

在传播网络化的背景下，国家的合法性已不是国家边界内的力量来单独决定，边界外的力量也成了主要的参与者。"国家形成的过程意味着自荐为一个领土（territoire）上的最高的政治权威，并且能够在整个社会制定和实施具有强制性的决策。"⑤

---

① Monroe Edwin Price, *Media and Sovereignty*：*the global information revolution and its challenge to state Power*，Massachusetts Institute of Technology，2002，p. 3.

② Monroe Edwin Price, *Media and Sovereignty*：*the global information revolution and its challenge to state Power*，Massachusetts Institute of Technology，2002，p. 4.

③ Monroe Edwin Price, *Media and Sovereignty*：*the global information revolution and its challenge to state Power*，Massachusetts Institute of Technology，2002，p. 4.

④ Manuel Castells，*La Société en Réseau*，Libraires Arhème Fayard，2001，p. 575.

⑤ Séverine Bellina et al. *L'État en quête de légitimité*，Éditions Charles Leopold Mayer，2010，p. 25.

"当今，无论在国内或国际层面上，国家都面临着合法性要求。一方面，人们期待它们以符合国民愿望和期待的方法来行动；另一方面，它们还要面对一系列的外部（如来自其他国家、国际组织、捐赠者等）要求。许多处于脆弱状态的国家面临一个进退维谷的境地：它们的公民的期待与牵扯进来的外部活动者的期待不一致。"① 实际上，处于一种类似心理学中的"两难理论"（schizophrénique）的精神分裂状态。"不管外部活动者的动机如何，它们都有可能削弱或增强处于脆弱状态的国家的合法性。"②

第四节　传播网络与海外散居区

自 20 世纪 80 年代开始，新出现于社会科学词汇的三个词语促使了海外民族聚居地（diaspora）概念视域的扩大，如"后现代性"（postmodernité）、"全球化"（globalisation）和"跨国主义"（transnationlalisme）。③ "跨国主义被界定为'一揽子过程'，移民通过这些过程来构建连接自己来源地和定居地的社会领域（social fields）。这些'跨国移民'（transmigrants）与自己的来源地发展和维持各种性质的关系——家庭的、宗教的、经济的、政治的——，因此奠定了非地域国家的基础。"④

直至 20 世纪五六十年代，"diaspora"一词除了宗教上的意义上外还没有别的意思。在 1931 年随着《社会科学百科全书》（*Encyclopedia of the Social Science*）的出版，作为词条"diaspora"书写的历史学家西蒙·杜布诺夫（Simon Dubnov, 1860 – 1941）把该词的含义扩大到犹太史与宗教史的范畴之外，认为因经济危机、商人海外定居或其他原因都可能促使聚居区（diaspora）的形成；直至 20 世纪 80 年代中期，"diaspora"只是沿着两个独立的方向来使用：或指生活在参照地域（territoire）之外的人，或指非洲商人网络。⑤ 主要特征体现为：散居在国外，具有网络结构，并且与来源国保持着各种关系，如经济、文化、宗教等。于是犹太人、来自非洲的人、巴勒斯坦

---

① Séverine Bellina et al. *L'État en quête de légitimité*, Éditions Charles Leopold Mayer, 2010, p. 79.

② Séverine Bellina et al. *L'État en quete de legitimite*, Editions Charles Leopold Mayer, 2010, p. 81.

③ Stéphane Dufoix, *Les diasporas*, PUF, 2003, pp. 34 – 35.

④ Stéphane Dufoix, *Les diasporas*, PUF, 2003, p. 36.

⑤ Stéphane Dufoix, *Les diasporas*, PUF, 2003, pp. 20 – 21.

人、中国人等在国外的聚居区（disapora）成了指称对象。随着社会科学发展，在后现代主义看来，对聚居区的概念内容的关注由以往的一个出发点与维持一种身份，转向对身份矛盾、非中心与早教的反思。①

在对全球化的描述过程中，有的学者把全球化表述为"来自上部的全球化"（globalization-from-above）与"来自下部的全球化"（globalization-from-below）。前者反映了国家（states）和主要资本代理间的合作关系，散布的是消费主义的混乱，它把跨国商业（包括重要的媒介跨国公司）和政治精英都纳入自己的领域；后者则包含一种由涉及环境保护、人权、基于文化多元性上的统一等的跨国社会力量，其倾向于一种世界性社团构建。② 在前者中，除了联合国、世界贸易组织、国际电信联盟、国际知识产权保护组织外，还有大的媒介跨国公司，如新闻社、广告公司，电信公司及其从事跨国信息流动的公司；后者主要由与政府和大公司没有太多联系的传播网络来形成，如学术职业组织、宗教组织、国外散居区等具有市民社会特征团体。③ 这样的划分把海外散居区看作寻求另类全球化社会的新秩序的一种动力，是一种全球化商业逻辑与文化逻辑的变异体，只不过它体现了传播网络与世界空间秩序高相关性。实际上，散居区不仅借助"来自下部的全球化"中的传播网络，而且也借助"来自上部的全球化"的传播网络，来形成一种具有共享某种"想象"的共同体，从而使海外散居区具有地缘政治和经济的性质。

海外散居区往往也被描绘为安德森（Benedict Anderson）意义上的"想象的共同体"（imagined communities）或"去地域化的国家"（deterritorialised nations）；海外散居区的形成多来自于前几个世纪的殖民、移民和商业联系，交通运输（transportation and communications）的发展进步促进了这些过程。④ 海外散居区与其他同类散居区或母国的联系不仅存在于经济、社会和象征层面，而且重要的是，甚至也存在于政治层。由于宗教、种族、经济、家庭等多重联系以及借助由此形成了传播网络，海外散

---

① Stéphane Dufoix, *Les diasporas*, PUF, 2003, p. 27.

② Richard Falk, The Making of Global Citizenship, *Global Visions：beyond the new world order*, by Jeremy Brecher, John Brown and Jill Cutler, South End Press, 1993, p. 39.

③ Karim H. Karim, "diapsoras and Their Communication Networks：Exploring the Broader Context of Transnational Narrowcasting", 2002, Retrieved 2012 - 11 - 26, http：//www. nautilus. org/virtual-diasporas/paper/Karim. html

④ Karim H. Karim, "diapsoras and Their Communication Networks：Exploring the Broader Context of Transnational Narrowcasting", 2002, Retrieved 2012 - 11 - 26, http：//www. nautilus. org/virtual-diasporas/paper/Karim. html

居区成了"另类世界空间"（alternative global space）或"传播空间"的制造者。新的传播技术成了海外散居区和跨国社团发展有效传播网络能力的重要元素。[①] 随着传播技术，特别是互联网的发展，出现了虚拟的聚居区："移民或移民群体为参与网上国际互动而采用赛博空间。这种虚拟互动不仅可以与居住在同一外国的聚聚群体成员，而且也可以与国内的个体或群体以及其他国家的成员进行互动。在扩展意义上，虚拟聚居区是真实聚居区的扩展，如果没有真实生活中的聚居区，虚拟聚居区就不会存在；在这层意义上，它不是一个孤立的单位，更多是一种延续。"[②] 当下的海外散居区的进一步发展（diasporisation）模糊了依附理论以及用"中心"与"边缘"来描述的"世界体系"所具有传统标记（repères traditionnels），国家或民族（nation）被全球化。[③] 不管是现实的或是虚拟的，聚居区在地缘政治和地缘经济的介入（engagement）方面发挥着重要的作用。聚居区的网络结构注定要扮演着商业和金融方面的中介角色，如印度努力运作自己外国同胞的资本，以色列也不断地求助于国外团体的慷慨，[④] 另外，也不能忘记，"二战"期间德国借助德国在南美的聚居区进行了成功的宣传和动员。

第五节　传播网络与地缘经济

美国的未来学家托夫勒的"社会浪潮"理论描绘一幅继农业社会（第一次浪潮）与工业社会（第二次浪潮）之后的第三次浪潮，"信息社会"（information society）图景，贝尔与德鲁克又分别把这种社会描述为"后工业社会"（post-industrial society）和"后资本主义社会"（post-capitalist society）。这种社会的经济特征在于：信息（information）成了社会发展的基础、原材料与重要原动力。

大英盛世（Pax britannica）盛世的是传播帝国，把英国构建成了世界的地缘政治与地缘经济中心。"世界就像单一的工厂和市场；相互依赖的国家依据不同性质工作

① Stefann Verhulst, Diasporic and Transnational Communication: Technologies, Politices and Regulation, *The Poublic*, vol. 6 (1999), 1, p. 29.

② Andoni Alonso & Perdro J. Oiarzabal (ed.), *Diasporas in the new media age: Identity, Politics, and Community*, University of Nevada Press, 2010, p. 49.

③ Fibbi Rosita et Meyer Jean-Baptiste, Introduction. Le lien plus que l'essence, *Autrepart*, 2002/2 n° 22, p. 18.

④ Pascal Gauchon et Jean-Marc Huissoud, *Les 100 mots de la géopolitique*, PUF, 2008, p. 46.

而划分的国际劳动分工分布开来；在地球的开发中形成相互联系的人类，等等。所有这些对世界的表述都逃脱不了对帝国时代传播流动地形图的分析。技术网络有一种向心构型。虽然它们的出发点不同，但终点都汇聚于少数国家。这个系统的中心就是维多利亚帝国的首都。在周边地区，铁路和远距离传播网络的建立图式依据英帝国经济世界的需求来安排。"① "在水下，缠绕地球的传播网络的第一环随着第一根跨英吉利海峡海底电缆的铺设于 1851 年开始形成。最后一环于 1902 年随着跨大西洋电缆的竣工而完成。该电缆显示了该时期不同技术网络的融合，它从温哥华出发，通过斐济联结英属哥伦比亚和澳大利亚及新西兰。温哥华是跨加拿大铁路和电报的终结点。……在大西洋北部获得突破以后，英国的网络自 1870 年起开始延伸到印度和新加坡，在 1871 年到达澳大利亚和中国，三年之后又扩展到南美，并于 19 世纪 80 年代铺设到西非。"② "英国公司的霸权是决定性的。对网络的控制要么通过所有权进行直接控制，要么通过对网络中信息的审查来实施间接控制。1904 年，这些公司铺设了世界海底电缆三分之二的网络，25 家世界公司中的 22 家是他们的子公司。大多数电缆公司都把自己的地址设在伦敦。巴黎和纽约分别只有三家；柏林、哥本哈根和布宜诺斯艾利斯各有一家。"③ 这些缠绕世界网络成了英国对世界进行经济和政治施加影响的手段，这些网络成了地缘政治与地缘经济的组织手段。就是这样的背景下，出现了"帝国主义"等描述世界等级体系的具有批判和动员性的概念。

美国借助传播工具构建了自己的"地中海"的新的地形图。"自 1867 年以后，电缆和电报就把形成中的美国对热带产品的垄断与安第斯山脉的产糖区联系在一起。火车的使用以普及，就被用来服务于制糖厂，如 1873 年的古巴。在 1884 – 1899 年间，哥斯达黎加的自由主义者把合同交给铁路（与电报）公司的做法成了当时该地区其他政府的榜样，这些铁路公司同时也是香蕉公司，自 1899 年以来一直由美国的联合果品公司（United Fruit）所控制。这些合同在'香蕉共和国'概念的形成过程中起着重要的作用。这个概念也只能根据该地区——被华盛顿界定为'美洲地中海'，其中的巴拿马运河事件仅仅是一个体现——整个传播的地缘政治来理解。"④ 无论是在拉美建造铁路（如 19 世纪 80 年代美国在墨西哥的铁路建设，许多规矩都不一致，但都与美国的铁路网络来联系在一起），还是开凿巴拿马运河，美国在拉美的传

---

① Armand Mattelart, *L'invention de la communication*, Paris：La Découverte, 1994, p. 185.

② Armand Mattelart, *L'invention de la communication*, Paris：La Découverte, 1994, p. 189.

③ Armand Mattelart, *L'invention de la communication*, Paris：La Découverte, 1994, p. 190.

④ Armand Mattelart, *L'invention de la communication*, Paris：La Découverte, 1994, pp. 195 – 196.

播特征，旨在通过地区间的联系来建立"系统"，以便把商业中心和自然资源产地结合起来，进一步说，无论在地缘政治或地缘经济上把拉美变成自己的"后院"。

因地缘经济而构建的世贸组织（WTO）、国际货币基金组织（IBM）、世界银行（WB）、中国－东盟自由贸易区（CAFTA）、上海合作组织（SCO），等等国际组织不仅影响着国际社会生活的日常建构、制度化和纪律化，更重要的是，这些组织构建者经济、金融、政治、文化等信息在世界范围内的传播流动秩序，借助传播流动巩固和生成新的地缘经济地形图。当看到"联合国贸易和发展会议"（United Nations Conference on Trade and Development，英文缩写 UNCTAD）的有关"航海运输的年度报告"时，我们会发现，描绘不同国家和地区造船和运输能力的曲线图不仅能力的反映，更是每个国家或地区在国际地缘经济和社会秩序中位置的变更。在该报告的 2010 年的年度报告中，作者写道："传统上，几个工业国家往往被看成'海运国家'，因为他们有自己的造船场，他们的船只挂着自己的国旗来与其他国家进行贸易。然而在整个20 世纪，发展中国家，特别在亚洲，获得航海业的市场份额。……尤其是中国，成了海运活动的关键参与者；2009 年它已超过德国成为第三个船东国家。它已经超过日本成为第二大造船业国家，超过印度成了轮船再生利用的领头羊。同样还是中国，它建造最多数量的集装箱和港口起重机。中国造船只越来越多，它们属于中国的船东，打着中国的旗帜，运输着越来越多的中国制造的产品。……亚洲国家成了世界商品交换的领头羊，为海运与相关服务作出了贡献。"[1] 从这些报告内容可以看出，中国已不再是世界经济活动的旁观者，而是成了举足轻重的参与者，并推动了地区经济的快速发展。法国友人曾对前驻法大使吴建民说："全世界都在谈论中国，大家有些害怕。"这位前大使分析指出："中国崛起是 13 亿人在崛起。人类历史上，还没有 13亿人口的国家崛起的先例。块头这么大，中国的崛起必定会打破现存的利益格局，当然会使人产生各种复杂的感情。"[2]

第六节　传播缘政治与经济的权力基础

互联网地缘政治随着计算机网络在美国的诞生以及"互联网地址和域名分配机

---

① Étude sur les Transports Maritimes 2010, Publications des Nations Unis, Copyright © United Nations, 2010, p. 175.

② 吴建民："偏见妨碍认识真实中国"，《人民日报》（海外版）2012 年 6 月 26 日。

构"（ICANN）——美国商务部控制着全部的 IP 地址与域名分配——的分配装置，使得互联网像以往的传播技术（如电缆、无线电频率等）一样又成了网络时代地缘政治与经济链接的终端。作为全球互联网之"根"的"域名"解析系统，既是"'完全去中心化的互联网的另一集中点'，也是'负责互联网运作的等级制分配的顶端'"①。虽然国家（nation）是合法政治一切权力的源泉。② 在社会的网络化和传播全球化的背景下，面对国外权力的入侵，传播与交流的虚拟化使国家主权的行使边界具有了通透性。"国家合法性"危机的重要原因之一就是全球化背景下的跨边界的、无法阻挡的文化——信息传播。"在《文化与无政府》这部书的结尾之处，阿诺德明确定义'无论由谁管理国家，国家的框架和外部秩序都是神圣不可侵犯的；而文化正是无政府最坚定的敌人。'文化理应是法律和秩序的代言人。"③ 在于全球化背景下文化——信息因素成了后现代地缘政治的重要组成部分。在当代政治社会学的阐释者凯特·纳什（Kate Nash）看来，当代政治社会学具有以下四种重要的实践力量来源：首先是米歇尔·福柯的"权力关系"，其有助于理解当今政治是如何运作——换句话，这种"微观权力物理观"具有阐释后现代社会国家或国际的政治过程；其次，是 20 世纪 70 年代以降的参与社会运动（social movement）的思想家们的著作，如女性主义和反种族主义，这些著作有助于对"权力"运作的反思；再次，出现了"反—纪律化"（anti-disciplinary）的文化研究学科，在这里，社会生活中的"象征意义"受到社会学家的关注，当代政治社会学与"文化转向"（cultural turn）紧密地联系在一起；最后，鉴于国家在全球化的过程中受到了质询，研究此问题的社会学家也开始重新思考"权力"与"政治"（politics）。④ 这就是，在全球化和以"信息流动"为特征的后现代社会中，国际或全球政治的过程也发生了变化，具有了后现代特征，即权力不再是从"上向下"施加或"让与"的东西，而是在"互动背景"下让自由行动拥有"自由选择"可能性的柔性的"（权力）关系"，"意义"成了后现代政治的重要活动载体或工具；在跨国政治中，意义、身份、权力关系、不同社会活动者（如国家、非政府组织、跨国企业等）、社会运动等成了国家或国际政治运转的动力学元素。另外，随着文化工业或文化产业的发展，文化—信息的"文化属性"和"经济属性"被表露无遗。

---

① 安德鲁·查德威克：《互联网政治学：国家、公民与新传播技术》，北京：华夏出版社，2010 年，第 313 页。

② Pierre de Senarclens, *La mondialisation, enjeux et débats*, Armand Colin, 2001, p. 10.

③ 弗雷德里克·杰姆逊：《全球化的文化》，南京：南京大学出版社，2002 年，第 208 页。

④ Kate Nash, *Contemporary Political Sociology：Globalization, Politics, and Power*, Second Edition, Wilkey-Blackwell, 2010, p. 30.

文化—信息的跨边界流动不仅是地缘政治的问题，同时也属于地缘经济的问题。从 20 世纪 20 年代以来的一系列"美国化"、"西方化"等描述外来商业与文化的入侵性概念正是这种双重属性问题的见证。在现实的文化——信息产品的跨国政经谈判中，美国与其他国家在世贸中对文化产品的政策态度是这种地缘政治与经济的最好注脚。"美国生产了全球三分之二的传媒声像制品，它的传媒文化是构成全球文化、全球权力与全球经济必不可少的一部分。也正是如此，在关贸总协定乌拉圭回合的谈判中，美国使尽浑身解数迫胁别国减少对本国传媒产品的补贴，降低传媒产品的进口关税。"①

国际政治传播由 20 世纪"二战"后的"宣传"（propaganda）、"误导"、"歪曲信息"（disinformation）等手段左右国际舆论从而影响国家外交政策的做法，随着 20 世纪 90 年代以后互联网技术的成熟，逐渐过渡到利用信息网络实现具有非强制特征的"网络煽动"、"网络颠覆"、"和平演变"、"软实力"、"网络战"、"信息战"等后现代战争手段。国际经济由 19 世纪以来的实体经济也转变到了 20 世纪 60 年代以后的"知识经济"、"数字资本主义"（丹·席勒语）、"无摩擦的资本主义"（比尔·盖茨语），文化—信息成了经济—金融战略的重要工具。无论是"知识经济"、"数字资本主义"（digital capitalism），还是"无摩擦的资本主义"（friction-free capitalism），这里都在描述一幅另类的、不同以往经济运转和增长模式的经济类型。在"知识经济"那里，对作为信息的知识的把握成了实现经济增长的关键。"无摩擦的资本主义"是微软总裁比尔·盖茨（Bill Gates）的未来学术语表达，旨在描述计算机网络高度发展后的资本主义的不存在"物理中介"的交易效果，资本主义的交易活动将在另一个虚拟的空间中来进行："信息高速公路将扩大电子市场，并且使之成为最终媒介，一个无所不包的中介场所。"② 传播政治经济学者丹·席勒在批评盖茨技术乐观主义的"无摩擦资本主义"的基础上，提出了"数字资本主义"观念。在"数字资本主义"那里，赛博网络空间不仅扩展市场的广度，而且强化了市场的深度，网络（network）构建了一个全球化的市场体系，如以往长期以来被排除在商业规则之外的东西（如教育和家庭娱乐）都受到了商业逻辑的支配，网络正在使资本主义经济活动渗透到社会与文化范围之中。③ 无论何种类型的资本主义模式，其存在着一个共同的假设：信息与传播网络成了另类经济运作模式的重要载体，世界变成一个超级链接

① 弗雷德里克·杰姆逊：《全球化的文化》，南京：南京大学出版社，2002 年，第 232 页。
② 比尔·盖茨：《未来之路》，北京：北京大学出版社，1996 年，第 199 页。
③ Dan Schiller, *Digital Capitalism：Networking the Global Market System*, The MIT Press, 2000, p. xiv.

（hyperconnected world）的世界，进而言之，成了对社会实施组织与管理、促进经济增长的重要手段。在这里，除了先进的传播技术在现实战场上使用之外，更重要的是，以地缘政治和经济利益为目的现实角逐被虚拟在互联网之中。有关国家利益的博弈从物理空间进入虚拟空间，这可能是国际政治与经济传播变迁的重要特征。

"随着信息流动的地缘政治性质向地缘经济性质的转变，加速了文化和信息流动向商品自由流动逻辑的靠拢。事关国家和民族身份的'精神产品'自然成了民族国家实现政治、经济和文化目标的赌注。"① 虽然在有的学者看来（如马特拉），自20世纪80年代，实现了信息流动从地缘政治向地缘经济性质的转变，但就整个国际社会现实来看，信息传播的地缘政治与地缘经济活动，实际上融合在一起，二者彼此促进、彼此转换成了国际政治及权力互动的重要特征，而如何构建世界以及国家间传播秩序是思考地缘政治——经济的议题的关键。

第七节　国际传播与国家主权

全球化背景下的国家主权。"作为以民族自我利益为取向的行为体，主权国家是国际社会的组成部分。"② "现代国家主权具有两面性，即对内主权和对外主权。主权国家对外享有自治、独立权和对内至高无上的统治权。"③ 除此之外，主权有时也被理解为"政治共同体所有的至高无上的权威"。④ "在主权制度的研究中，主权无论被理解为"某一政治共同体所拥有的至高无上的权威"，还是所谓的"对内最高、对外独立的权力"，其中都存在一个相同的理论内核：自治的权威。

在全球化的背景下，民族国家与世界体系处于这样的关系之中："民族国家对生活中的大问题来说太小，但对生活中的小问题来说又太大。"⑤ 换句话，现实的生活

---

① 朱振明：《传播世界观的思想者》，上海：上海交通大学出版社，2011年，第213页。

② 星野昭吉：《全球政治学——全球化进程中的变动、冲突、治理与和平》，北京：新华出版社，2000年，第9页。

③ 星野昭吉：《全球政治学——全球化进程中的变动、冲突、治理与和平》，北京：新华出版社，2000年，第89页。

④ 赵可金、倪世雄："主权制度的历史考察及其未来演变，《教学与研究》2005年第10期，第42页。

⑤ Daniel Bell, The World and the United States in 2013, Daedalus, vol. 116, no. 3, 1987, pp. 1–32.

中的传播现象已无法在民族国家的边界内或在国际层面上单独解读，而是需要彼此参考来进行。"在民族国家领土上发生的事情只有在与超越民族边界的倾向相联系时才能被解读，作为民族国家特征的明显的价值观、世界的表达方式、国家和国际层面联结的具体方式等所引发的机构和规则已不能满足新的资本实现方式的全球化逻辑，重要的决策领域已不再是民族国家机构的权限，民族国家成了解构自己功能的同谋。这就要求根据超国家的活动者的压力和要求重新界定国家，但这是以往囿于国家意识形态的讨论所没有提及的问题。在这种重新构型中，信息传播技术作为结构机制起到了决定性的作用。"① 尤其是在狭义的传播的理解中，这更多被理解为民族国家通过调节信息（如广播、电视、卫星通信、互联网等）的流动来实现内外部意义的衔接："这是一种从单纯的国家控制的内部形式向外向的、地区的或者多边方法的转变，从法律与调节向协商（negotiation）与协定（agreement）的转变。"②

全球化越来越成为对现代社会进行现象学描述的流行词。全球化意味着信息、人员、技术资本等跨边界传播流动，同时也意味着社会——政治——经济格局的改变、局部制度的延伸与扩展以及在这种扩展过程中产生的内容构型与安排的变更。正是这种"地方的"与"全球的"、"部分的"与"整体的"互动促成了民族国家主权制度的变迁。

在国际政治与国际关系意义上，随着全球化的展开，国家主权制度遭受了越来越多的严峻挑战，产生挑战的原因在于：首先，国家主权制度因其赖以存在的领土和人民基础而动摇，全球化的发展特别是全球公共问题的增多，使得国家主权不得不面对合作做出相应的行动安排；其次，作为非国家行为体的非政府或国际非政府组织等的日益活跃逐渐形成了与民族国家争夺权力的组织力量；再次，新科技革命，如微电子技术、信息技术和计算机革命以及电话、电视、光缆、卫星和新型的航空运载技术带来的全球交流速度加快，使国家主权制度变得漏洞百出；最后，国际关系的日益制度化，不断挤压国家主权的制度空间，迫使民族国家不等不让渡某些治理权力。③ "这些原因使得民族国家独享主权时代的终结。在未来相当长的一段时期，国家之间共享主权以及非国家行为体分享主权越来越成为一种不可阻挡的历史趋势。"④

① 朱振明：《传播世界观的思想者》，上海：上海交通大学出版社，2011年，第47页。
② Monroe E. Price, *Media and Sovereignty*, The MIT Press, 2002, p. 3.
③ 赵可金、倪世雄，"主权制度的历史考察及其未来演变，《教学与研究》2005年第10期，第44-45页。
④ 赵可金、倪世雄："主权制度的历史考察及其未来演变，《教学与研究》2005年第10期，第45页。

麦凯尔·哈特等则借助全球社会学和全球政治经济学出发，通过"（全球）帝国"概念，展现了一幅后现代的政治——经济传播图景。"民族—国家正在衰落的主权和它们对经济、文化交流不断减弱的控制力，事实上是帝国（主义：原文没有'主义'，译者笔误）正在降临的主要征兆之一。民族—国家的主权是帝国主义的奠基石，它由欧洲列强在整个现代当中树立。……民族—国家的现代体系所限定的国境对欧洲主义和经济扩张说来是根本的。国家的边界确定了权利的中心，从那里，统治通过一系列渠道和界限，施加于外国的疆域。……帝国主义是欧洲民族—国家的主权超出它们自身领域的扩张。……无论现代的主权在哪里生根，它都建立一个利维坦式的怪物，控制它的社会领域，强加等级制的边界以保护其自身特点的纯粹性，排除他者。……与帝国主义相比，帝国不建立权力的中心，不依赖固定的疆域和界限。它是一个无中心（decentered）、无疆界（deterritorializing）的统治机器（apparatus）。在其开放的、扩展的边界当中，这一统治机器不断加强整个全球领域的统合。帝国通过指挥的调节网络管理者混合的身份、富有弹性的等级制和多元交流。"① "帝国的系谱学是欧洲中心论的，然而，它现在的力量不限于任何地区。在某种意义上，起源于欧洲和美国的规则逻辑现在在全球进行着实践。"② 在这种政治—经济传播途径中，人们似乎看到了"国家主权的终结"——尽管这被描述为西方新自由主义的观点与期望。

在主权变迁论者看来，随着全球化和传播的国际化，不仅国家性质而且国家的主权都发生着变化。"随着20世纪80年代新自由主义意识形态的上升，作为宏大主体的国家的衰落成了日常的话语参照。尽管存在对国家性质及其改变的不同看法，但宏大主体的合法性在众多政治思想流派那里得到了公认，只不过国家的职能问题需要在全球化的语境下来重新界定。"③ 这意味着不仅需要重新确认国家的合法性及其主权制，同时还要关注国家职能（性质）的重新界定。在全球化的语境中，作为宏大主体的国家主权，因国际政治、经济和社会环境的变化而需要重构。这种重构不仅需要考虑国家主权与作为新自由主义思想核心的"人民主权"间的协调、主权国家间的主权共享问题、国家主权与经济领域（跨国公司的行动成了主权重构的重要范畴）的互动，而且还要考虑国家主权与全球公民社会运动间的关系，以及国家主权与次国

---

① 麦克尔·哈特等：《帝国——全球化的政治秩序》，南京：江苏人民出版社，2003年，第2页。

② 麦克尔·哈特等：《帝国——全球化的政治秩序》，南京：江苏人民出版社，2003年，第5页。

③ 朱振明：《传播世界观的思想者》，上海：上海交通大学出版社，2011年，第46页。

家行为体互动以便把国家次行为体（如地方群体、社团主义等）的活动整合到统一的国家的主体制度中。① 除广义的传播之外，在狭义传播方面，尤其要关注主权国家通过制定合理的信息（特别是文化工业）流动政策，即文化产业政策，来应对国家主权的变迁，欧盟国家（如法国）的做法值得借鉴。

不过有的认为学者曾认为传统意义上的主权似乎不太受到威胁："'任何政治体系中，国家利益通常只规定了少数精英或统治阶级的利益，即国家权力应当保护和促进的那一系列政治经济特权。'在绝大多数国家的现实政治中，主权实际上被用来服务于那些政治、军事、公司界的精英们的利益，而通常不是服务于'人民的利益'。……我们得出的结论是，国家主权在其传统的方面的意义上不太可能受到目前的全球化过程的威胁。国家与跨国公司，它们作为今天国际关系中的主要行为体，实际上得益于它们之间的相互依赖。……真正处在严重危险中的似乎是各国的'人民主权'，即他们表达不同的信仰和生活方式的自主权。"② 不过哈姆林克在 10 年前从经济全球化角度所做的分析，并没有预见到传播的国际化对国家主权所带来的危机。"全球化不断地削弱民族和国家和基础，因为权力（power）转移到更加无形的力量上，如传播网络或环境影响（environmental impacts）或不太固定的机构，如多国公司或国际非政府组织（INGOs）。"③ 来自"维斯特伐利亚"体系的国家主权概念与国际政治紧密地联系在一起。随着国际政治的演变——如以文化身份为内涵的后现代政治——国家间的政治博弈形式因传播工具的变迁而发生了变化，如互联网政治、赛博空间政治等。由以时空为特征的物理参照（repères）来界定的国家主权无法避免面对多维度的全球化过程所带来的风险，国际互联网虚拟空间中的政治博弈明显使国家主权面临着危机，一系列现实中的"颜色革命"以及互联网中"社会媒体革命"（如 Twitter、Facebook）足以能够说明，至少，国家主权概念因传播的网络化、虚拟化、全球化而产生内涵上的嬗变。

本章参考文献：

安德鲁·查德威克. 互联网政治学：国家、公民与新传播技术. 北京：华夏出版

---

① 赵可金、倪世雄："主权制度的历史考察及其未来演变,《教学与研究》2005 年第 10 期，第 45 – 47 页。

② 希斯·哈姆林克："全球化、主权与国际传播"，《现代传播》2002 年第 5 期，第 7 – 8 页。

③ Peter N. Stearns，*Globalization in World History*，Routledge，2010，p. 126.

社，2010

比尔·盖茨．未来之路．北京：北京大学出版社，1996

弗雷德里克·杰姆逊．全球化的文化．南京：南京大学出版社，2002

吉尔特·霍夫斯泰德、哥特·杨·霍夫斯泰德．文化与组织：心理软件的力量．北京：中国人民大学出版社，2010

麦克尔·哈特等．帝国——全球化的政治秩序．南京：江苏人民出版社，2003

希斯·哈姆林克．全球化、主权与国际传播．现代传播．2002 年第 5 期

星野昭吉．全球政治学——全球化进程中的变动、冲突、治理与和平．北京：新华出版社，2000

邵琪伟．旅游业目标：战略性支柱产业．人民日报（海外版），2012 年 8 月 30 日

吴建民．"偏见妨碍认识真实中国．人民日报（海外版），2012 年 6 月 26 日

小妍．奥运会金牌榜的起落 V. S. 国际政治角力的变化．2012 – 8 – 5．法国国际广播电台。Retrieved 2012 – 8 – 7. http：//www. chinese. rfi. fr//国际/20120805 – 奥运会金牌榜的起落 vs 国际政治角力的变化

张捷．霸权博弈：独立视角透视全球幕后体系．太原：山西人民出版社，2010

赵可金、倪世雄．主权制度的历史考察及其未来演变．教学与研究，2005 年第 10 期

朱振明．传播世界观的思想者．上海：上海交通大学出版社，2011

Alonso，Andoni & Oiarzabal，Perdro J.（ed.），*Diasporas in the new media age：Ientity，Politics，and Community*. Reno：University of Nevada Press，2010

Bell，Daniel. The World and the United States in 2013. *Daedalus*，1987，116（3）

Bellina，Séverine et al. . *L'État en quête de légitimité*. Paris：Éditions Charles Leopold Mayer，2010

Boniface，Pascal et Lepri，Charlotte. 50 *Idées Reçuses Sur Les États Unis*. Paris：Hachette，2008

Brecher，Jeremy，Brown，John and Cutler，Jill. *Global Visions：beyond the new world order*. Brooklyn：South End Press，1993

Castells，Manuel. *La Société en Réseau*，Paris：Libraires Arhème Fayard，2001

Cousin，Saskia. et Réau，Bertrand. *Sociologie du tourisme*. Paris：La Découverte，2009

Defay，Alexandre. *La géopolitique*. Paris：PUF，2005

Dufoix，Stéphane. *Les diasporas*. Paris：PUF，2003

Étude sur les Transports Maritimes 2010", Publications des Nations Unis, Copyright © United Nations, 2010

Godeluck, Solveig. *La géopolitique d'Internet*. Paris: La Découverte, 2002

Grygiel, Jakub J.. *Great Powers and Geopolitical Change*. Baltimore: The Johns Hopkins University Press, 2006

Guchon, Pascal et Huissoud, Jean-Marc. *Les 100 mots de la géopolitique*. Paris: PUF, 2010

Held, David and McGrew, Anthony (ed.). *The Global Transformations Reader: An Introduction to the Globalization Debate* (2nd ed.). Cambridge: Polity, 2003

JACOBS, ANDREW. 沉重的奥运金牌. 纽约时报（中文版）2012 年 8 月 9 日. Retrieved 2012 – 8 – 9. http://cn.nytimes.com/article/olympics/2012/08/09/c09olympics/

Karim, Karim H. *Diapsoras and Their Communication Networks: Exploring the Broader Context of Transnational Narrowcasting*. 2002.

Retrieved 2012 – 11 – 26, http://www.nautilus.org/virtual-diasporas/paper/Karim.html

Lynch, David J. Developing nations poised to challenge USA as king of the hill. US TODAY, Posted 2/8/2007. Retrieved 2012 – 7 – 3 http://www.usatoday.com/money/world/2007 – 02 – 07 – emerging-markets-usat_ x.htm

Mattelart, Armand. *L'invention de la communication*. Paris: La Découverte, 1994

Nash, Kate. *Contemporary Political Sociology: Globalization, Politics, and Power* (2nd ed.). Hoboken: Wilkey-Blackwell, 2010

Price, Monroe Edwin. *Media and Sovereignty: the global information revolution and its challenge to state Power*. Cambridge: Massachusetts Institute of Technology, 2002

RHODEN, WILLIAM C. 奥运开幕式的民族主义情结. 纽约时报（中文版）2012 年 7 月 28 日。Retrieved August 7, 2012. http://cn.nytimes.com/article/olympics/2012/07/28/c28opening/Rosita, Fibbi et Baptiste, Meyer Jean. Introduction. Le lien plus que l'essence. Autrepart, 2002, (22)

Schiller, Dan. *Digital Capitalism: Networking the Global Market System*. Cambridge: The MIT Press, 2000

Senarclens, Pierre de. *La mondialisation, enjeux et débats*. Paris: Armand Colin, 2001

Sreberny, Annabelle. *Handbook of the Political Economy of Communications*. Oxford:

Blackwell Publishing Ltd.，2011

Stearns，Peter N.. *Globalization in World History*. London：Routledge，2010

Verhulst，Stefann. Diasporic and Transnational Communication：Technologies，Politices and Regulation. *The Public*，1999，（6）

思考题：

1. 何谓地缘政治与网络地缘政治。

2. 地缘政治—经济与传播网络的关系。

3. 地缘政治经济与海外散居区的关系。

4. 如何理解散居区的虚拟化。

5. 如何理解传播全球化背景下的国家主权。

第八章
作为跨文化交流的传播

本章要点：

* 跨文化传播的符号学
* 文化类型与跨文化研究
* 流行的跨文化研究理论

离开文化来谈论传播，也就失去了意义。

——阿芒·马特拉

东方几乎是被欧洲人凭空创造出来的地方，自古以来就代表着罗曼司、异国情调、美丽风景、难忘的回忆、非凡的经历。①

——爱德华·W·萨义德

在阿拉伯国家，脚底被认为是肮脏的，扔鞋子比扔垃圾好不了多少；在泰国不能随便摸小孩的头，摸了人家不高兴，因为意味着侮辱和不恭敬；韩国对痰和唾液更加介意，甚至在饭桌上轻轻的吸鼻子都会被认为是野蛮人；在日本，公共场合下使用手拍头被认为是很粗鲁的，等等。这些司空见惯的描述，意味着世界的文化之间存在着差异。

全球化和大传播背景下，传播的内容已不再局限于新闻传播信息，而是涉及各种不同渠道传输的、涉及不同领域的信息，如政治的、经济的、文化的等，全球化呈现出多维度事态。从文化研究的角度，文化主要包含着三层意思：（1）艺术和艺术性

---

① 爱德华·W·萨义德：《东方学》，上海：三联出版社，1995 年，第 2 页。

活动，如音乐、文学作品、绘画雕刻、戏剧电影；（2）一种独特生活方式的象征性特征；（3）一种发展过程，指个人能力的发展以及"教化本身是一个普遍的社会历史过程"的思想。① 但如果从文化人类学的角度出发，这些信息内容都可归结为广义的"文化"，用联合国教科文组织（UNESCO）的界定就是："文化在今天可以看成体现一个社会或社会群体的精神、物质、思想、情感等特色特征的综合体。它包括文学艺术、生活方式、人的基本权利、价值体系、传统和信仰。"② 当不同的社会群体与个体采用不同的制度方法来适应自己的经济现状时，文化成了经济选择的参照，即原因来自于经济文化的不同③。当英国的汽车制造商喜欢 4 缸或 8 缸发动机，而意大利人却垂青 6 缸或 12 缸发动机时，文化成了解释技术选择的基础，即不同的技术文化发生了作用。④ 当不同国家在自己发展的关键时刻选择某种适合本国国情制度时，我们体会到的是政治文化的力量；当国际跨国公司实施跨边界传播时，企业文化成了文明派系的放大。因此，从这些经济文化、技术文化、政治文化和企业组织文化中，文化成了不同民族或国家传播的本质。"文明间对话的目的之一就是要扩大对生活在我们这个世界上的不同人群的历史与文化基础进行认识与欣赏；往往，不同人群间的相互理解的缺乏阻止了相互交换和传播的进行"⑤，传播具有跨文化性质。特别在当前的全球化背景下，国际传播不仅见证了物质生产方式在全球范围内展开，而且也见证了文化与信息产品作为商品在全球的流动，信息、文化、工业与技术交叉在一起形成了一个信息—技术—商业化的世界空间，所谓的文化产业成了文化普及的重要方式。⑥

① Elaine Baldwin et al. *Introducing Cultural Studies*, PENTICE HALL EROPE, 1998, p. 4.

② Définition de l'UNESCO de la culture, Déclaration de Mexico sur les politiques culturelles. Conférence mondiale sur les politiques culturelles, Mexico City, 26 juillet – 6 août 1982.

③ Jacques Sapir, "Culture économique, culture technologique, culture organisationnelle", In: *Cahiers du monde russe*: *Russie, Empire russe, Union soviétique, États indépendants.* Vol. 36 N° 1 – 2. p. 192.

④ Jacques Sapir, "Culture économique, culture technologique, culture organisationnelle", In: *Cahiers du monde russe*: *Russie, Empire russe, Union soviétique,* États indépendants. Vol. 36 N° 1 – 2. p. 194.

⑤ Cultures et Civilisations, UNESCO, http://www.unesco.org/dialogue/fr/culture1.htm Retrieved 2010 – 11 – 07

⑥ Armand Mattelart (avec M. Mattelart), *La culture contre le démocratie*, La Découverte, 1984, p. 55.

第一节　传播的文化符号

就符号学而言，本文无意去探究文学作品语言结构上的符号学赏析，如格雷马斯（A. J. Greimas）的探讨深、表层结构及叙事阐释的"结构主义语义符号学"、雅各布森（Roman Jakobson）对语言学元素的分析，或其他探讨语言象征功能或价值观或认知方面的符号分析，如苏珊·朗格（Susan Langer）的"话语象征体系"和查尔斯·莫里斯（Charles Morris）的哲学层面上的符号分类及推演，而只是去标示出符号学认识道路上在本人看来具有洞见性的、常用来阐释传播的符号理论坐标，以便指导我们对文化或跨文化传播的认识和理解。

人类与动物的不同之处，在于人具有可以利用的"象征系统"。"卡西尔把亚里士多德的把看人看作理性动物（animal rationale）转变成把人看成象征的动物（animal symbolicum）。象征符号（symbol）不仅提供了人类知识的普遍性中介（medium），而且为人性（human nature）提供了道德中介（moral medium），该中介被看成人类能够行动其中的文化活动系统。"[1]"在人类世界中，我们发现了一个看来是人类生命特殊标志的新特征。……可以说，人类已经发现了一个使自己适应环境的新方法。在所有动物种属中被发现的接受系统和神经效应系统之间，我们在人那里还发现可称之为象征符号系统（symbolic system）的第三个链接。这种新的获得（acquisition）改变着整个人类生活。与其他动物相比，人不仅生活在更广阔的现实（reality）中，而且可以说，生活在一个新的现实维度之中。"[2]在这个充满符号的"中介化"现实中，社会活动者（agent）充分地享受着"符号的民主"（semiotic democracy），在这里意义的生产被委托给受众，[3]早已具备话语能力（discursive competencies）的受众在过程参与的欢愉的驱动下，来生产着意义。[4]在这种欢愉中，索绪尔、皮尔斯、巴特等符号学理论以及福柯的话语理论成了实现符号指称的重要理论坐标。

---

① Thoral Ilin Bayer, *Cassirer's Metaphysics of Symbolic Forms*, Yale University Press, 2001, p. 32.

② Ernst Cassiere, *An Essay on Man: An Introduction to a Philosophy of Human Culture*, New York: Doubleday &Company INC. , 1944, p. 42 - 43.

③ John Fiske, *Television Culture*, Routldge, 1999, p. 236.

④ John Fiske, *Television Culture*, Routldge, 1999, p. 95.

一、索绪尔和皮尔斯

费尔南·德·索绪尔（Ferdinant de Saussure，1857－1913）的《普通语言学教程》（*Course in Gereral Linguisitics*，1916）具有划时代意义，开创了结构主义语言学，并为语言符号学（linguistic signs）发展奠定了基础。"索绪尔把语言看成一个符号（signs）系统，该系统应当被'共时研究'，即作为给定时间点的整体系统来研究，而不是从'历时'，即从历史发展的角度来进行。每个符号可以看作有一个'能指'（一个声音—图像，或其文字等同物）和一个'所指'（概念或意义）组成。三个黑色符号 c-a-t 就是一个能在英国人心中引起所指'猫'（cat）的能指。能指（signifier）与所指（signified）间的关系是任意的：除了文化和历史传统之外，这三个黑色符号与'猫'之间没有内在的原因。"① 索绪尔的符号模型可见下图。"索绪尔的能指和所指的分析多半限于语言符号，不能解释绘画、音乐和戏剧等表现当中的所指是如何构成的。后来，法国符号学家巴特和意大利符号学家埃柯（Umberto ECO）把符号学研究转化为研究传播的大众文化形式。"②

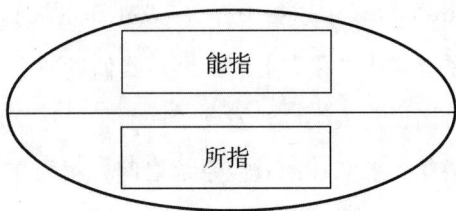

就在索绪尔在阐述自己的符号和符号学，并为机构主义方法论（structuralist methodology）奠定基础的时候，在大西洋彼岸的美国，实证主义哲学家和逻辑学家皮尔斯（Charles Sanders Peirce，1839－1914）也在阐述的自己的符号模型以及符号的分类学（taxonomies）。③ 在皮尔斯看来，"所有的思想（thought）都通过符号（signs）来运作，逻辑可以看作是符号的普遍法则的科学。"④ 相对索绪尔的二元划分，皮尔斯给出了三合一模式。皮尔斯的符号模型包括三个部分："1）Representamen（表达

---

① Terry Eagleton, *Literary Theory: An Introduction* (2nd ed.), Blackwell Publishing, 1996, p. 84.

② 陈卫星：《传播的观念》，北京：人民出版社，2004 年，第 132 页。

③ Daniel Chandler, *Semiotics: The Basics* (2nd ed.), Routledge, 2007, p. 29.

④ Charles Sanders Peirce, *Philosophical Writings of Peirce*, ed. by Justus Bucler, New York: Dover Publications, INC, 1955, p. 62.

相）：符号所采用的形式（不必是物质，尽管通常如此阐释），被有的理论家称作‘符号运载工具’（sign vehicle）；2）interpretant（阐释项）：不是一个阐释者（interpreter），而是对符号的理解（sense）；3）Object（物）：就是符号指的那个东西，即所指对象（referent）。"[1] 如下图：

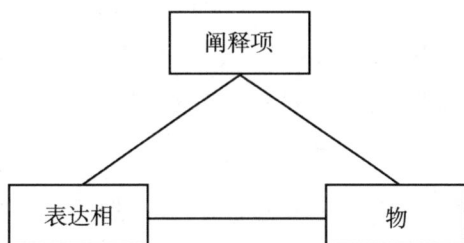

"一个符号（sign）或 Representamen（表达相），在某人看来它在某些方面或能力上代表某些东西的事物（something）。它以某人（somebody）为演讲对象，也就是它在某人的心中创造了一个对等的符号，可能是一个更发达的（developed）符号。被创造出来的符号我称之为第一个符号的 Interpretant（阐释项）。该符号代表某物，即它的物（Object）。它不是在某些方面代表某物，而是就某种概念（idea）而论代表物。该概念，我有时称之为 representamen（表达相）的根据（ground）。……每个 Representamen（表达相）因此与三个东西联系在一起：根据（ground）、物（object）和 Interpretant（阐释项）……符号（sign）或 Representamen（表达相）是甲，它与被称作它的物（Object）的乙间存在着这样的真实的三合一（triadic）关系，以便能够决定被称作它的 Interpretant（阐释项）的丙与相同的物（Object）具有相同的三合一关系。……representamen（表达相）或乙不能与物（Object）保持纯粹的二合一关系，必须像 Representamen（表达相）与客体保持的关系那样来建立二者的关系。……符号（sign）是一个具有智力 Interpretant（阐释项）的 Representamen（表达相）。……符号只能表现物（Object），进行解说。"[2] "在此三合一的关系中，Interpretant（阐释相）扮演着告知（information）、阐释（interprétation）甚至把一个符号翻译（traduction）为另一个符号的中介角色：一个符号的意义（sens）是符号本身应当被翻译成的那个符号。"[3] "指称过程（signification）不是符号（signe）与物（Object）

---

① Daniel Chandler, *Semiotics：The Basics*（2nd ed.），Routledge，2007，p. 29.

② Charles Sanders Peirce, *Philosophical Writings of Peirce*，ed. by Justus Bucler，New York：Dover Publications，INC，1955，pp. 99 – 100.

③ Claudine Tiercelin, *C. S. PEIRCE ET LE PRAGMAISME*，Presses Universitaires de France，1993，p. 71.

间的关系，而是符号与阐释项（interprétant）间的关系。"①

例如，"构成一个符号的三个成分就像一个装有物（Object）的不透明箱子上的标签。……指称过程或符号的解码过程是这样的：被注意到的第一件东西（represen-tamen）是箱子和标签；这推动人认识到箱子里有物（Object）。该认识以及有关箱子装着什么东西的理解（knowledge）由 interpretant 来提供。……需要注意的关键点是符号的物（Object）总是隐藏的。实际上，我们不能打开箱子直接看到它。原因很简单：如果物可直接知道，那就不需要符号（sign）来表达。我们只能从观察标签和箱子来了解物，然后'读标签'并在我们心中形成一个精神图片（mental picture）。因此，被隐藏的符号的物只能通过表达相、物体对象和阐释项间的互动来认识。"②

"索绪尔符号模型与皮尔斯符号模型的最明显的区别是，后者具有的第三个词语——超越符号（sign）自身的物（Object）或所指对象（referenet）。如我们所看到，索绪尔的所指（signified）不是一个外部所指对象，而是一个抽象的精神层面上的表达（representation）。"③ 这里我们要意识到，索绪尔的符号模型是建立在语言学的基础之上，是语言结构内自我包含的运作系统，而皮尔斯的模型则体现着以哲学层面上的思想逻辑与思辨，考虑到阐释者所处的语境或意义的不确定性。"与索绪尔的符号学相比较，皮尔斯的符号学的积极意义在于，它没有从先验存在、又能够自我运作的符号系统出发，去肯定能指与所指的符号意义的稳定性或确定性，而是把意义建立在人类的感性基础之上。"④

二、巴特的神话论

"符号学理论的主要创始人是皮尔斯和索绪尔，但把符号学作为分析工具的，当首推法国的符号学大师巴特。"⑤ 巴特的神话学也是一个符号学系统，不过是一个二级指称系统，即作为概念（Concept）和影像（Image）结合为整体的符号（Signe）在第二级指称过程中成了该系统的第一级是索叙尔式的语言学指称机制；第二级则是巴特神话指称机制。神话系统中的能指既是意义又是形式，作为纯语言系统的意义，它的命题是丰富的、充实的，饱含一种历史或记忆；但作为神话系统的形式，该命题

---

① Claudine Tiercelin, *C. S. PEIRCE ET LE PRAGMAISME*, Presses Universitaires de France, 1993, p. 71.

② Daniel Chandler, *Semiotics：The Basics* (2*nd* ed.), Routledge, 2007, p. 31.

③ Daniel Chandler, *Semiotics：The Basics* (2*nd* ed.), Routledge, 2007, p. 33.

④ 陈卫星：《传播的观念》，北京：人民出版社，2004 年，第 150 页。

⑤ 陈卫星：《传播的观念》，北京：人民出版社，2004 年，第 136 页。

必须淡化这些历史或记忆，以便为自己的所指腾出位置，召唤一种新的指称过程来填补。该指称过程就要使神话的形式和概念发生联系，发生的过程就是神话概念对语言学意义的歪曲、异化。当读者天真地消费神话成为可能时，他没有把神话看成一个符号系统，而是看成了一个推理系统：在这里他只看到一种等价关系，一种因果过程，即二级指称中的能指和所指间是一种自然关系，神话的指称过程被认为成了事实关系的推理。总之，简单地说，就是掏空的二级能指中的历史或记忆（概念），而充入新的内容作为能指，并由此为二级所指的产生提供理由，即通过能指（Signifiant）推理出所指（Signifié）。如在国际外交辞令中，都喜欢用"国际社会"的一词，实际上它的内涵是有所不同的。"巴特认为意义有两种秩序，第一种秩序是索绪尔提出来的，是在符号中能指和所指之间的关系。而第二种秩序是符号和外部现实的关系。"① 这第二种秩序就包含着巴特所谓的西方大众文化的神话形成机制。

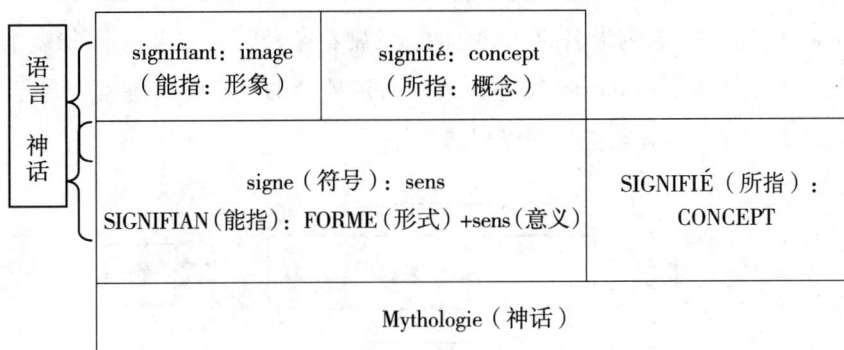

语言 神话	signifiant：image（能指：形象）	signifié：concept（所指：概念）	
	signe（符号）：sens SIGNIFIAN（能指）：FORME（形式）+sens（意义）		SIGNIFIÉ（所指）：CONCEPT
	Mythologie（神话）		

三、米歇尔·福柯的"话语实践"

在福柯看来，"在一个社会中，知识（connaissances）、哲学思想、日常观点以及机构、商业与治安实践、风俗习惯等，都指向一定的内在于这个社会的知识（savoir）。这种知识与在科学书籍、哲学理论、宗教辩护等中找到的知识（connaissances）不同，但就是这种知识（savoir）使一种理论、一种观点或实践成为可能。"② "认识型"（épistémè）是不同知识（connaissances）产生的基础，并影响着它们的出现，该概念在于揭示形成于其中的不同理论和辩论发生的可能条件，是知识（savoir）的"历史的先验"或"认识场域"。"支配一种文化的语言、知觉图式、交流、技术、

---

① 陈卫星：《传播的观念》，北京：人民出版社，2004 年，第 138 页。
② Foucault, Michel, *Dits et Écrits* (1954 – 1988)，I，Paris：Gallimard, 1994, p. 498.

价值、价值、实践体系等的基本代码，从一开始就为每个人确定了与其相关并置身其中的经验秩序。"① 所谓的"物之序"意味着按不同的"认识型"或"历史先验"对物进行秩序化表述：文艺复兴时期按相似性组织的物之序；在古典时代通过依据差异和一致性而表述出的图表秩序；现代时期则因历史性而依据变迁途径等形成了 19 世纪的物之序。福柯的《词与物》体现三种知识的组织中心：文艺复兴时期的"上帝"，古典时代的"理性"（无限性）与现代时期的"人"（有限性），以及语言将成为"知识"围绕组织的中心而引发的"人的消失"。总体而言，不同时代的知识（connaissances）的生产有着不同的"认识型"条件，或者说，词与物（或能指与所指）间的构合在不同时代（或语境）有着不同的话语实践栅格——"被我们称作'话语实践'的东西现在可以明确了。我们不能把它与个体借以表达观点、欲望和意象（image）的表达操作（opération expressive）混同起来，也不能把它等同于推理系统中使用的理性活动，也不能把它看作讲话主体在构建语法词语时的'能力'（compétence），这是一系列无名的、历史的，常常在某种时空方面确定的规则。这些规则在某个既定的背景（donnée）并为某个给定社会的、经济、地理、语言等领域（aire sociale）界定了陈述功能发挥作用的条件。"②

词 ⟷ (话语实践) ⟷ 物

福柯的这种"话语实践"观点为理解某时期的知识或话语的生产以及能指与所指间的指称过程提供了一个阅读格栅（grille de lecture），它意味着特定时期知识或话语的生产是通过该格栅来进行的，而特定时期的"时空"就是这种格栅产生了条件。这种"词与物"之间的构合机制（mechanism of articulation）超越了以往纯粹的语言学层面上的符号指称过程，"能指"与"所指"或"词"与"物"间的指称过程被整合进人类社会的整体之中，各种元素（不同领域、不同学科等）都有可能成为阐释知识或话语生产的资源。在四年一度的美国总统选举政治中，中国愈来愈成为选举话语的焦点。这种知识或话语的生产有着明显的演化特征及其认识格栅：人权；经济、贸易与国家竞争。其叙事表征从"天安门事件"后的 1992 年大选中的"中国人

---

① Foucault, Michel, *Les Mots et les Choses*, Paris：Gallimard, 1966, p. 11.

② Michel Foucault, *L'archéologie du savoir*, Éditions Gallimard, 1969, P. 153 – 154.

不分享我们的价值观"（所谓的人权）到 2008 年以后的对中国经济的关注"中国人正在吃我们的午餐"。实际上，这种演化体现了美国政治对中国认知话语产生条件的变迁：首先，经济发展与国家实力代替以往的人权；其次，中国不再仅是美国外交政策问题，更多成一种国内政策问题；最后，以往作为总统候选人强硬程度标尺的中国现在成了美国国家实力的测量仪。[①]

从上面的符号学理论坐标中，我们不仅看到，符号指称过程从纯粹的语言符号向话语的过渡，而且看到能指与所指之间指称过程（signification）不再具有唯一性，"信息不提供也不可能提供交流活动的全部'意义'，交流的所得，有相当一部分来自语境、代码和接触手段"[②]，所指（signifier/signifiant）在全球背景下呈现出了多元性特征。如何使这种指称地方化是思考跨文化传播的关键，如反对"全盘西化"、加强对外交流等，都具有文化传播的合理性。

第二节　文化及其类型

一、文化存在类型

"文化"（culture）一词来自于拉丁语的 cultura，与崇拜（worship）和礼拜（cult）有关。"'文化'概念的词义繁多，它既意味着不同人类（être humain）有自己的历史、自己的生活和自己的文化归属，并且与一定的地域和社会文化环境相联系，又意味着每种文化拥有自己的道德、种族、历史、精神和政治价值观。文化基于包含（inclusion）和排斥（exclusion）的机制之上，超越了对抗（oppositions）和划分（divisions）。它既支持适应、种族中心主义和同化，又赞成多元性的统一。"[③]

对于文化的类型而言，最明显地体现于民族的观念史的差异以及由此而来的民族或种族的宏大叙事母题（motif）或主线的不同。对文化类型分析更多借助结构主义来完成，而不是系统论。系统论（systémisme）与结构主义的差别："根本差别在于，结构主义（structuralisme）没有致力于在可直接观察到的互动间建立一个系统。在社

① David Firestein, China：A Top U. S. Domestic Policy Issue?, the Globalist, Monday, October 22, 2012. Retreibed 2012 – 11 – 7. http：//www. theglobalist. com/StoryId. aspx? StoryId = 9786

② 特伦斯·霍克斯：《结构主义和符号学》，上海：上海译文出版社，1987 年，第 83 页。

③ Salhia Ben-Messahe, *Des frontières de l'interculturalité*：*Etude pluridisciplinaire de la représentation culturelle*：*identité et altérité*, Presses Universitaires du Septentrion, 2009, p. 10.

会研究中，结构主义试图解释存在于隐藏元素（即结构）中的系统（système）——这些元素使根据它们来进行推理的阐释成为可能。"①

人类社会及其文化本身存在着多样性，这种多元性不仅体现于作为宏观参照框架的"结构"，而且也表现为微观的社会行动组织。文化人类学者本尼迪克特在《文化模式》中把人类文化描述成"博大的人格"（personality writ large）；无论文化的多么微小和原始，也无论多么庞大与复杂，都能在这个人类潜力的巨大苍穹中选择某些特征，并用相当大的力量和强度对其进行详细的锤炼（elaborated）。② 虽然她用不同的词语，如阿婆罗式（Appollonian）、酒神式（Dionysian）、偏执狂式（Paranoid）等，来描述不同的个体文化特征，但并没有建立一个文化类型学（typology），而是给出了一个没有止境的文化发展图景。迪泰尔在《世界观的类型》中经过对思想史的分析，认为各种哲学体系之间存在着相对性；斯宾格勒（Oswald Spengler，1880 – 1936）在《西方的没落》（The Decline of the West）把西方文明分为两类：阿波罗式的古典世界和浮士德式的现代世界。③ 阿波罗式的人的心灵（soul）被描述为"由一种优秀元素构成的宇宙"：意志（will）在他的世界里没有位置，冲突被看作罪恶，生活总是处在外部的危险之下；浮士德式的形象表现为总是不断地和障碍搏斗，存在的灾难总是作为其过去的选择和体验的结果而出现。每一种文明都有青春、壮年、老死等生死轮回。日本人类学者中根千枝在《适应的条件》一书中，以日本社会的各种现象为素材，通过对社会人类学上的'社会结构'进行比较分析，如"纵式社会的人际关系"中的"场所型"集团的特性、"纵式"组织中的序列意识、"纵式"组织形成的特征、集团结构的特征、领导者与集团的关系、人与人的关系等，展现了日本社会结构自有的特征，它与中国、印度、英美等社会有着非常不同的人际等级关系与序列意识、价值取向，并建议日本在对外的适应中不但要"选拔和培养人才"，而且还需因文化差异而"确立对外交流体制"。④ 无论是本尼迪克特还是中根千枝，他们著作所展示的意义在于，试图从人类学的观点勾勒出人类文化的不同类型。这为跨文化传播理论提供了文化人类学的依据。

二、跨文化文本阐释

哲学阐释学往往被看作主体间的"开放性对话"（如伽达默尔），把对文本的理

---

① Alex Mucchielli, *L'analyse phénoménologique et structurale en sciences humaines*, PUF, 1983, p. 32.

② Ruth Benedict, *Patterns of Culture*, 1960, Routledge, p. 5.

③ Ruth Benedict, *Patterns of Culture*, 1960, Routledge, p. 58.

④ 中根千枝：《适应的条件》，河北：河北人民出版社，1989 年，第 189 页。

解看作一种由主体间"视域融合"推进的创造过程，而且是一循环的过程。① 这里的对话更多发生在群体内，但对于跨文化群体，将存在更多"异己性"（alienness）剩余，如何处理这种"剩余"（surplus）将是对传统阐释学的批判和修正。"阐释学（hermeneutics）受到批判，因为它植根于一个把他者（other）降级为主体性（subjectivity）'镜像'（reflex）的唯心主义（idealist）逻辑，而不是去充分理解具有自己自治的他性（otherness）特征的他者。……一个阐释过程明显地旨在'消除异己性并方便挪用，（appropriation），它通过阻止认识试图对自治的他性的体验，来使'欧洲殖民思想模式，（patterns）长存下去。"② 换句话是，传统的阐释学倾向于把对"异己"（alien）或"他者性"体验看成一个向"熟悉"的过渡过程，该过程必须被完成并驯服。③

"理解陌生文化语境的行为往往必须基于主体间性的方法，基于从他不同于自己的异己性中来发现和理解他者。"④ 对于他者的"异己性"或"他性"的理解，不能只通过把我们文化的偏见（preconceptions）传送到"陌生人"的文化中去来理解异己文化象征秩序。简而言之，跨文化阐释学不是去融合（merging）文本作者或交际对象的主体体验，或是通过概述赋予该体验的意义的"生活方式"来对其进行把握（comprehending），⑤ 而是采用认识（recognition）的态度，赋予他者（other）以完整的独立存在的地位，而不是通过他者本身是什么来对其进行理解（understand）和界定（define）。⑥ 跨文化阐释要放弃以自我（self-centered）为中心的挪用，放弃把"自我"看作理解和洞见的唯一参照点；在跨文化领域，不存在"中心位置"（central station），只存在"中间地带"（intermediate realm）。⑦

"任何阐释和理解只能对它相关的环境来说是真实的。……因此在试图理解隐藏

① 斯蒂芬·李特约翰：《人类传播理论》，北京：清华大学出版社，2004 年，第 221 页。

② Eberhard Rothfuss, Intersubjectivity, Intercultural Hermeneutics and the Recognition of the Other, *ERDKUNGE*, 2009, Vol. 63, No. 2, p. 182.

③ Eberhard Rothfuss, Intersubjectivity, Intercultural Hermeneutics and the Recognition of the Other, *ERDKUNGE*, 2009, Vol. 63, No. 2, p. 182.

④ Eberhard Rothfuss, Intersubjectivity, Intercultural Hermeneutics and the Recognition of the Other, *ERDKUNGE*, 2009, Vol. 63, No. 2, p. 177.

⑤ Eberhard Rothfuss, Intersubjectivity, Intercultural Hermeneutics and the Recognition of the Other, *ERDKUNGE*, 2009, Vol. 63, No. 2, p. 179.

⑥ Eberhard Rothfuss, Intersubjectivity, Intercultural Hermeneutics and the Recognition of the Other, *ERDKUNGE*, 2009, Vol. 63, No. 2, p. 184.

⑦ Eberhard Rothfuss, Intersubjectivity, Intercultural Hermeneutics and the Recognition of the Other, *ERDKUNGE*, 2009, Vol. 63, No. 2, p. 186.

被研究对象行为后面的语境和论据（reasonning），研究者应当从考察异己的（alien）环境和它的人民开始，向他们敞开心扉，并意识到他们的恐惧、偏见和有关异己的观念，以便为彼此交流（communication）铺平道路。"[1] 尽管在"自我"与"他者"之间存在着不可理解性的移动边界——该边界只可移动看不可被消除，如同我们行走时的影子——[2]，但不同的学科与社会人文科学研究方法（如社会阐释学，常人方法论等）都为我们提供把跨文化认识边界向前推移的理论和技术手段，为跨文化阐释和传播指明了研究方向。

每一种文化传播行为都体现着一种以意义与权力关系为主要内容的象征秩序的构建，无论是作为巴特"神话学"分析素材的"黑人士兵向法兰西国旗致敬"，还是"奥运会上的升国旗仪式"。"权力（pouvoir）及其建立的原则应当被识别出来以便产生效用。国旗、格言（devise）、国歌等是些可认识的符号……虽然它们发生变化、消失、再出现……但它们的作用一直没变：围绕作为一种被接受历史产物并唤醒自豪和激发情感的标记（repères）塑造一个个体的共同体。"[3] 跨文化文本阐释的意义在于揭示意义、知识以及与伴随话语的权力关系在不同语境下的嬗变过程，从而探究不同文化群体间传播与互动的可能性。从后现代政治学的观点来看，跨文化阐释就是旨在显示，蕴含意义与权力关系的符号（signe）在象征层面上指称（signification）过程的重新分布、交错与构合以及由此引起的心得认同关系，以便了解新的独立的或杂交的想象共同体的形成——其中的"集体表到"、"集体无意识"、"象征体系"、"意识形态"等成了跨文化阐释变量元素的函数。

不过，跨文化阐释始终具有暧昧性，即意义与权力关系是否能够充分地跨语境传递。卡茨等在《意义的输出：达拉斯跨文化阅读》中的经典分析，验证了自己的提出的中心假设：没有一个电视节目能够强加给观众同一种意义解读，相反不同的发出者与不同的接受者之间存在着协商的过程。[4] 要理解电视节目对观众的意义，就必须考虑电视文本与电视观众间的互动。实际上，这是阐释学中的"视域融合"过程："一方面我们与文本进行独立的对话；另一方面，我们在理解该文本又不能摆脱种种

---

① Eberhard Rothfuss, Intersubjectivity, Intercultural Hermeneutics and the Recognition of the Other, *ERDKUNGE*, 2009, Vol. 63, No. 2, p. 179.

② Eberhard Rothfuss, Intersubjectivity, Intercultural Hermeneutics and the Recognition of the Other, *ERDKUNGE*, 2009, Vol. 63, No. 2, p. 182.

③ Samuël Tomei, *Le Pouvoir*: *Symboles et Mythes*, Éditions du Palais, 2011, p. 115.

④ Elihu Katz & Tamar Liebes, *The export of meaning*, *cross cultural readings of Dallas*, Polity Press, 1993.

偏见和预设。变化是现时的偏见与文本意义进行对话的结果。"① 霍尔（Stuart Hall）也认为传统的大众传播研究往往被概念化为一个环形的传播流动过程，它不赞这种发送者（sender）/讯息（message）/接收者（receiver）的线性传播方式，这种模式之所以受到批判的原因在于，它主要关注讯息的交换层面，没有传播的不同时刻看成一个复杂的关系结构，其中的"编码"（encoding）和"解码"（decoding）就是传播过程中的具有决定性的时刻。② 编码和解码不是完全对称的，讯息的意向意义（intended meaning）和阐释的意义（interpreted meaning）间存在着差异，这意味着存在着三种电视话语的解码状态：第一种是观众按照编码参照系来解码的主导——霸权模式（dominant-hegemonic position）；第二种是编码因参照新和解码参照系差异而引起的协商模式（negotiated code or position）；第三种是与意向意义相反的对抗解码模式（oppositional code）。③

尽管在斯图亚特·霍尔与伊莱休·卡茨（Elihu Katz）那里，人们知道意义与权力关系的生产不是全面的单向，具有另类性（或双向）特征，不过跨文化（文本）阐释研究为仍为不同民族文化的传播与互动提供了可能性，在认识论层面上，使我们看到了一个认识的"去地域化"和"再地域化"的认知辩证过程。

第三节　跨文化研究

跨文化传播的定义。法国传播学家阿芒·马特拉就说，"在文化的框架下来思考传播才有意义。"从传播（或交际）的意义上说，"全球化是在以往彼此分离的社会与文化之间建立相互联系。……全球化意味着对变化变迁进行开放，并创造新的对话机会，但它威胁着文化传统的生存。相反，对文化传染（contamination）的封闭虽然保持了文化多元性，但阻止了不同文化间的有意义的对话。开放和封闭既创造了多元性的价值，但同时又威胁多元性的根源。……全球化是系统地跨文化传播

---

① 斯蒂芬·李特约翰：《人类传播理论》，北京：清华大学出版社，2004 年，第 225 页。
② Stuart Hall（ed.），*Culture*，*Media*，*Language*：*Working Papers in Cultural Studies* 1972 – 1979，Routledge，2005，pp. 117 – 118.
③ Stuart Hall（ed.），*Culture*，*Media*，*Language*：*Working Papers in Cultural Studies* 1972 – 1979，Routledge，2005，pp. 125 – 127.

的结果，涉及社会化在不同结构社会中的参与者，它源自于不同结构社会的具体文化形式间的对抗。"① 在全球文化和地方文化关系中，对全球化赞同和怀疑以及两种视角的互动形成了所谓的"全球地方化"。"全球化正改变着个体依据经济、宗教、文化、习惯、语言和种族身份来界定自己的方法。"②

跨文化研究有着自己的问题意识。"跨文化传播研究是要试图回答下面的问题：当人们没有分享相同的文化体验时，如何理解对方？"③ 针对跨文化传播，在外语有着不同的说法。"跨文化传播"在外语文献中有"cross-cultural communication"和"intercultural communication"的说法，但两者之间存在着差别："跨文化研究文献中的'cross-cultural'一词用来指在性质上具有对比性（comparative）的传播过程，如比较文化 X、Y、Z 中的冲突类型，而'intercultural'一词则用来指来自不同文化共同体的成员间的传播过程，如荷兰进口商和印度尼西亚出口商间的谈判。更简洁地说，在 intercultural communication 中，存在于不同个体间的差异程度首先来自于文化群体的成员因素，如信仰、价值观、规范、互动文本（scripts）；intergroup communication（群体内传播）意味着，差异程度来自群体内成员因素，如种族、性别、社会阶层。Intercultural communication 发生在我们文化群体成员因素（如文化规范和文本）影响我们传播过程的时候。"④ 无论如何，两者都意味着象征符号的跨文化解读。

一、文化研究：一个相关主题！

说起跨文化研究，我们可能会想起名噪一时的"文化研究"（cultural studies）范式。"文化研究"更多是英国学术界对传播研究的贡献。从 19 世纪工业社会英国的马修·阿诺德（Matthew Arnold，1822 – 1888）的《文化与无政府状态》（*Culture and Anarchy*）到 20 世纪 70 年代的伯明翰学派、80 年代"文化研究"作为一种研究范式流行开来，直至 21 世纪作为"文化研究"象征的"伯明翰文化研究中心"（Centre for Contemporay Cultural Studies：CCCS）因学科结构"调整"而关闭，"文化研究"的

---

① Claudio Baradi, New Forms of Intercultural Communication in a Globalized World, *The International Communicaiton Gazette*, 2006 SAGE PUBLICATIONS, LONDON, THOUSAND OAKS & NEW DELHI 1748 – 0485 VOL 68（1）：54.

② Vijari N. Giri, "Intercultural Communication Theories", *Encyclopedia of Communication Theory*, Stephen W. Littlejohn & Karen A. Foss（ed.）, SAGE, 2009, p. 532.

③ Miltion Bennett, *Basic Concepts of Intercultural Communications：Selected Readings*, Intercultural Press, 1998, p. 1.

④ Stella Ting-Toomey, *Communicating Across Cultures*, The Guilford Press, 1999, p. 16.

主题经历了以早期的"文化—国家联系"（如"国民意识的黏合剂"）为中心，到70年代对社会群体文化的思考（如对秩序的反叛或向权力关系的融合、青年与工人文化、媒介的内容与接受）、再到80年代对人类学元素的在媒介消费中的整合（如性别、种族性、诸多消费实践），直至以后的对"重新评估主体"、"媒介消费愉悦"、"新自由主义意识形态"、"文化产品的全球流动"等关注。[1] "文化研究"的范围不断扩大，囊括了其他社会人文科学所研究的内容，如消费、时尚、性别身份、博物馆、旅游、文学作品，而且越来越采用跨学科的视角，倾向于认为当代大部分世界问题都可通过文化透镜进行审视，"文化研究"被普遍化，失去了自己的"特殊性"。总体上，在"文化研究"学派中，"文化"概念似乎成了一个无所不包的容器，任何无法分门别类的东西，都可归入"文化"；符号学（如编码/解码）以及阿尔都塞的"国家意识形态机器"成了主要的理论参照，显示出"意义来源于差异"与"意识形态"在日常生活中的作用，为此遭到"传播政治经济学派"批判：文化研究更多关注身份话语，忽略或不重视把平等原则作为政治行为主要目标的话语；开拓文化领域研究，重要的是重新把文化置于与权力问题和社会冲突相关的联系结构之中，使文化与知识的生产服务于处在阶级、性别和种族不平等世界中的每个人近用。[2] 文化研究的政治目的是，在自我赋权（self-empowerment）和周围文化——社会过程间产生联系。[3]

二、跨文化传播研究

"跨文化传播研究"起源于美国芝加哥学派对移民文化的研究，并为此获得了学科合法性。当前国际传播中的"跨文化研究"更多集中于现实社会问题的解决，较英国"文化研究"的传统来说体现着"实用主义"（pragmatism）的特色，其中语言学领域中的"语言交际"和跨国总司扩展中的不同文化成员的融合及其全球化营销策略（如全球—地方化等）的实施等，是跨文化研究的着力点。随着经济全球化的发展，"跨文化研究"更是成了新自由主义商业意识形态的重要组成部分。无论是商业逻辑下的"跨文化研究"还是人文互动下的"跨文化研究"，都体现了具有不同文

① Armand Mattelart & Érik Neveu, *Introduction aux Cultural Studies*, La Découverte, 2008, pp. 3 – 6.

② Nicholas Rengger et al. Special Issue：Cultures and Politics of Global Communication, *Review of International Studies*, V. 34, Special Issue, January 2008, p. 23.

③ George Ritzer, *Encyclopedia of Soical Theory* (Vol. 1), Sage Publicatons, 2005, p. 164.

化背景的互动者间的困境，因为文化这种知识（knowledge）形成的是价值观、生产的是态度，影响的是行为，简而言之，文化影响着人们的思考和行为方法。[1] 一幅简单的"价值观的重要性排列"表格就使问题一目了然，不同的文化群体有着不同的文化价值观，如下图所示。

文化价值观的优先性：美国、日本、阿拉伯国家[2]

国别 重要性	美国	日本	阿拉伯国家
	1 自由（Freedom）	1 归属（Belonging）	1 家庭安全（Family security）
	2 独立 （Independence）	2 团体和谐 （Group harmony）	2 家庭和谐 （Family harmony）
	3 依靠自己 （Self-reliance）	3 集体性 （Collectiveness）	3 长辈指导 （Parental guidance）
	4 平等（Equality）	4 年龄/资历 （Age/seniority）	4 年龄（Age）
	5 个人主义 （Individualism）	5 群体共识 （Group consensus）	5 权威（Authority）
	6 竞争（Competition）	6 合作（Cooperation）	6 妥协（Compromise）
	7 效率（Efficiency）	7 质量（Quality）	7 虔敬（Devotion）
	8 时间（Time）	8 忍耐（Patience）	8 忍耐（Patience）
	9 直接（Directness）	9 间接（Indirectness）	9 间接（Indirectness）
	10 开放（Openness）	10 中间（Go-between）	10 好客（Hospitality）

作为国际传播的一种形式，跨文化传播（intercultural communication 或 cross-cultural communication）用来描述跨宗教、社会、种族、教育背景等的传播活动以及由此

---

[1] Fred Luthans & Jonathan P. Doh, *International Management：Culture，Strategy，and Behavior*, 8[th]ed., McGraw-Hill Companies, Inc., 2012, pp. 108 – 109.

[2] Fred Luthans & Jonathan P. Doh, *International Management：Culture，Strategy，and Behavior*, 8th ed., McGraw-Hill Companies, Inc., 2012, p. 109.

所产生的传播问题。跨文化传播研究的公设在于：不同的文化背景决定着不同个体对信息的编码、解码及其认知过程。在认知上，这体现于来自不同文化背景的活动者有着不同的社会态度、思维模式、表述方式、行为方式等。社会学、人类学、文化研究、语言学、心理学等成了跨文化传播这份交叉学科的理论资源。因此，跨文化传播成了企业组织、民族整合、文本翻译、跨边界交流等领域中的显学。跨文化研究有着不同的视角，如作为"交际"的跨文化传播、作为"交流"的跨文化传播以及作为"文化产品"输出的跨文化传播。就日常的跨文化传播而言，人们的认知更多来自于盎格鲁－撒克逊的英语文献，在这里用于交际的书写或口语"语言"（language）成了重要的分析对象。作为"交际"的跨文化传播，更多是以认知心理学和语言学的角度来进行对话者之间的"协商"和"共识"，这是当前所谓的"跨文化传播理论"的主要范畴。在这些学者看来，在所有的跨文化传播（communication culturelle）中，存在着两个重要的维度：其一属于文化符码（codes culturels）的差异（如语言符码、非语言符码、礼貌符码、理解符码、对话符码等）；其二是个体在与"他"文化发生一切关系中的使用的不同的社会认知和心理过程［如分类、种族中心主义、异域风情（exotisme）、语境等］相对应，换句话，涉及差异性（altérité）所引起的态度意识和观察机制。[①]"书写的"与"口语的"语言成了这种传播的介质，作为中介者个体的"对话者"成了一个"文化存在"，无时不处在"象征的限制"之中。作为"交流"的跨文化传播，更多涉及政府间或非政府间的文化活动的互动，倾向于对传播内容的消费及其效果的分析，如文化团体巡回演出、教育部门之间的奖学金或项目培训、学术交流（尤其是高等教育的国际化）、企业文化或技术培训、旅游、宗教移植等。作为"交流"的文化传播成了"大传播"概念下的基本分析路径。作为"文化产品"输出的跨文化传播，更多是通过文化的商业化，常常与文化产品的生产、营销和企业管理联系在一起，其物质载体表现"文化工业"或"文化产业"，以"全球——地方化"的营销理念来实现文化产品的商业价值，在这里文化产品被看作与其他商品具有相同的经济属性，如何实现文化产业以"创意"和"生产营销"为特征的发展是关注的焦点。

大量的跨文化传播研究文献常常是与传播的长期或短期结果联系在一起，探究在全球化化背景下，文化的跨边界传播最终导致的是"全球均质文化"还是"杂交的文化"。在这里，全球化社会学（sociology of globalization）与文化人类学（cultural an-

---

① Edmond Marc Lipiansky, La Communication Interculturelle, In *Cahiers français*, n° 258, 1992.

thropology）成了主要分析的进路。社会学传统上被界定为对社会的研究。随着社会边界从地方社区扩展到国家直至全球社会（global society），全球社会学成了研究全球社会的科学，这也显示了观念、知识和社会科学的发展伴随着社会现实的变化而变化。文化人类学主要是研究人类社会中的行为、信仰、习惯和社会组织的科学。作为启蒙文化遗产继承者的欧洲学者那里"全球化"是一个充满歧义的概念，甚至是一种意识形态，并相对英语表达"全球化"提出批判性的概念，如法国传播学家阿芒·马特拉的"世界化"（mondialisation）和德国社会学家乌尔希·贝克（Ulrich Beck）的"世界化"（cosmopolitisation）。二者都有着相似的观点：在公共话语中，"全球化"思想是与世界市场联系在一起，颂扬的是新自由主义的（经济）增长和毫无障碍的跨边界人员、产品与资本的流动；"世界化"被看作一个多维度的过程来分析，在此过程中社会的历史性质与国家的功能发生变迁，并且出现了多样化的跨边界生活方式以及抵抗"市场唯一支配逻辑"的全球市民运动。① 从文化传播的角度来看，马特拉关注的是世界文化多元性的共存，贝克关心的是欧洲多元文化的融合。

不管是文化的多元共存还是文化的融合，都要涉及一个"全球—地方化"（globalization）的过程。"全球—地方化"概念起源于日本，它首先作为一种流行的商业策略，后被匹兹堡大学教授罗兰·罗伯特逊（Roland Robertson）引入到西方社会科学话语中。② 该过程的中观过程就是常说的"去地域化"和"再地域化"过程辩证过程。"去地域化"和"再地域化"概念来自于德勒兹与瓜塔里在《反俄狄浦斯》（L'Anti-Oedipe，1972）对资本主义流动的分析，用来描述一系列关系的去语境化（décontextualisation）与在其他地方被再语境化的过程。"文明的现代社会要通过解码（decodage）和去地域化的过程来界定。不过在一个地方去地域化的东西，在另一个地方被再地域化。"③ "不可能把去地域化（deterritorialisation）和再地域化（re-territorialisation）区分开来，它们彼此掺和在一起，如同一过程的正反两面。"④ 这些该概念后被引入到其他学科之中。对传播全球化的过程而言，"从国家活动者向国际活动者的转移是一个重要的理论问题。这就要理解作为集体身份意义单位的地域的'去

① Ulrich BECK，*Qu'est-ce que le compolitisme?* Paris：Flammarion，2006，pp. 23 – 24.
② Habibul Haque Khondker，"Glocalization as Globalization，Evolution of a Sociological Concept"，*Bangladesh e-Journal of Sociology*，Vol. 1. No. 2. July，2004.
③ Gilles Deleuze & Félix Guattari，L'Anti-Oedipe：*Capitalisame et schizophrénie*，Éditions Minuit，1973，p. 306.
④ Gilles Deleuze & Félix Guattari，L'Anti-Oedipe：*Capitalisame et schizophrénie*，Éditions Minuit，1973，p. 307.

180

地域化'和'再地域化'、解构和重构过程。"① 所有这些概念成了描述跨文化传播过程中过程实质及其发生的宏观或中观机制。

文化交流过程中的"意义挪用"。如果福柯的日常纪律化的权力观被称作"权力微观物理学",那么塞尔托的"日常生活实践"的文化挪用就可称作"文化挪用微观物理学"。德·塞尔托（De Certeau, 1925 – 1986）在《日常生活实践》中,沿袭法国日常社会学传统的手法,把日常活动实践看作是文化象征意义改变的手段。该书是一部研究"流行文化"（popular culture）或"边缘群体"（marginal groups）的著作,相对其他关注社会表达和行为方式的研究,塞尔托更关注群体或个人对这些表达和方式的使用,即借助这些社会文化事实（socio-cultural facts）干了什么或制作（making）了什么。这种思维把文化研究从生产者（作家、科学家、城市规划者）及其产品（书籍、话语、城市街道）的研究转向了对消费者（读者、路人）的关注,从合理化的、扩张性的、集中化的、喧嚣的、壮观的生产转向在消费过程中导向歧途的、漫射的、无处不在的、静悄悄的、几乎不可见的（另类意义的）生产。"长期以来,人们都在研究西班牙对印第安人的'成功'殖民,但何种'歧义'在这种成功的内部造成了裂痕:顺从（甚至赞同）的印第安人使强加给他们的宗教仪式、表述和法律变成了不同于征服者通过这些仪式等想要得到的东西。他们不是通过拒绝和改变,而是通过不同的使用方法和根据不同与被强加的参照体系的方式来颠覆被强加的东西。他们在这种被'同化'外部的内部仍旧是'他者'……他们制造差别的力量在于自己的'消费'方法。"② "日常生活通过诸多方法秘密猎取他者（others）的所有物以创造自己。"③ 这类不同的"实践运作方法"（ways of operating）,如日常宗教活动、日常的厨艺、日常穿戴、日常文化产品的消费等,成了使用者重新挪用（reappropriate）被社会文化生产技术所组织的空间。④ 从日常社会学的角度来看,当然这种活动又被赋予不同与强加内涵的象征意义。

在文化社会学与人类学中,"杂交"（hybridization）和"克里奥化"（creolization）是描述全球化文化维度话语中的常用词语。源自语言学的"克里奥化"和源自生物

---

① Armand Mattelart, *Penser les médias*, La Découverte, 1986, p. 184.

② Michel de Certeau, *The Practice of Everydaylife*, University of California Press, 2nd ed., 2002, p. xiii.

③ Michel de Certeau, *The Practice of Everydaylife*, University of California Press, 2nd ed., 2002, p. xii.

④ Michel de Certeau, *The Practice of Everydaylife*, University of California Press, 2nd ed., 2002, p. xiv.

学的"杂交"成了分析全球社会化过程的概念工具。这类研究受到了由现象学启发而来的日常生活社会学的影响，跨文化的活动不是一种文化对另一种文化的消灭，而是在日常的"修修补补地干零活"（bricolage）过程中，相同的文化形式被赋予了另外的意义。文化中的"修修补补地干零活"（bricolage）概念由法国人类学家克劳德·列维·施特劳斯在《野性的思维》（*La Pensée Sauvage*，1966）中引入的词汇，该概念成了一种阐释和使现存材料（materials）适应新环境或需要的方法；这种实践并没有一种提前深思熟虑的带有方向性指导，而是一种适应性的存在方式。① "克里奥化"既是通过"修修补补地干零活"的形式中借助不同片段间的混合得以实现，这是一个借助手边的材料进行临时使用的过程；又是在全球化不断进行的背景下，实现身份构合的过程。②

三、作为普遍性的跨文化传播

在《想象的共同体》中，美国学者本尼迪克特·安德森从人类学的观点和宏观角度出发，把国家界定为"一种想象的政治共同体，一种被限制的、主权的共同体"③。并解释说，"想象的"原因在于即使最小国家的成员从来也不认识自己很多同胞，甚至没听说过他们，是想象中的；"被限制的"则指国家有着自己的边界，尽管有时具有弹性；"主权的"则是因为它诞生于启蒙运动和法国大革命正在摧毁神权和王权合法性的时期；"共同体"说明了，尽管存在着不平等，但国家总是被看作深层次的横向友谊团体。安德森把"宗教"、"皇权"和"时间"看作文化的根基因素，原因在于它们形成了共同体成员的参照系，这些思想结合在一起把人们的生活坚实地锚固在事物的性质之中，并赋予活动的意义。随着资本主义和印刷技术的发展，新的想象共同体的可能性地被创造出来。安德森对国家界定的意义在于，国家共同体在宏观上把成员的社会化参照体系、主权、传播媒介、边界、社会背景等联系在一起，为把文化因素作为大国（也包括小国）博弈的基本分析因素的做法提供了有力的支持，如"软权力"。

英国左派文化学者雷蒙德·威廉斯对文化与社会的关系进行了批判分析，指出"任何统治机构都试图把'正当的'观念灌输它所统治的人们心中。"④"即使我们不

---

① Claude Lévi-Strauss, *La Pensée Sauvage*, Paris：Plon，p. 32.

② Wendy Knepper, "Colonization, Creolization, and Globalization：The Art and Ruses of Bricolage", *Small Axe* 21, October 2006, p. 71.

③ Benedict Anderson, *Imagined Communities：Reflections on the Origin and Spread of Nationalism*, VERSO, 1991, p. 6.

④ 雷蒙德·威廉斯：《文化与社会》，北京：北京大学出版社，1991 年，第 391 页。

是被支配技术吸引，至少也是满脑子充斥了支配技术。传播变成了一门渗透大众心灵、在大众心灵上留下深刻影响的科学。"① 菲利普·迪里巴纳（Philipe d'Iribarne）有一本有关企业文化研究的书《荣誉的逻辑》，在该书中我们可看到，"企业是一个非常具有文化偶然性的地方。因此，法国企业永远延续着一种直接来自于大革命前'等级社会'（société d'ordres）'荣誉的逻辑'，在该社会中，每个人根据自己的地位决定的权利和义务进行生活。与这种地位（status）支配相对的——如人们常说——是美国的契约（contrat）支配。……对于荷兰人来说，他们以容忍和尊重的方式花费很多来追寻共识（consensus），这种方式致使他们的祖先在昔日成功地把七个省艰难地整合在一起。"② 一个生活在外国的人通常会经历一定的文化震荡（culture shock）。霍夫斯泰德把其分为四个阶段。"第一阶段是新奇期（euphoria），又叫蜜月期，它通常很短充满了对游览和见识新地方的兴奋。第二阶段是文化震荡期（culture shock），此时人们在新环境中开始真实的生活。第三阶段是文化适应期（acculturation），来访者逐渐学会了在新环境下行动，适应了一些当地的价值观，增长了自信，并开始融入新的社会网络中。第四阶段是最终要达到的心理稳定期（stable state）。"③

无论从文化与社会关系的分析，还是到对企业组织文化以及异域文化适应的探究，跨文化活动不仅是存在的社会现实，而且这种现实随着全球化过程展开而逐渐加强，跨文化传播活动具有了普遍性。

在对传播的研究中，欧美文化间的差异往往成为诸多跨文化研究关注主题，因为这两个表面看起来似乎铁板一块的基督教文明也存在差异性。正因为这种差异性，才导致了一系列世界传播问题及其后果，如世界传播新秩序的诉求、联合国教科文组织（UNESCO）《文化多元性公约》的签订、世界贸易组织（WTO）的文化产品贸易协议的受挫、欧盟无边界电视指令的颁布等。如果放在发展传播的视角下，不同的文化理念指导下的传播意味着发展与建构不同的社会的政治—经济构型，也意味着不同社会对发展道路的选择。尤其在中国，欧美文化的差异关系到对信息与传播科学的理解，因为北美传播实证主义思想的特殊性逐渐取代欧洲的思辨与批判方法而具有学科

---

① 雷蒙德·威廉斯：《文化与社会》，北京：北京大学出版社，1991 年，第 391 页。

② Denis Segrestin, La logique de l'honneur: Gestion des entreprises et traditions nationales par Philippe d'Iribarne. In: *Revue française de sociologie*. 1990, 31 - 4. p. 654.

③ 吉尔特·霍夫斯泰德、哥特·杨·霍夫斯泰德：《文化与组织：心理软件的力量》，北京：中国人民大学出版社，2010 年，第 341 页。

的普遍性。实际上，对与欧美不同文化性质的分析与梳理的关注更多来自于欧洲，特别是法国，这主要源自于对美国物质——享乐主义文化入侵的担忧。就欧美文化而言，"美国的文化模式与欧洲不同。文化首先是一种扩展的手段，而不是一种身份的界定。"① 在著名的传播学者阿芒·马特拉那里，这表现为"北美的商业文化"和"作为欧洲启蒙运动遗产的启蒙文化"。"美国显示出对艺术接触民主化的关注。在欧洲，文化停留在知识分子的手中；而在美国，'文化'与'大众'（populaire）一起搏动。尤其在法国，流行文化（culutre populaire）继续包含着一种负面含义，因为它被等同于不具思想（intellectuelle）合法性的被庸俗化（vulgarisée）的文化。在欧洲，文化首先是过去留下的遗产。文化首先是不可触及的，它需要一个学习期。法国的主流文化是与'高文化'（culture haute：高级服装业、高级美食学、包括建筑、雕塑、绘画、木刻、音乐、舞蹈等美术）联系在一起的。在大西洋的彼岸，文化更多面向社会。在与传统和规范（codes）的愿望中，美国发展出了一种所有人可接触的、民主的、流行的文化。"② "通常认为，美国既没有文化也没有文化政策（politique culturelle），但文化与政治间有着牢固的联系。美国主要因政治原因于 1984 年退出了联合国教科文组织（UNESCO），以抗议该机构的政治化，在它看来，苏联及其盟友和第三世界把持了该机构。在冷战时期，美国化（américanisation）成了其国家安全政策的组成部分。就是在这个时期，欧洲发现了口香糖、可口可乐、汉堡、娱乐电影、爵士乐、摇滚乐或快餐。"③ 美国的流行文化对欧洲的入侵导致"美国化"概念在 20 世纪 30 年代欧洲的出现，"美国化"成了一种批判和动员欧洲来抵抗美国文化的工具。

不过这种抵抗在维护欧洲文化的行动上始终显得力不从心。"美国化遭到了抵抗，特别是在那些感觉到自己身份和独立面临威胁的国家。例如法国人常常抱怨自己国家的美国化——美国领导着衣服时尚和饮食方式、电视连续剧，多年的传统被抛弃。但是，这些指责尤其显示了一种对大众传播、技术发展、现代性与传统城市社会碎化的担心——更多是对现代性后果，而不是对'美帝国主义'产品的担心……美国成了法国人排斥和向往的对象，就在他们批评美国的文化霸权，在多边贸易谈判中热情地

---

① Pascal Boniface et Charlotte Lepri, 50 *Idées Reçuses Sur Les états Unis*, *Hachette*, 2008, p. 197.

② Pascal Boniface et Charlotte Lepri, 50 *Idées Reçuses Sur Les états Unis*, *Hachette*, 2008, pp. 195 – 196.

③ Pascal Boniface et Charlotte Lepri, 50 *Idées Reçuses Sur Les états Unis*, *Hachette*, 2008, p. 197.

为‘文化例外性’辩护时，又成了好莱坞产品的巨大消费者。"① "美国跨国公司的力量表现在它们对世界经济的影响。它们向外出口工业劳动的方法，如泰勒制，标准化，这些模式现在仍旧是典范，英语成为工作语言，营销与管理技术的现代化，美国产品的消费。"②

第四节　跨文化传播的理论

1955 年，霍尔在一篇题为"举止人类学"（The anthopology of manners）的论文中，提出了跨文化传播范式。③ "跨文化传播在传播学科是一个相对新的研究领域。‘跨文化传播’一词的起源往往追溯到爱德华·霍尔（Edward T. Hall）在 1959 年出版的《无声的语言》（*The Silent Language*）。到了 20 世纪 70 年代，跨文化研究的课程才开始出现在大学里。也是在 20 世纪 70 年代，跨文化研究部门才在一些主要职业机构中成立起来，如美国国家传播协会（National Communication Associaltion），国际传播协会（International Communication Association）。并且在 1974 年出现了 Fred Casmir 主编的《国际和跨文化传播年鉴》和丹·兰迪斯（Dan Landis）于 1977 年创办的《跨文化关系国际学刊》。"④ 跨文化传播研究的起源说基本上都和罗杰斯的 1999 年出版的《跨文化传播》中"跨文化传播的根源"⑤ 章节都同出一辙。

跨文化传播的研究只是简单地写一篇文章，不分问题学科视角和方法地去讲述不同个体和群体间的信息的传播、协商和共享。既然是跨文化传播的研究，就需要有自己的问题意识，研究对象、方法和所要提出结论或建议。研究跨文化传播，首先体现于传播的跨文化问题意识（problématique）。跨文化传播意味着承认文化多元性，承认传播世界化传播特征，与传播全球化意识形态形成鲜明的对比。跨文化传播的主要

---

① Pascal Boniface et Charlotte Lepri，50 *Idées Reçuses Sur Les états Unis*，Hachette，2008，pp. 198.

② Pascal Boniface et Charlotte Lepri，50 *Idées Reçuses Sur Les états Unis*，Hachette，2008，p. 25.

③ 刘双和于文秀：《跨文化传播》，黑龙江：黑龙江人民出版社，2000 年，第 48 页。

④ William B. Gudykunst，*Cross-cultural and intercultural communication*，SAGE Publications Inc，2003，p. viii.

⑤ Everett M. Rogers & Thomas M. Steinfatt，*Intercultural Communication*，Waveland Press，INC. 1999，p. 39.

兴趣在于"从属于不同文化的个人和群体间的确立的关系"。① 文化意味着身份，意味着"我"和"他者"。"自我形象与他者的形象联系在一起。实际上，我们的个人和集体身份是在与他者的关系中建立起来，成了差异关系的极点（poles）。"②

一、认识跨文化传播

首先是文化的本体论。就"文化"概念而言，界定颇多，如阿弗烈·克鲁伯（Alfred Kroeber，1876－1960）和克莱德·克罗孔（Clyde Kluckhohn，1905－1960）两个人类学家找到了200多种不同的有关文化的界定和使用；雷蒙·威廉姆斯（Raymond Milliams，1921－1988）在自己的《关键词》（Keywords）也强调了"文化是英语语言中最复杂的两三个词之一。"③ 不过，"现实应用中的'文化'／'文化的'（culture/the cultural）的所指对象（referent）互不通约（incommensurable），不过这不是每个人随便地援引'文化'。实际上，作为社会政治行为的文化引用具有高度的专一性（specifity）。"④ 刘双和于文秀援引美国人卡雷·H·多德（Carley H. Dodd）有关文化结构层面，认为文化有三个结构层面："最外面是物质层面，是人类在改造在自然的过程中形成的人与人之间的关系以及规范化的经济、政治、教育等各种制度和体制；中间层面代表在外层制度下进行的反映文化的活动，如文化规则和习俗、文化角色、艺术表达、技术与物质文化；内核是精神层面，即人类在改造自然、塑造自我过程中形成的价值观念、心理状态、思维方式、审美情趣、道德风尚、宗教信仰、民族习性等。"⑤ Edmond Marc Lipiansky 看来，跨文化传播实际上涉及两个重要维度："其一涉及文化编码的差异（如语言符码、非词语符码、礼貌符码、对话符码等）；另一个涉及个体与另一文化代表所有关系中的心理和认知过程。"⑥ 这些思考有利于摈弃种族中心主义，形成真正的跨文化传播。

---

① Jean-Rene Ladminral et Edmond Marc Lipiansky, *La communication interculturelle*, Armand Colin, Paris, 1991, p. 11.

② Fabien Nègre, La communication interculturelle chez Ladmiral et Lipiansky, In：*Quaderni*. N. 22, Hiver 1994. p. 186.

③ Roger Silverstone, The Power of the ordinary：on cultural studies and the sociology of culture, *Sociology*, Vol. 28, No. 4, November 1994, p. 991.

④ Cary Nelson et Dilip Parameshwar Gaonkar, *Disciplinarity and dissent in cultural studies*, éd. Routledge, 1996, p. 45.

⑤ 刘双、于文秀：《跨文化传播》，黑龙江：黑龙江人民出版社，2000年，第23－24页。

⑥ Les théories de la communication-La communication interculturellem, In *Cahiers français*, n° 258, 1992. http：//www. minkowska. com/article. php3？id_ article = 1001

　　其次是对跨文化传播认识论与方法论，即如何从不同的学科和方法来认识跨文化传播，如研究对象、现象学和社会科学研究方法等。对跨文化传播研究而言，随着职业活动领域的不同，研究的学科和方法也不同。例如在职业活动领域方面，媒介传播（互联网、电视、报刊、广告等）、旅游和娱乐、商业营销、企业传播、项目的经营管理、制度传播（communication institutionnelle）、职业传播、政治传播、人际传播、文化多元性中的不同文化群体传播、文化遗产的开发、教育培训等，都涉及跨文化传播，职业活动领域不同，因此跨文化传播研究的方法和学科归属也不同，如语言科学、符号学和话语理论，信息传播学，专业软件和技术，组织与管理理论，项目管理，政治科学，心理学和教育学，社会学（文化的、组织的、微观的、宏观的），人类学（社会的、文化的），等等。

　　最后是跨文化传播理论体系的形成，即从某一学科角度出发形成一定理论阐释框架或范式。理论或范式的意义在于，用一套概念、程序和方法给某一研究现象给以自圆其说的说辞。所谓的研究"前沿"，就是不同学科领域所产生的新的学术辩论和孕育的新的集体反思。在"全球化"首先是经济的全球化，随着全球化活动的展开，人员、资本和服务在国际范围内的不断增长流动成了惯例，随着而来的传播过程的"去地域化"和"再地域化"，在跨国企业经营、管理、销售和消费中尤其被称作"全球地方化"（glolocalizaion）。在此过程中，有必要指出的是"复数文化（cultures）的真正贡献不在于它们特定想象的清单之中，而在于它们彼此所提供的差别（écart différentiel）以及它们的传播能力之中。"① 跨文化能力（compétence）成了诸多领域的新词，如合作、国际企业和组织、大学研究和教学，经济、政治、宗教，等等。"社会向复数和多种族表达（représentation）方式的转移（évolution）创造有关文化和跨文化中介（médiation）和反思的新条件，这些条件成了生成意义和价值的象征机构（instance）。因此，在来自不同文化背景的人之间建立社会（sociabilité）联系的事实就构成了一种超越，它超越了分离不同文化世界的边界，并形成了一种跨文化对话，而这种跨文化对话的目标就是去考虑现代世界的多元性和杂交特征。"②

---

① Salhia Ben-Messahe, *Des frontières de l'interculturalité*：*Etude pluridisciplinaire de la représentation culturelle*：*identité et altérité*, Presses Universitaires du Septentrion, 2009, p. 9.

② Salhia Ben-Messahe, *Des frontières de l'interculturalité*：*Etude pluridisciplinaire de la représentation culturelle*：*identité et altérité*, Presses Universitaires du Septentrion, 2009, p. 9.

二、跨文化传播理论

作为国际传播的"跨文化传播"的问题意识主要来自于世界上的多元文化存在融合或杂交的可能性。从历史角度来看（historicité），在跨文化（interculturalité）研究方面存在三个中心主题：移民的跨文化的研究（l'interculturel de l'immigration）、国际关系中的跨文化（l'interculturel dans les relations internationales）研究以及跨文化管理（le management interculturel）。① 这个三个主题成为了思考文化传播的关键点。对于移民中的跨文化的研究，北美 20 世纪 30 年代的芝加哥学派对此作出了贡献，成了此项研究的开创者：面对北美大陆的移民潮，移民的社会融合（intégration）成了社会学家关注的问题，融合问题（problématique）作为多民族环境中的职业涉入被传送到学校研究机构或服务部门；从 20 世纪 60 年代开始，该学派就开始探讨脱文化（déculturation）、再文化（inculturation）和文化适应（acculturation）等过程。国际关系中的跨文化研究关注的是"他者"（autre），国际关系中的跨文化传播把文化与跨文化（l'interculturel）看成生产意义与价值关系的象征性的机构（instance），与不同群体的"社会表达"（représentations sociales）和"集体表达"（représentations collective）等概念联系在一起，文化的独特性仍是文化存在与创新的源泉，随着全球化过程的展开，"跨文化领域扩展到语言的、文化的与政治的交换；人们对近邻（proximité）国际关系、外国语教育、跨文化语言能力以及国际文化接触的研究产生了兴趣。"② 最初对跨文化管理的研究是由组织中的移民和文化多元性引起的，这涉及管理科学：其首先关注的问题是劳动整合问题，即参与企业的生产和社会的建设问题。到了 20 世纪 80 年代，管理方面的跨文化研究视角的关注点从少数民族的整合问题转向了（企业）组织的多元化管理，分析的视角从以往的对多民族群体与少数民族群体间差异的描述，转向了对交换（échanges）和互动（interactions）的理解。③ 就是在北美（具体地说美国），种族研究、文化研究和跨文化研究被联系在一起；随后对多元性的管理研究也纳入到制度化的框架下面。④

---

① Christian Agbobli & Gaby Hsab, *Communication internationale et communication interculturelle*: *Regards épistémologique et espaces de pratique*, Presses de l'Université du Québec, 2011, p. 47.

② Christian Agbobli & Gaby Hsab, *Communication internationale et communication interculturelle*: *Regards épistémologique et espaces de pratique*, Presses de l'Université du Québec, 2011, p. 53

③ Christian Agbobli & Gaby Hsab, *Communication internationale et communication interculturelle*: *Regards épistémologique et espaces de pratique*, Presses de l'Université du Québec, 2011, p. 53.

④ Christian Agbobli & Gaby Hsab, *Communication internationale et communication interculturelle*: *Regards épistémologique et espaces de pratique*, Presses de l'Université du Québec, 2011, p. 55.

如同传播的多种称谓一样,"跨文化传播"也具有同样的多语义性质,如在语言学层面上可称之为"跨文化交际",在国际文化互动层面上,又可称之为"跨文化交流",在新闻传输方面,也可称之为"跨文化宣传"。无论"跨文化交际"或"跨文化交流",还是"跨文化宣传",似乎都可用"跨文化传播"一词以蔽之,但关键是看传播活动发生的层面与专业范围。因为跨文化传播研究的视角重点是"文化"与"传播(或交际)",所以文化研究、文化人类学、心理学、交际语言学、传播学等成了跨文化传播研究的理论依据,如爱德华·霍尔(Edward T. Hall,)、理查德·刘易斯(Richard D. Lewis,)、吉尔特·霍夫斯塔德(Geert Hofstede)、克利福德·格尔茨(Clifford Geertz)等人的著作。

一般地,跨文化传播(或交际)指来自不同文化背景的人们间的互动过程,更具体地,被界定为不同群体成员彼此间的人际互动(interpersonal interaction)。[①] 换句话说,就是来自不同文化背景的人们间的"人际传播"(interpersonal communication)。

印度学者维加·吉利(Vijai N. Giri)在自己的"跨文化传播理论"的文章中提出了四个流行的理论:文化差异理路(Cultural difference)、面子协商理论(Face negotiation)、不确定性与焦虑理论(Uncertainty & anxiety)、适应理论(Accommodation)。[②] 在差异理论中,霍夫斯塔德的思想和美国人类学家爱德华·霍尔(Edward T. Hall)的"高、低语境文化"(high-and-low context)成了阐述的主要依据。霍夫斯塔德在《文化与组织:智力的软实力》中提到的不同文化的四个差异维度:个人主义—集体主义(individualism-collectism);权力距离(power distance);不确定性避免(uncertainty avoidance);男性与女性特质(masculinity-femininity)。换句话说,不同的文化间存在着差异,有着个人主义或集体主义、面对权力分配不平等的低或高容忍度、不确定性的低或高容忍度、男性或女性表现的特征,这些特征都对传播或交际行为产生影响,如以男性表现为特征的文化重在竞争、表现、成功,以女性表现为特征的则关注合作、养育、和谐。霍尔的高低语境文化体现着传播和交际行为对语境(context)依赖程度的高低,如高语境文化的信息除了字面意思外,隐藏的维度需要通过语境来传递;低语境文化,传播信息主要体现在言语之中。面子协商理论的假设

---

① Vijai Nl Giri, "Intercultural Communication Theories", *Encyclopedia of Communication Theory*, Stephen W. Littlejohn & Karen A. Foss (ed.), SAGE, 2009, p. 532.

② Vijai Nl Giri, "Intercultural Communication Theories", *Encyclopedia of Communication Theory*, Stephen W. Littlejohn & Karen A. Foss (ed.), SAGE, 2009, pp. 533 – 536.

是，"当我们的社会尊严受到打击或嘲笑时，我们感觉有必要恢复和保住面子。"① 该理论强调不同文化（或文化的差异）对面子保护策略的影响，关注人际关系对面子的影响，如集体主义、高语境文化的交际者易于照顾双方的面子和包容，能使他们通过妥协和乐于帮助的方法来处理冲突。不确定性与焦虑理论则显示"群体间/文化间的交际效果是个体在彼此交流过程中所体验焦虑和不确定性的函数。"② 不同的文化群体采用的应对"焦虑和不确定性"的策略不同，如个人主义文化（如美国）倾向以个人为基础的信息来减小不确定性，而集体主义文化（如日本）则用以集体为基础的信息来减小不确定性。适应理论关注言语会合（convergence）或分歧（divergence）在减小或增加不同群体成员间的交际距离；因文化差异，跨文化群体成员在交际过程中采用不同的传播（交际语言学）策略来靠近或疏远自己的对话者。

另一个跨文化传播理论的元理论描述者是加利福尼亚州立大学言语传播学（Speech Communication）教授威廉·B·古迪孔斯特（William B. Gudykunst）等，它在《跨文化传播的理论化》中以论文集的形式把美国学界的跨文化理论进行了比较概括性的元理论展示，具有"熔炉"（如移民文化）之称的美国的多元文化构成了这些理论产生的背景。古迪孔斯特把跨文化传播分成七个彼此并不排斥（甚至有些重复）的主题范畴："（1）整合文化与传播过程的理论（Theories that integrate culture with communicatin processes）；（2）解释传播中文化可变性（Theories explaining cultural variablity in communication）；（3）聚焦实际传播结果的群体间或跨文化理论（Intergroup/intercultural theories focusing on effective outcomes）；（4）聚焦适应的理论（Intergroup/intercultural theories focusing on accomodation or adaption）；（5）聚焦身份管理和协商的群体间或跨文化理论（Intergroup or intercultural theories focusing on identity management or negotiation）；（6）聚焦于传播网络的群体间或跨文化理论（Intergroup/intercultural theories focusing on communication networks）；（7）聚焦于文化适应或调整的跨文化理论（Intercultural theories focusing on acculturation or adjustment）。"③ 这七个主题范畴被古迪孔斯特进行了梳理总结，总体情况如下表所示：

---

① Vijai Nl Giri, "Intercultural Communication Theories", *Encyclopedia of Communication Theory*, Stephen W. Littlejohn & Karen A. Foss (ed.), SAGE, 2009, p. 534.

② Vijai Nl Giri, "Intercultural Communication Theories", *Encyclopedia of Communication Theory*, Stephen W. Littlejohn & Karen A. Foss (ed.), SAGE, 2009, p. 535.

③ William B. Gudykunst et al., *Theorizing About Intercultural Communication*, SAGE Publications, 2005, p. 5 – 6.

跨文化研究理论主题框架①

主题范畴	主要理论	关键内涵
整合文化与传播过程的理论（Theories that integrate culture with communicatin processes）	建构理论（Constructivist Theory）	"传播逻辑由文化决定"，"作为一个机制，构建活化（construct activation）是社会认知中影响文化差异的主要因素"。
	信息内涵的同位调整理论（或意义管理理论，Coordinated Management of Meaning）	"该理论被用来解释被作为社会情节的规则"，"描述社会情节（episode）关键就要看社会场合情景"。
	言语代码理论（Speech Code Theory）	"言语代码是指历史上制定的，社会中建构的与传播行为相关的概念、意义、前提和规则"，"为社区谈话中意味着传播行为的不同代码"。
解释文化多面性维度理论（Theories explaining cultural variablity in com-munication）	面子—协商理论（Face-Negotiation Theory）	"结合文化层面和个人层面的特征来解释面子问题、冲突形式和维护面子的行为"，面子是"个体期望他人予以其自我社会价值认同的一种需求感"。
	谈话制约理论（Conversational Constraints Theory）	"谈话是有目的的，要求传播者之间相互调整，原因在于存在着谈话制约"，"不同的文化选择的传播策略不同"。
	违背期望理论（Expectancy Violation Theory）	"每种文化都有一定的行为规范，让人们可以借以预期他人的行为"，"关注的是人们对个体行为的预期及这些预期被违背时人们的反应"。

① 威廉·B·古迪孔斯特："美国跨文化传播理论综述（一、二）"，《中国传媒报告》总第11、14期，2004年第5期，2005年第2期，pp. 91 - 107、pp. 54 - 70.

（续表）

主题范畴	主要理论	关键内涵
聚焦实际传播结果的群体间或跨文化理论（Intergroup/intercultural theories focusing on effective outco-mes）	文化会合理论（Cultural Convergence）	"两个或两个以上的个体或群体分享信息达到理解彼此及所属文化"。
	焦虑/不确定性管理理论（Anxiety/Uncertainty Management）	"当焦虑和不确定性介于最小和最大限度之间时，我们可以通过有意识地控制一种基本因素（如移情力）来提高传播质量或者有意识与陌生人协商信息内涵"。
	群体有效决策理论（Effective Decision Making）	"消极环境因素越多（如群体间有过冲突的历史），群体越是异质性，群体成员就越少注重他人和彼此的脸面，群体传播的有效性就降低；群体越是呈现个人主义倾向，越多成员采用支配式的解决冲突模式，轮流讲话；群体越是呈现出集体主义倾向，就越多成员选择协调式的解决冲突模式，共同参与"。
	跨种族传播的整合理论（An Integrative Theory of Interethnic Communication）	"传播双方的关联性编码与解码会增进传播双方的理解，非关联性编码和解码则容易导致误解和冲突"。
聚焦适应的理论（Intergroup/intercultural theories focusing on accomodation or adaption）	传播适应理论（Communication accommodation theory）	"在传播的过程中，说话者运用语言策略以博取赞同或显示个性"。
	跨文化调整理论（Intercultural adaptation theory）	"传播者在有目的的传播过程中彼此调节以相互适应"。
	共文化理论（Co-cultural theory）	"处于边缘地位的共文化群体成员可以凭借一定的传播方式来获取成功"。

（续表）

主题范畴	主要理论	关键内涵
聚焦身份管理和协商的群体间或跨文化理论（Intergroup or intercultural theories focusing on identity management or negotiation）	文化身份理论（Cultural Identity theory）	"在跨文化传播中，传播一方给对方文化身份的认定与对方自认定的文化身份越契合，跨文化传播能力越强"。
	身份管理理论（Identity management theory）	"具有多重身份的传播者经历着共同身份点发现、身份融合、身份重新协商过程三个循环过程"。
	身份协商理论（Iidentity negotiation theory）	"人们在认知、情感和行为方面应变能力越强，商定身份的效率越高。人们掌握的传播资源越多样化，他们在互动的身份确定、协调与协同方面的效率越高"。
	有关身份的传播理论（Communication theory of Identity）	身份是一种"传播过程"，是对话双方关系的一部分，是双方"共同商定的"。
聚焦于传播网络的群体间或跨文化理论（Intergroup/intercultural theories focusing on communication networks）	跨群体传播能力理论（Outgroup communication competence theory）	"传播者自身有意或无意依赖于其所在网络的成员来认识和解释他人的各种各样的特征与行为，成员越不同，与外群体关系越密切，传播能力越强"。
	文化内与跨文化的传播网络理论（Intracultural versus intercultural networks theory）	"跨文化情境下的行为比文化内部的行为具有更大的变动性"。
	网络与文化移入适应理论（Networks and acculturation theory）	"移民的文化适应与社会网络有关系"。

（续表）

主题范畴	主要理论	关键内涵
聚焦于文化适应或调整的跨文化理论（Intercultural theories focusing on acculturation or adjustment）	传播文化适应理论（Communication acculturation theory）	"实现跨文化适应，是陌生人与接受陌生人的环境双方共同努力的结果"。
	互动文化适应模式（Interactive acculturation model）	"居住国成员与移民群体之间的关系是'受到国家整合政策的影响下的双方文化适应倾向共同作用的结果'"。
	关于适应的焦虑/不确定性管理理论（Anxiety/uncertainty management theory of adjustment）	"调整（并留意控制）不确定与焦虑的感受是陌生人进行跨文化适应的基本条件，适应能力与陌生人在不确定和焦虑的感受中所进行的调适是分不开的"。
	在同化、偏离、疏远状态的传播理论（Communication in assimilation, deviance, and alienation states theory）	"当个人（或是群体）的看法在与他人的传播中得到正面的强化，便达到'同化'的状态，当个体成员遵守期望的规范时，群体便达到'同化'的状态"。
	关于适应的文化图式理论（Schema theory of adaptation）	"为了适应新的文化环境，会积极地尝试重构自身的文化图式或者总结新的文化图式"。

　　不管是吉利还是古迪孔斯特的跨文化传播理论的元理论描述，基本上都局限于语言学层面上的交际，不过这也是目前对跨文化传播理论研究相对比较完善的作品。对于跨文化传播中的文本、影像、信息等对象，现有跨文化传播理论似乎鲜有涉及，更多被归于"文本阐释学"的范畴："虽然文本阐释学通常被用于书面文本的解读，但它并不局限于这个范围。……从本质上说，文本就是一种记录——文字的、电子的、影像的，或者是以其他方式保存的，甚至连行动本身也可被视为本文。"① 随着传播研究视野的扩展，更多的传播活动被纳入跨文化传播研究的范畴，跨文化传播也将涉及更多的中观或宏观理论：如框架分析、主题构建、知识社会学等。这就是，社会经

---

　　① 斯蒂芬·李特约翰：《人类传播理论》，北京：清华大学出版社，2004 年，第 221 页。

济领域、重新发明的神话、重造的经济等所有领域中的跨文化性（interculturalité）表象质询着跨文化性的构建、前沿和表达（représentations），同样质询着自由交换和新的身份诉求间的构合，一致化和多元化过程的协调以及现实和历史的衔接。①

第五节　文明的冲突：一个难以确定的问题

"对他者的体验显示，不管人们的文化有怎样的不同，把人们聚集在一起的东西要多于把人们分开的东西。把人们分开的是他们的语言、历史和生活世界。我们共同拥有的是基本的肉体和情感体验：饥饿、恐惧、痛苦、幸福、爱等。所有这些深刻的相似性，成了把人们联系在一起的基石。这种共享的情感和心理基础使人们有能力和机会用自己的不同的世界观知识来心领神会地渗入他者的动机结构中。"② 虽然有这样的愿望美好的描述，但现实的文明或现实政治的冲突增加了不少难度，因为我们仍旧生活在以充满意识形态的世界里。

美国政治学家塞缪尔·亨廷顿（Samuel P. Huntington）于 1993 年在美国《外交杂志》上写了一篇题为《文明的冲突?》的文章，据说是为了回应福山（Francis Fukuyma）于 1992 年为歌颂因苏联垮台与东欧剧变的出现"历史的终结"（即西方民主制一统世界）著的《历史的终结与最后的人》（*The End of History and the Last Man*）。"历史没有终结。世界不是一个世界。文明既把人类联系在一起，又把他们分开。"③ 其假设认为："在这个新世界中，冲突的根本根源不再首先是意识形态的或经济的。人类间的重要分歧和冲突的支配性根源将是文化的。民族国家仍旧是世界事务中最有力的行动者，但是全球政治的主要冲突将出现不同文明的群体和国家之间。文明间的犯规界限将是未来的战争边界线。"④ 并于 1996 年写了一部《文明的冲突与世

---

① Salhia Ben-Messahe, *Des frontières de l'interculturalité*：*Etude pluridisciplinaire de la représentation culturelle*：*identité et altérité*, Presses Universitaires du Septentrion, 2009, p. 12.

② Eberhard Rothfuss, Intersubjectivity, Intercultural Hermeneutics and the Recognition of the Other, *ERDKUNGE*, 2009, Vol. 63, No. 2, p. 180.

③ Samuel P. Huntington, If Not Civilizations, What? Samuel Huntington Responds to His Critics, *Foreign Affairs*, November/December, 1993, Retrieved 2012 – 5 – 15, http：//www. foreignaffairs. com/articles/49414/samuel-p-huntington/if-not-civilizations-what-samuel-huntington-responds-to-his-crit? page = show

④ Samuel P. Huntington, The Clash of Civilizations?, *The Clash of Civilizations*：*The Debate*, (2nd Edition), FOREIGN AFFAIRS, 2012, p. 1.

界秩序的重造》，对此进行了详细的论述，最后预测一场世界大战：一方是中国、日本、伊朗、朝鲜；另一侧西方、俄罗斯、印度等。

"文明的冲突"概念并不是亨廷顿的杜撰。1990 年贝尔纳·刘易斯（Bernard Lewis）在《大西洋月刊》写了一篇《穆斯林愤怒的根源》（*The Roots of Muslim Rage*），提出伊斯兰教与犹太—基督教间的"文明的冲突"（The Clash of Civilizations）①，该概念被亨廷顿扩展到七个或八个文明之间。面对诸多反应。亨廷顿在同年又有写了《如果不是文明，那是什么·塞缪尔·亨廷顿回应对他的批评》来回应：认为自己的"文明冲突"是一种解释世界秩序的范式，即文明范式，并列举了诸多发生在前一篇文章后的诸多世界事例，最后指出："在《外交杂志》上的所有回应并没有提供任何另一种具有令人佩服的世界图景。……文明范式的批判者们没有为当前世界上正在发生的事情提供一个更好的解释。……制造文明间冲突的力量只有在他们被认识后才能被抑制。在一个具有不同文明的世界里，每个文明必须学会与其他文明共存。对人们来说最终重要的不是政治意识形态或经济利益。信念和家庭，血缘和信仰，这是人们要与之保持一致的东西，是他们为之战斗和献身的东西。这就是为何文明的冲突代替冷战成了全球政治的关键现象，为何文明范式提供了一个理解和应对当前世界正在发生的变化的有用的起始点。"②

对于对"文明冲突范式"的反映或批评主要分两类：一种现实主义主义观点，主要国际政治和关系显示出发，观察当今国际政治侧重点的变迁，如欧盟主席雅克·德劳（Jacques Delors）的"未来的冲突更多将由文化因素而不是经济或意识形态因素点燃……西方需要深刻理解隐藏在其他文明背后的哲学和宗教思想（assumptions）以及他者看待他们自己利益的方法，需要去识别我们共享些什么"③；另一种是浪漫主义观点，主要从理想的普世主义出发，具有浓厚的人文主义的色彩，想象一种多元共处的世界图景，如美国阿拉伯裔学者爱德华·萨义德就对亨廷顿的"西方"和"伊

---

① Bernard Lewis, The Roots of Muslim Rage, *the Atlantic*, September 1990. Retrieved 2012 – 5 – 15, http：//www. theatlantic. com/magazine/archive/1990/09/the-roots-of-muslim-rage/4643/

② Samuel P. Huntington, If Not Civilizations, What? Samuel Huntington Responds to His Critics, *Foreign Affairs*, November/December, 1993, Retrieved 2012 – 5 – 15, http：//www. foreignaffairs. com/articles/49414/samuel-p-huntington/if-not-civilizations-what-samuel-huntington-responds-to-his-crit? page = show

③ Samuel P. Huntington, If Not Civilizations, What? Samuel Huntington Responds to His Critics, Foreign Affairs, November/December, 1993, Retrieved 2012 – 5 – 15, http：//www. foreignaffairs. com/articles/49414/samuel-p-huntington/if-not-civilizations-what-samuel-huntington-responds-to-his-crit? page = show

斯兰"的文明身份界定以及把注意力集中在两者的冲突上而愤愤不平，责怪其没有注意到每种文明中内部的多元性以及现代诸多文化文化的主要争论在于每种文化的阐释与界定。[①] 另外，其他的"文明间的对话说"，"文明联盟说"旨在宣扬文化对话和交流的观点都被提出来作为对"文明冲突论"的批判，实际上，亨廷顿并没有否认文明间交流的努力，并提出文明间要学会共存。虽然法国的"红酒"和"好莱坞大片"受到普遍的欢迎，但不能因此说明它们成了"人类文化上的最后共识"。

本章参考文献：

爱德华·W·萨义德．东方学．三联出版社，1995

陈卫星．传播的观念．北京：人民出版社，2004

吉尔特·霍夫斯泰德、哥特·杨·霍夫斯泰德．文化与组织：心理软件的力量．北京：中国人民大学出版社，2010

雷蒙德·威廉斯．文化与社会．北京：北京大学出版社，1991

刘双和、于文秀．跨文化传播．哈尔滨：黑龙江人民出版社，2000 年

斯蒂芬·李特约翰．人类传播理论．北京：清华大学出版社，2004

威廉·B·古迪孔斯特．美国跨文化传播理论综述（一、二）．中国传媒报告，2004，（5），2005（2）

特伦斯·霍克斯．结构主义和符号学．上海：上海译文出版社，1987

中根千枝．适应的条件．石家庄：河北人民出版社，1989

Agbobli，Christian & Hsab，Gaby. *Communication internationale et communication interculturelle：Regards épistémologique et espaces de pratique.* Ville de Québec：Presses de l'Université du Québec，2011

Anderson，Benedict. *Imagined Communities：Reflections on the Origin and Spread of Nationalism.* London：VERSO，1991

Baldwin，Elaine et al. *Introducing Cultural Studies.* London：ENTICE HALL EROPE，1998

Baradi，Claudio. New Forms of Intercultural Communication in a Globalized World. *The International Communication Gazette*，2006，68（1）

Bayer，Thoral Ilin. *Cassirer's Metaphysics of Symbolic Forms.* New Haven：Yale Univer-

---

① Edward W. Said，The Clash of Ignorance，*The Nation*，October 4，2001，Retrieved 2012-5-15，http：//www. thenation. com/article/clash-ignorance？ page = full

sity Press，2001

BECK，Ulrich. *Qu' est-ce que le compolitisme?* Paris：Flammarion，2006

Benedict，Ruth. *Patterns of Culture.* London：Routledge，1960

Bennett，Miltion. *Basic Concepts of Intercultural Communications：Selected Readings.* Yarmouth：Intercultural Press，1998

Boniface，Pascal et Lepri，Charlotte. 50 *Idées Reçuses Sur Les états Unis. Paris*：Hachette，2008

Bucler，Justus. *Philosophical Writings of Peirce.* New York：Dover Publications，INC，1955

Cassiere，Ernst. *An Essay on Man：An Introduction to a Philosophy of Human Culture.* New York：Doubleday &Company INC. ，1944

Certeau，Michel de. *The Practice of Everydaylife* （2nd ed. ）. Berkeley：University of California Press，2002

Chandler，Daniel. Semiotics：*The Basics* （2nd ed. ）. London：Routledge，2007

Cultures et Civilisations，UNESCO，http：//www. unesco. org/dialogue/fr/culture1. htm Retrieved 2010 – 11 – 07

Définition de l'UNESCO de la culture，Déclaration de Mexico sur les politiques culturelles. Conférence mondiale sur les politiques culturelles，Mexico City，26 juillet – 6 août 1982

Deleuze，Gilles & Guattari，Félix. *L'Anti-Oedipe：Capitalisame et schizophrénie.* Paris：Éditions Minuit，1973

Eagleton，Terry. *Literary Theory：An Introduction* （2nd ed. ）. Oxford：Blackwell Publishing，1996

Firestein，David. China：A Top U. S. Domestic Policy Issue? *the Globalist*，Monday，October 22，2012. Retreibed 2012 – 11 – 7. http：//www. theglobalist. com/StoryId. aspx? StoryId = 9786

Fiske，John. *Television Culture.* London：Routledge，1999

Foucault，Michel. *Dits et Écrits* （1954 – 1988）（I）. Paris：Gallimard，1994

Foucault，Michel. *L'archéologie du savoir.* Paris：Gallimard，1969

Foucault，Michel. *Les Mots et les Choses*，. Paris：Gallimard，1966

Gudykunst，William B. et al. . *Theorizing About Intercultural Communication.* London：SAGE Publications，2005

Gudykunst, William B. . *Cross-cultural and intercultural communication.* London：SAGE Publications Inc ，2003

Hall, Stuart（ed. ）．*Culture, Media, Language：Working Papers in Cultural Studies 1972 - 1979* . London：Routledge，2005

Huntington, Samuel P. . If Not Civilizations, What? Samuel Huntington Responds to His Critics. *Foreign Affairs*, November/December, 1993, Retrieved 2012 - 5 - 15, http：// www. foreignaffairs. com/articles/49414/samuel-p-huntington/if-not-civilizations-what-samuel-huntington-responds-to-his-crit? page = show

Huntington, Samuel P. *The Clash of Civilizations*：The Debate, （2nd Edition）. New York：FOREIGN AFFAIRS, 2012

Katz , Elihu & Liebes, Tamar. *The export of meaning, cross cultural readings of Dallas.* Cambridge：Polity Press，1993

Khondker, Habibul Haque. Glocalization as Globalization, Evolution of a Sociological Concept. *Bangladesh e-Journal of Sociology*, 2004, 1 （2）

Knepper, Wendy. Colonization, Creolization, and Globalization：The Art and Ruses of Bricolage. *Small Axe*, 2006

Ladminral, Jean-Rene et Lipiansky, Edmond Marc, *La communication interculturelle.* Paris：Armand Colin, 1991

Les théories de la communication-La communication interculturellem. In *Cahiers français*, 1992, （258）http：//www. minkowska. com/article. php3? id_ article = 1001

Lewis, Bernard. The Roots of Muslim Rage. *the Atlantic*, September 1990. Retrieved 2012 - 5 - 15, http：//www. theatlantic. com/magazine/archive/1990/09/the-roots-of-muslim-rage/4643/

Lipiansky, Edmond Marc. La Communication Interculturelle. In *Cahiers français*, 1992, （258）

Littlejohn, Stephen W. & Foss, Karen A. *Encyclopedia of Communication Theory.* London：SAGE, 2009

Luthans, Fred & Doh, Jonathan P. . *International Management：Culture, Strategy, and Behavior*, 8th ed. . New York：McGraw-Hill Companies, Inc. , 2012

Mattelart, Armand. *La culture contre la démocratie.* Paris：La Découverte, 1984

Mattelart, Armand. Penser les médias. Paris：La Découverte, 1986

Mattelart, Armand & Neveu, Érik. *Introduction aux Cultural Studies.* Paris: La Découverte, 2008

Messahe, Salhia Ben -. *Des frontières de l'interculturalité: Etude pluridisciplinaire de la représentation culturelle: identité et altérité.* Villeneuve d'Ascq: Presses Universitaires du Septentrion, 2009

Mucchielli, Alex. *L'analyse phénoménologique et structurale en sciences humaines.* Paris: PUF, 1983

Nègre, Fabien. La communication interculturelle chez Ladmiral et Lipiansky. In: *Quaderni.* 1994, (22)

Nelson, Cary et Gaonkar, Dilip Parameshwar. *Disciplinarity and dissent in cultural studies.* London: Routledge, 1996

Rengger, Nicholas et al. Special Issue: Cultures and Politics of Global Communication. *Review of International Studies*, 2008, 34 (Special Issue)

Ritzer, George. *Encyclopedia of Social Theory* (Vol. 1). London: Sage Publications, 2005

Rogers, Everett M. & Steinfatt, Thomas M. . *Intercultural Communication.* Long Grove: Waveland Press, INC. 1999

Rothfuss, Eberhard. Intersubjectivity, Intercultural Hermeneutics and the Recognition of the Other. *ERDKUNGE*, 2009, 63 (2)

Said, Edward W. The Clash of Ignorance. *The Nation*, October 4, 2001, Retrieved 2012 - 5 - 15, http://www. thenation. com/article/clash-ignorance? page = full

Sapir, Jacques. Culture économique, culture technologique, culture organisationnelle. In: Cahiers du monde russe: *Russie, Empire russe, Union soviétique, états indépendants.* 1995, 36 (1 - 2)

Segrestin, Denis. La logique de l'honneur: Gestion des entreprises et traditions nationales par Philippe d'Iribarne. In: *Revue française de sociologie.* 1990, 31 (4)

Silverstone, Roger. The Power of the ordinary: on cultural studies and the sociology of culture. *Sociology*, 1994, 28 (4)

Strauss, Claude Lévi -. *La Pensée Sauvage.* Paris: Plon, 1983

Tiercelin, Claudine . *C. S. PEIRCE ET LE PRAGMAISME.* Paris: Presses Universitaires de France, 1993

Tomei，Samuël. *Le Pouvoir*：*Symboles et Mythes*. Paris：éditions du Palais，2011

Toomey，Stella Ting － . *Communicating Across Cultures*. New York：The Guilford Press，1999

思考题：

1. 如何理解文化符号学。

2. 理解符号指称过程的变迁。

3. 文化研究与跨文化研究的区别。

4. 跨文化传播有哪些理论。

5. 如何看待文化间的冲突。

第九章
国际传播中的另类全球化

本章要点:

* 另类传播全球化的界定与维度
* 另类全球化与国际社会公民运动
* 行动主义与媒介的关系
* 另类传播全球化所面临的挑战

另类全球化（altermondialisation）的支持者并不反对全球化本身、边界的开放以及这种开放可能允许或引起的后果。他们抗议的是支配全球化的经济模式，追求一种关注人类和环境的发展方式。①

——Michel Venne

第一节　走向另类全球化

从社会学的角度来看，如同社会与文化一样，也存在着复数的全球化，即由于文化与社会的多样性，经济逻辑并不是全球化的唯一支配逻辑，还存着全球化的其他动力及其逻辑的可能性。在经济逻辑占优势的情况下，不同的社会和文化就需要不断地

---

① Michel Venne, "Texte du discours de la séance plénière", Marie-Christine Wedmann-Koop, *Le Québec à l'aube du nouveau millénaire*: *Entre tradition et modernité*, Presses de l'Université du Québec, 2008, p. 4.

抗争来实现和壮大另类全球化，换句话，国家和全球社会的发展并不一定遵循相同的发展模式，存在着制度、体制与组织（政治、经济、社会）的多元性。无论发展还是现代化，就是要借助传播来实现政治、经济乃至社会的合理的发育与增长。国际传播中的另类全球化的问题意识主要来自于传播的商业唯一支配逻辑以及对社会团结的呼吁。

一、另类全球化

不同的学科领域可用"另类的全球化"概念来表述不同的内涵，这属于概念的演变问题。除了传播领域之外，在狭义的经济领域也存在着"另类全球化"的概念：自西方工业革命以后，资本主义的历史被理解为一系列不同的全球化面孔（figures），这些面孔每次都通过民族国家与世界经济的具体（spécifique）关系表现出来，经济的全球化浪潮在这里被描述为从一种国际增长模式（régime）转向另一种模式。① 如19世纪后后半期的以"自由交换"为特征的全球化浪潮不仅动摇了业已建立的工业化社会的内聚力，而且刺激了欧洲大陆国家的转型，促使了地产所有权模式向围绕以动力、资产阶级和工资制为特征的公司团体构建的现代国家过渡，后者中不同构成元素间的冲突又促使了国家仲裁作用的发展；"二战"后的五六十年代的全球化特征表现为"世界资源"的分配，自由主义为其理论特征，新的国际机构为资本主义的发展起到了推动作用；在20世纪80年代后，全球化的特征从"物质"转向了"信息"，新自由主义成了主导全球化的学说。

埃德加·莫兰说："必须理解全球化存在着两个面孔。一个纯粹是技术和经济的，基于利润（profit）之上；另一个在为全球公民身份（citoyenneté）做准备，生产一种把地球作为国家的归属意识。这种正通过社会运动被孕育的意识将生产一种国际公民，他必将使我们把地球开化成一个'全球社会'。"② 换句话，"如果一方面出现一个占支配地位的技术经济（technoéconomique）的全球化，那么另一方面也存在着另一种具有人文和民主特征的没有完成的、脆弱的全球化。与'世界帝国'（empire-monde）相对应的是'世界社会'。"③ 因此，任何一种面孔相对另一种体现着"另类

① Fayolle Jacky. D'une mondialisation à l'autre. In：*Revue de l'OFCE*. N°69，1999. pp. 161–206.

② De Filippis Vittorio，Porto Alegre，"l'internationale citoyenne en gestation"，Entrevue avec Edgar Morin，Liberation，Retrieved 2012–05–13. http：//www. liberation. fr/economie/0101362776-porto-alegre-l-internationale-citoyenne-en-gestation

③ Philippe Zarifian，*L'échelle du monde*：*Globalisation*，*Altermondialisme*，*Mondialité*. Paris：La Dispute，2004，p. 19.

全球化"的特征。

"另类全球化"有不同表达：或 l'autre mondialisation 或 altermondialisation（即 alternative mondialisation）的缩写。在英语成为"地球村"的主流话语语言时，英语中的"globalization"（全球化）成了描述全球在各个领域跨边界整合的状态的术语。Mondialisation（世界化）是拉丁语系中的术语，在英语言中找不到相对等词语来表述，但随着英语的普及，特别是法语区的学者就用拉丁语系中的 mondialisation 来与英语中的 globalization 对接，但这种对接掩盖了两种传播理念的差异。法国著名的传播学者阿芒·马特拉（Armand Mattelart）对文化人类学中的语言角度对此此精辟的分析和解释，即传播的"世界化"（mondialisation）本身就是相对传播的"全球化"（globalization）的"另类全球化"，不再需要一些多余的词缀，如 l'autre mondialisation 或 altermondialisation 等概念。马特拉认为，符号学（sémiotique）领域的斗争是理解传播的重要挑战之一，因为"它（符号学）是社会控制的一种方式：政治的界定从语言开始"①。"在概念界定的后面是新的真理体系、新的权力行使方式和新的人类社会整合方式在发生作用。"② 在目前来看还没有人超越这种见解。

二、另类全球化的原因

另类全球化的产生有诸多原因，如社会的、政治的、经济的等，它包含着不同的层面与领域的现实与想象的诉求。随着现代化和全球化过程的进一步深入，人类的"目的性"行为造成了诸多现实的社会与自然环境问题。社会、政治、经济、文化等方面的构建的合理性（rationality）受到了质疑，如试图摧毁所有民族国家制度障碍的新自由主义、经济方面的公正、不同政治取向上的民主主张、不同民族的自觉、基本人权、环境的保护，等等。于是，"另一种世界是可能的！""另类世界是可能！"等口号回荡在国际公共领域（public sphere）之中，地方的或国际的市民社会运动此起彼伏，如抗议高峰经济论坛［如达沃斯，20 国首脑峰会（G20）］的召开、抗议经济发展造成自然环境恶化等。这种"另一种"或"另类"的限定语试图呼吁构建一种有别于当今以"工具—目的性"为主导逻辑的"合理化"（rationalization）过程。其实，这种呼吁体现着对欧洲启蒙文化的留恋和对批判的、反思的现代现代性的向往。

---

① Armand Mattelart, Entrevue dans *Le Monde*, 1ᵉʳ février 2002（propos recueillis par Stéphane Mandard）.

② Armand Mattelart（avec M. Mattelart）, *Penser les médias*, La Découverte, 1986, p. 260.

第二节 另类全球化传播的维度

何谓另类全球化？主要地就是要寻求和建立另类的、不同于世界现行的政治的、经济的、社会的传播全球化，构建新的国际传播新秩序。这种诉求的原因在于世界上某种经济或政治霸权逻辑的存在。亨廷顿毫不掩饰地写道，"与其他文明相比，西方现在处在权力（power）的顶峰。……它主宰着国际政治和安全机构，并与日本一道支配着国际经济机构。国际政治和安全问题由美国、英国和法国的'理事会'进行有效地解决，世界经济问题则有美国、德国和日本来解决，所有这些国家彼此维持着亲密的关系，把非西方国家排斥在外。在安理会或国际货币基金组织中采取的决策反映着西方的利益，它们被作为国际社会的愿望呈现给世界。'国际社会'（world community）一词代替'自由世界'成了委婉的集体名词，用来给反映美国和西方利益的行为以全球合法性。通过国际货币基金组织，西方来筹划自己的经济利益，把自己认为合适的经济政策强加给其他国家。……实际上，西方正在按照保持西方主导地位的方法，用国际机构（international institutions）、军事力量和经济资源来经营着世界，保护着西方的利益，推进着西方的政治与经济价值观。"[1]

在另类全球化传播议题的讨论中，法国的传播学家阿芒·马特拉站在了传播理论与实践的前沿。这位从20个世纪60年代来到拉美进行社会学、人类学与传播学研究的学者经历了拉美的革命运动——特别是智利民选总统阿连德被内外势力（主要是美国）协同推翻而且自己遭驱逐——以及传播空间的国际化过程，尤其是美国跨国公司于20世纪六七十年代在拉美的传播以及自80年代以后，新自由主义的泛滥。站在发达国家与发展中国家的交汇处，阿芒·马特拉从启蒙共和思想出发，追寻着另类传播全球化的研究。他的另类传播全球化思想成了"另类传播"的思想主流。

在马特拉的眼中，另类全球化首先是一个词源学问题。从词源学来说，"在英语中，global（全球的、整体的）与holistic（整体的）是同义词。与'世界化'及局限于地理维度的其他拉丁语系的同义语言不同，它明显参照了整体论思想，即综合一致性与系统一致性的思想。全球化就像19世纪末的'国际化'一词，它来自英语，它试图涵盖经济领域的一体化过程，并通过推理来解释全球的整体情形。"[2]"世界化"

---

① Samuel P. Huntington, *The Clash of Civilizations?*, *The Clash of Civilizations：The Debate*, (2nd Edition), FOREIGN AFFAIRS, 2012, pp. 20 – 21.

② Armand Mattelart, *Le mondialisation de la communication*, PUF, 1996, p. 82.

概念是所有拉丁语系语言中的一个概念，主要应用于欧洲和南美洲地区（除了紧靠美国的墨西哥）。"世界化"是和马特拉的"传播世界"相联系的一个概念，注重差异性的存在。从概念偏重的领域来看，"全球化"是描述生产和商业化空间在整个"经济世界"的扩展过程，而"世界化"则是再现"传播世界"的各种传播活动，包括经济、文化、技术等。"'世界化'概念使我们看到了一种地缘政治扩张的事实；'全球化'概念非常复杂，体现着对世界的重组方案。"[1] 在马特拉看来，全球化的关键问题在于，"全球化"这个诞生于管理和市场营销领域并以经济整合为目的概念被用来指称一切文化产品和文化交换的国际化现象，并试图用商业的服务和管理模式及逻辑对社会进行治理，忽略了世界的真实复杂性以及经济和传播整合造成的社会排斥。"世界化逻辑使人们注意到，传播系统和经济的世界化与不同地区，社会全体间不平等的出现联系在一起，换句话说，与新的排斥根源联系在一起。全球化与碎片化（fragmentation）和片断化（semgentation）联系在一起。"[2] 在一定程度上，我们可以说，传播的"世界化"概念是对传播的"全球化"概念的修正和批判。"世界化"承认了现实世界的传播等级体系，并因此导致的对传播权利和公共产品（biens publics）的民主诉求，这与"全球化"中由商业逻辑支配的公共服务的"异化"（公共服务为广告逻辑服务）是相左的。在传播国际化的新阶段，如果说"全球化"概念关注经济（商业）的话，"世界化"概念就更注意文化和公共服务，进一步说就是国家的性质。

要摆脱"全球化意识形态"，就要从传播的"世界化"角度来反思另类有别于这种市场唯一逻辑的社会方案。马特拉总结了两点[3]：首先拒绝谈论全球化，即使被迫用这个词汇来进行交流。必须要从布罗代尔和沃勒斯坦的对"经济世界"的反思（即自 19 世纪以来发达国家与其他国家的距离在加大）出发来思考传播系统的发展。这就是说，在排斥者和被排斥者间存在着技术的不对称，社会失衡和技术不平衡是相伴的。我们常常高估了新的技术网络在解决信息穷人和富人差别时所发挥的作用。其次，相对"全球化意识形态"必须提出杂交和混合概念。马特拉认为，现在我们并没有走在文化全球化的道路之上，碎片化要比全球化势头强得多。否定全球化就是要

---

① Armand Mattelart, "Généalogie des nouveaux scénarios de la communication", intervention d'Armand Mattelart aucolloque 25 images seconde, Valence（France），1996.

② Armand Mattelart, "Les nouveaux scénarios de la communication mondiale", *Le Monde Diplomatique*, AOUT 1995, pp. 24 – 25.

③ Armand Mattelart, "Généalogie des nouveaux scénarios de la communication", intervention d'Armand Mattelart aucolloque 25 images seconde, Valence（France），1996.

重新反思现代与传统、技术与传统间的结合关系，反对保守的全球化意识形态，反思内部现实与外部技术间的挪用关系，从而找到另外的出路。总之，这就是说，传播国际化的问题不仅仅是建立传播体系的问题，也是一个适应、抵抗和拒绝某种国际模式的问题。①

在马特拉那里，另类全球化的关注焦点在于传播的两种进行逻辑：商业逻辑与公共服务逻辑。商业逻辑是相对公共服务逻辑提出来的，是对放松管制和私有化语境下对国家性质质询以及对公共服务的呼唤。在全球化背景下，政治与文化和商业逻辑相分离，政治的废黜一方面表现在身份话语分析相对权力话语占据上风，另一方面体现为"全球整合资本主义"或管理—认知资本主义的展开。如上面所说，对国家性质的质询，使私人领域和公共服务间的关系成了研究传播需要思考的两个方面。但对它们的具体分析体现于文化和信息传播的变迁。

在"文化帝国主义"时代，跨国公司成了冲击公共服务的主要载体，公共服务受到传播商业化的挑战，文化成了产业等；在"全球化时代"，信息社会的启发于商品自由流动的"信息自由流动"又和商品自由表达原则结合在一起，成了解构传统民族国家参照和削弱公共服务的因素。"自由流动原则"（Free Flow Doctrine）与美国20世纪40年代的助理国务卿威廉本顿（William Benton，1900 – 1973）提出的传播政策联系在一起。作为联合国教科文组织（UNESCO）美方政策代表的本顿认为，信息的跨边界自由流动能够改善贫穷国家的悲惨境遇。不过位于在原则中心问题是"谁的做什么的自由"（whose freedom to do what），这种主张实际是针对前苏联的国有媒介提出来，进一步说，该原则涉及两大阵营的信息地缘政治较量。因为该原则的提出脱离了具体国家的具体社会、政治、文化、经济等背景以及传播技术与其支撑分配的不平衡，忽略的"文化特殊性"是意义产生的依据，从而受到政治经济传播学派的批判。这就是，"随着信息技术、电信和视听技术的融合以及计算机技术的出现，出现了'信息工业'一词……它涵盖了基础信息（各种数据库，金融、商业、科学技术信息）以及所谓的文化信息（电影、连续剧、书籍、报纸、杂志、电讯等），也可说，所有的专业技术，如专利、专业技术、咨询、管理等。问题不在仅仅是圈定工业活动的一方面，或标出一种学科的边界，而是指明一种新的、继'工业社会'之后的社会，即信息社会。"② 在信息社会条件下，信息传播和文化传播被整合在一起，

---

① 阿芒·马特拉著，陈卫星译：《国际化和传播》（附录2），《世界传播与文化霸权》，北京：中央编译出版社，2001年，第289页。

② Armand Mattelart（avec M. Mattelart），*La culture contre le démocratie*，La Découverte，1984，p. 54.

信息概念成了统一的指称概念。信息传播"不仅被看作我们这个社会摆脱危机的经济出路——被看成'基础资源'因素——，而且被看作是摆脱危机的政治出路——这就是，人们并不是毫无理由地谈论'信息社会'"①。

在马特拉看来，特别在第二次世界大战后，随着马歇尔计划的实施，美国大众文化传播（尤其是电影）对欧洲产生了冲击，动摇了传播的公共服务功能。产生这样情景的根源在于两种文化的不同本质。马特拉认为，"两次世界大战期间出现的大众传播机器开始动摇了文化和文化民主化的习惯思想。纽约成了新的经济世界的中心强化了两种文化的对比：一种负载一种新的世界主义并与市场、工业、技术相联系；另一种是启蒙运动普遍教化方案的遗产，与民族国家的边界有关。"② 在这两种不同的文化背景后面，运作的是两种不同支配逻辑：商业逻辑和公共服务逻辑。"在欧洲，直至 20 世纪 70 年代，广播电视系统完全在公共权力的掌管之中。尽管这些系统在不同的国家采用的方式不同，但广电活动被认为首先从属于'普遍利益'（intérêt général）。这种活动要服从市场逻辑被认为是有害于支配这些活动的公共服务思想。"③

20 世纪 80 年代，美国的里根政府和英国的撒切尔夫人发起了电信放松管制运动。"放松管制（déréglementation）在某种程度上是信息自由流动（free flow of information）的修改版，不过是一种更加巧妙和富有效率的版本，因为它不再强调所使用策略的政治—意识形态，而是关注法律、技术和工业特征。它成了西方经济重构的一个主要方向。"④ "'放松管制'首先是'国家范围'和地区范围内，但随着世贸组织（OMC）在电信方面的制度化，'放松管制'成了一个普遍的现象。"⑤ 放松管制（dérégulation）远不只是一种竞争模式，实际上，它导致了寡头卖主垄断的（oligopolistique）市场，代替民族国家公共垄断的是大陆级别的寡头卖主垄断，甚至是全球垄断。⑥ "放松管制意味着社会重心转向了市场，市场成了主要的调节因素。随着企业

---

① Armand Mattelart（avec M. Mattelart），*La culture contre le démocratie*，La Découverte，1984，p. 56.

② Armand Mattelart，*L'invention de la communication*，La Découverte，1994，p. 336.

③ Armand Mattelart（avec M. Mattelart），*La culture contre le démocratie*，La Découverte，1984，p. 61.

④ Miège Bernard. Les industriels de la culture et de l'information à l'ère des nouveaux médias et des réseaux de diffusion. In：*Sociologie de la communication*，1997，volume 1 n°1，p. 92.

⑤ Pierre Musso，*Les télécommunications*，PUF，2008，p. 74.

⑥ Pierre Musso，*Les télécommunications*，PUF，2008，p. 76.

价值观和私人利益变成了支配因素，它们的飞跃发展与社会力量以及公共服务和福利国家思想的消退相一致，传播活动被改变了性质和地位：传播被职业化，渗透于诸多能力和专业技术领域，职业被多样化。传播的企业化模式被提升为管理社会关系的技术，嬗变为建立社会各种构成成分间关系的'唯一方式'。这种在市场上得以试验的管理模式成了管理国家机构、人文组织和地方与本土群体传播策略的唯一参照。"① 20 世纪 80 年代以后的传播的国际化既不是地缘政治的延伸，也不是自然科学的思辨，而是商品实用主义的产物，商业逻辑渗透到文化传播之中。② 放松管制不仅在经济方面产生着影响，"同时在有关媒介的理论和知识生产领域也发挥着作用，它促使了对遵循公共利益和公共服务思想的制度与实践范式的动摇。"③ 于是，作为福利国家承担者的民族国家面对着合法性的危机，文化的公共垄断的生产受到了影响，公共服务受到更加严峻的挑战，私人因素无论在阿尔伯特·戈尔和七国集团那里都成了社会发展和摆脱危机的排头兵。在《影像狂欢节：巴西的虚构叙事》中，马特拉就指出，"放松管制成功地颠覆了定位电视公共服务产生与发展的文化教育使命"④，"放松管制和私有化的新条件提供了商业决定性的证据。"⑤

"放松管制表明的是一种结构展开条件的成熟。这种结构的展开将影响国家性质的本身，改变它与私人领域和历史的关系，修正与市场的关系，在地方、国家和国际空间之间建立起新的地形图。"⑥ 在这种地形图里，市场逻辑指导下的企业的活动，"揭露了指定要管理新型经济、创造历史和继续构建全球社会联系的活动家抱负的真相，证实了企业天地与国家间关系的暧昧性。被恢复为社会机构的庞大经济实体不断地把自己的帝国扩展到单独的生产领域之外，而且显示出以世界为使命的形象。"⑦ 也就是说，企业管理理性试图代替国家理性（"国家是平等的必要条件"⑧）来进行全球治理。不过马特拉对此持怀疑态度，"但是全球公司能胜任这种自我赋予的新任务吗？"⑨

① Armand Mattelart, *Histoire des théories de la communication*, La Découverte, 1995, p. 97.

② 阿芒·马特拉著，陈卫星译：《国际化和传播》（附录 2），《世界传播与文化霸权》，中央编译出版社，2001 年，第 292 页。

③ Armand Mattelart（avec M. Mattelart），*Penser les médias*, La Decouverte, 1986, p. 149.

④ Armand Mattelart, *Le carnval des images*. La La Documentaion Française, 1987, p. 123.

⑤ Armand Mattelart, *Le carnval des images*. La La Documentaion Française, 1987, p. 109.

⑥ Armand Mattelart, *Le carnval des images*. La La Documentaion Française, 1987, p. 125.

⑦ Armand Mattelart, *La mondialisation de la communication*, PUF, 1996, p. 121.

⑧ Pierre Manent, *La Raison des nations-réflexions sur la démocratie en Europe*, Gallimard, 2006.

⑨ Armand Mattelart, *La mondialisation de la communication*, PUF, 1996, p. 121.

"传播世界"主要和地缘经济和金融空间交叉在一起。"传播中的自动调节话语、商业表达自由、（或更宽泛地说）新自由主义思想于 20 世纪末在公共空间的私有化过程中扮演者真正战争机器的角色。"① 马特拉认为，"一个把社会变化看作经济普及和市场思想之产物且信赖货币主义能够建构数字化社会的世界，它的内聚方案是不牢固的。把重新布置世界的任务托付给'潘多拉'，并否定公民社会想象其他超国家整合途径之权利，否定与历史时刻表现出来的文明重要性具有相同高度的全球意识，这样的'全球性解决方法'是虚幻的。"② 在这样的地缘经济空间中，为了避免传播的"全球化意识形态"命定论，马特拉一直在呼吁市民社会的力量，以便构建另类传播全球化。除了马特拉之外，其他学者也在进行着"另类传播"的呼吁。德国的社会学家乌尔希·贝克也演绎着与马特拉相似的传播思想，不赞成由市场逻辑支配的全球化："构建另一种秩序，一种基于政治自由、社会与经济平等基础上，而不是世界市场法则上秩序。"③ 他在跨文化传播中所提出了"世界主义"（cosmopolitisme）与"世界化"（cosmopolitisation）构想与马特拉"传播世界"内涵一脉相承。

法国的另一学者多米尼克·沃尔顿从"共存"的角度来阐释传播，这不同与人们普遍共识的"传播是共享"。在另类全球化的宏大逻辑方面，如果说马特拉试图摆脱传播全球化的唯一经济支配逻辑，构建一种以"公共服务"和"文化多元性"为特征的逻辑，沃尔顿则在走向多元文化共存的逻辑，换句话，"传播是一个共存与社会联系问题"，"既是分享，又是对把人类分开的差异的管理"。"传播的全球化迫使我们去思考差异性（altérité）问题。"④ 不同文化的共存（cohabitation）是沃尔顿关心的另类全球化（autre mondialisation）的主题，"传播就是在差异性（altérité）成为关键问题的信息世界中学习共存"。沃尔顿通过信息社会的批判来时展现对另类全球化的态度。在其看来，存在着三个全球化支柱：首先是全球化的政治维度，伴随的结果是联合国组织的产生、人权宣言等；其次是经济支柱，与经济全球化伴随的传播技术的发展、国际贸易的展开和共产主义的终结；最后是文化支柱，文化与传播的出现成了世界政治问题。⑤ 通过对第二阶段相对应的"信息社会"的批判，对信息社会的批判意味着走出技术，走向文化现实，文化多元性成了 21 世纪的重要的问题。信息的

① Armand Mattelart, *L'invention de la communication*, La Découverte, 1994, p. 344.

② Armand Mattelart, *La mondialisation de la communication*, PUF, 1996, p. 122.

③ Ulrich Beck, *Pouvoiret contre-pouvoir à l'ère de la mondialisation*, Flammarion, 2003, p. 20.

④ Dominique Wolton, *L'autre mondialisation*, Flammarion, 2003, p. 32.

⑤ Dominique Wolton, *L'autre mondialisation*, Flammarion, 2003, pp. 80 – 81.

海量并不能消除文化多元性，反而随着传播的全球化，人们面对越来越开放的世界，就越强调对身份的诉求。传播所面对的挑战是尊重文化身份，至少在 21 世纪初，政治问题就从信息系统向构建世界范围内的文化共存的构建。并提出构建"文化共存"的建议：坚持语言的多元性；促进世俗性（laicité）；保证媒介多元主义；把文化多元性与人权联系起来；重视移民的贡献；更好地了解南北差异；动员和适应文化共存；让移民拥有选举权；思考旅游的作用。[①]

从两种另类全球化的逻辑来看，前者关注的全球化维度的另类全球化，在关注制度化的努力外，十分重视全球和地方市民运动的作用，如全球社会论坛；后者则属于体制内的学者，更多立足法国国内，关注多民族的法国所面对的"民族整合"实际问题，民族整合问题始终是法国政府的"殇"。

传播的"另类全球化"的呼声主要体现全球整合背景下的人为经济全球化加深、新自由主义盛行、自己沦落为技术和经济理性牺牲品等的一系列自反性和自卫性反应。这些反应更多与作为欧洲启蒙文化和政治遗产的身份、意义创新、自由、民主、平等、公共服务等概念联系在一起，倡导一种使所有人从社会、经济、技术等发展中受益的公共服务逻辑，而不是一种用只重视投入与产出的商业逻辑。"另类全球化"的思想者更多是来欧洲的传播思想家，如阿芒·马特拉、多米尼克·沃尔顿（Dominique Wolton）、乌尔希·贝克等，行动者多是（国际）市民运动组织，如全球社会论坛（Forum Social Mundial）、另类全球化运动（Alternatives）、欧洲市民社会论坛（Forum social européen），等等。

第三节　另类全球传播中的公民社会运动

另类全球化不仅与知识的生产与信息流动的另类运动和形式联系在一起，而且也与全球市民运动联系在一起。

社会运动（social movement）被看作是一种"独特的社会过程，拥有行动者借以参与集体行动（collective action）的机制（mechanism）"，通过这些机制，行动者"介入到与明确对手的冲突关系之中；借助稠密的非正式网络联系在一起；并分享独特的集体身份。"[②] 一般认为，社会运动出现在 18 世纪，不但与资本主义相关联的机

---

① Dominique Wolton，*L'autre mondialisation*，Flammarion，2003，pp. 101 – 117.

② Donatella Della Porta and Mario Diani，Social Movements：*An Introduction*，second edition，Blackwell Publishing，2006，p. 20.

构变化有关，如出现了新的联系中心和边缘的传播方式以及印刷与读写能力的扩张，而且与现代性与资本主义联系在一起，植根于资本主义的世界体系的矛盾之中，并由此而引发。① 谈论社会运动，往往涉及四个要素：一个组织网络；基于一个共享的身份；动员人们（往往）非常规的行动；获得某种社会或政治目标。② "社会运动有着很长的历史。社会运动紧随着 18 世纪早期的美国与英国的民主表达的兴起而出现。因此，它们常常与民主社会联系在一起。"③ 随着对"集体行为"的研究及其对象的多元化，"社会运动"概念也逐渐被挪用于其他社会，如当代社会中的威权社会。在社会的发展过程中，社会运动现象也有着不同的内容：从传统的社会运动转向新的社会运动。早期的社会运动（如农业社会、工业社会）研究更多关注由于生产方式（mode of production）造成的阶级冲突以及阶级意识，其直接来源于马克思主义。新社会运动的研究的灵感来自于社会形态的变迁而引起的新问题。在 20 世纪 60 年代以来，随着被描述为"后工业的"、"后福特主义的"、"技术专家治理的"、"被编程的"（programmed）等社会的出现，工业阶级间的冲突的关联性在逐渐降低，把运动表述为同质的复数主体（subjects）的做法已行不通，社会运动成了通过一方反对另一方来控制社会生产的重要力量，是一种形塑历史性的阶层行为。在新社会运动的认识中，后工业社会中的新的社会阶层取代了工业社会中的彼此对抗的统治阶级与大众阶级，成了冲突的中心；新的社会运动更多涉及与现代主义与进步、去中心化和参与性组织结构、抵抗官僚结构的人际间的团结、对自己空间诉求等的意识形态批判与行动，反对国家与市场对社会生活或哈贝马斯意义上"生活时间"的干预，反对体制（system）无所不在的操纵与控制，以实现个体自我身份的构建以及对自己私人与感情生活方面自决，直至全球化背景下的"全球公正"（global justice）等。

"常识往往把社会运动观念与一系列抗议形式结合在一块，与事件（événements）和实践（pratiques）等关键词联系在一起。"④ 随着丹尼尔·贝尔的"后工业社会"与罗纳德·英高赫（Ronald Inglehart）的"后物质主义社会"社会的来临，诞生了新的社会运动："新的社会运动（NMS）与 20 世纪 60 年代末诞生的抗议性（contesta-

---

① Valentine M. Moghadam, *Globalization and Social Movements*, Rowman & Littlefield Publishers, INC., 2009, p. 6.

② Wim Van De Donk et al (ed), *Cyberprotest: New Media, Citizens and Social Movements*, Toutledge, 2004, p. 88.

③ Jonathan Christiansen, "Narrative & Social Movements", *Theories of Social Movements*, SALEM PRESS, 2011, p. 4.

④ Érik Neveu, *Sociologie des mouvements sociaux*, La Découverte, 2011, p. 5.

taires）动员是分不开的。……女权主义、生态保护主义者、地区和学生运动、年轻人的反文化运动、反制度（anti-institutinnels）运动、工人运动，等等。"① 这些运动与以往的社会运动存在着不同，而且随着全球化过程展开，新的社会运动被整合进该过程之中。从以往的对政治权力的要求转向了对自己合法身份的关注，社会运动已不再属于国家边界内的现象，而是呈现出国际化的势态。

埃里克·纳夫（Érik Neveu）在自己的《社会运动社会学》中，对社会运动的发展进行的分析。他认为，这些新的社会运动与以往的就得以"工会思想"（syndicalisme）与"工人运动"为特征的旧的社会运动在四个维度上发生了断裂。"组织形式与行为类型（répertoire d'action）首先体现着一种独特性（singularité）。与以往的工会和党派的结构功能不同，新的社会运动明显地挑战集中化（centralisation）与权力的远距离操纵现象，赞赏集体大会（assemblée générale）和对领导者的控制。新社会运动的结构具有去中心化特征，给基础组成部分留有很大的自治性。……第二个裂痕位于这些伴随动员的价值观和诉求之中。古典的社会运动尤其关注财富的再分配以及对决策领域的介入。新的社会运动则注重对社会控制的抵抗与自治性，它们诉求更多是在质的方面，如要求关闭核电站或废除反同性恋法……与政治的关系构成了第三个维度。在1930年至1960年间的社会运动中，常常是工会—政党二元结构（binôme）发挥功能。获得国家权力，进入蒂利（Tilly）所谓的政治（polity），成了关键问题。对自治性（autonomie）的强调彻底改变了目标。从此，问题涉及更多是构建自己的、肯定私人社会形式独立性的空间……最后，这些社会运动的新颖性与其活动者的身份（identité）联系在一起。工业社会中的运动要求的是阶级身份……新的社会动员不再不自己界定为阶级与社会职业范畴的表达。自我界定为穆斯林、西班牙语区的人、同性恋或安第斯人、从属于'地球之友'，所有这些都指向另类的身份原则。"② 不过，我们看到，这些分析的参考框架更多来自于发达的资本主义的国家（尤其法国）自"二战"后的社会运动的变迁，但就国际范围内的社会运动而言，出现了新旧社会运动现象共存的局面：西方发达国家的后现代的运动主题的碎化，如另类群体的身份、自然环境保护等方面的诉求；发展中国家以及正在为政权的合法性而斗争的构建中的国家的传统社会运动叙事的继续，如阿富汗与非洲某些落后国家的妇女权利、堕胎、教育等仍是传统社会运动的主题。"因为社会运动反映了社会问题与文化修正（modifications），表明新的集体团结性（solidarité）的诞生或曾经具有非常明显的凝聚力的群体的解体，它们成了生活的一个常量（constante）和不断变化的现象。"③ 因此，这

① Érik Neveu, *Socologie des mouvements sociaux*, La Découverte, 2011, p. 61.

② Érik Neveu, *Socologie des mouvements sociaux*, La Découverte, 2011, pp. 61 - 63.

③ Érik Neveu, *Socologie des mouvements sociaux*, La Découverte, 2011, p. 114.

种共存不仅表现在不同发展程度的国家里，而且也表现在一个国家的内部。

在 20 世纪 90 年代后期，随着全球化过程的进一步展开，出现了各种各样的跨国倡议（advocacy）网络、跨国社会运动和全球社会运动。① 如，很有影响的"全球社会论坛"（World Social Forum）于 2001 年 1 月在阿雷格里（巴西）举行了第一次会议。该运动旨在于提出与跨国公司和金融全市场推动的新自由主义全球化的独裁不同的政治主张。由于参加该运动的成员和组织间的多样性和团结，另类全球化运动成了世界范围的市民社会运动。《阿雷格里宣言》（*MANIFESTE DE PORTO ALEGRE*）就是这种社会运动取得广泛共识的一个例子，签署者们以自己的名义表达了另类全球化选择的可能性。"在 20 世纪 90 年代，（理论家）的中心被放在国际组织在构建世界价值观过程的作用。世界政治组织理论（polity）把重点放在文化和政治结构（institutions）与规范之上，强调规范的扩散与政治和文化发展中的融合，这被解读为一种全球西方化。它指向一种世界范围内制度、价值观、实践和规范的同构，表现为不同国家都来采用各种形式的国际工具（instruments），与此相伴而生的是大量增加的国际的和国内的非政府组织。……世界组织被看成'分享现代性的首要工具'，传播着标准和实践，国际公约和协议常常宣示着共同事业的变化的蓝图。社会运动和市民社会组织，如人权组织、妇女权利组织、环境保护群体等，被看作深化世界社会（world society）文化和规范特征的积极的代理人。"②

在《全球化和社会运动》一书中，作者写道："我把'全球化'（globalization）界定为一系列复杂的经济、政治、文化和地理过程。在此，资本、人员、组织、行动、思想（ideas）和话语（discours）的流动性逐渐呈现出跨国或国际化的形式。作为全球化'礼物'的互联网（Internet）使快速的传播、迁移（transfers）和动员成为可能。另外，出现的经济全球化类型是新自由资本主义的，它具有去国家化、自由化、柔性劳动力市场和放松资本市场管制的特征。在其缺陷中，存在着对劳工权利、人权、妇女权利和环境保护的关注，于是该关注转向了被动员于跨国网络中的积极活动者（activists），去形成变化的动力。这样，就像全球化引发新自由资本主义在全世界的扩张一样，它也激起了反抗和集体行为。当互联网允许资本家穿越时空地投机和买卖时，它也使积极活动者迅速有效地组织和动员起来。"③

---

① Valentine M. Moghadam, *Globalization and Social Movements*, Rowman & Littlefield Publishers, INC., 2009, p. 4.

② Valentine M. Moghadam, *Globalization and Social Movements*, Rowman & Littlefield Publishers, INC., 2009, p. 3.

③ Valentine M. Moghadam, *Globalization and Social Movements*, Rowman & Littlefield Publishers, INC., 2009, p. ix.

"社会运动具有各种政治信仰的特征，其目的是通过影响特定群体的意见来达到自己政治目的。有的群体可直接触及几个关键的决策者或选民，有则尽可能扩大受众的范围来间接地传播自己的信息。"① 社会运动作为一种对社会不正常状态的反映，媒介自然成了反映这种不正常和构建这种不正常话语的工具。

第四节　另类全球传播与媒介

另类全球化中国际社会市民运动往往与"全球行动"（global activism）、"全球公民社会"、"全球公共领域"（global public sphere）、"全球媒体"等概念联系在一起。这些概念反映了现代国家范围内的"民主生活"构成元素在民族国家边界外的扩展。Activism（暂译为"行动"）在中文中没有很好对应的词，主要用来描述促进、阻止或引导社社会、政治、经济与环境变化的所有努力。一般地，"行动（activism）来抗议地方和全球权力结构，为强权政治（politics of force）提供另类选择。行动主义政治产生运动、网络、组织和互联网站。在世界根本问题，如贸易、性别关系、环境以及战争等，它们影响着'主流政治'（politics of mainstream）。"②

全球化过程的展开和由此引发的问题把体现另类全球化的"全球市民"运动提上了国际辩论议事日程，从此，民族国家范围内的辩论嬗变成了全球辩论。相应地，作为对公共事务（public affairs）辩论的"公共领域"也从民族国家范围扩展到世界范围，并借助国内与国际传播网络形成"国际舆论"，从而影响国家或全球层面的社会治理（governance）。"全球公共领域"概念是哈贝马斯资本主义世界"公共领域"（public sphere）概念的延伸。在哈贝马斯看来，"（资产阶级）公共领域首先被看作是一个形成公众的私人领域"③，在这里"主体为追求真理和共同的善而进行平等地理性讨论"④。公共空间是公共领域的绝对条件。公共空间的许多构成成分属于公共领域中私人拥有的、管理的和调节的元素。⑤ 公共领域和公共空间是两个既重叠又不同的概念，"都代表着社会和政治抗议和斗争的共同领域"⑥。公共领域更多强调有助

---

① Michael Barker, Mass Media and Social Movements: A Critical Examination of the Relation Between the Mainstream Media and Social Movements, *Global Research*, April 22, 2008.

② Wilma de Jong et al. (ed.), *Global Activism and Global Media*, Pluto Press, 2005, p. 1.

③ Jurgen Habermas, *The Structural Transformation of the Public* Sphere, The MIT Press 1993, p. 27.

④ James Gordon Finlayson, *Habermas: A Very Short Introduction*, Oxford Press, 2005, p. 12.

⑤ Setha Low and Neil Smith (ed.), *The Politics of Public Space*, Routledge 2006, p. 5.

⑥ Setha Low and Neil Smith (ed.), *The Politics of Public Space*, Routledge 2006, p. 12.

于公众、舆论形成的观念、媒介、机构和实践，是一个政治协商和参与的领域；公共空间则强调社会、经济、政治和文化过程和关系所形成的具体空间或景观——这些空间反过来影响着这些关系和过程，具有空间性。"当公共空间中的讨论与对公共领域的思考不能有效的连接时，公共领域就失去了根据。"① 公共空间的产生与存在为公共领域中辩论提供了条件。互联网空间模糊了私人领域和公共领域的边界，形成了虚拟的网络公共领域，为舆论的产生提供了条件。"公共领域"更多成了"社会"与"国家"的界面，"公共领域"中的辩论成了影响国家乃至国际决策的重要因素。

到目前为止，全球流动的新闻信息主要来自制度化的或官方媒体，如国际新闻媒体，如 BBC、CNN 等，但同时存在着另类的不同于国际直流媒体的声音，主要体现在非制度化或非官方的信息传播网站：如自由维基、世界公民运动论坛等。作为媒体机构的组成部分，社会运动媒介有着不同与主流媒体的称谓，如"另类媒体（alternative media）、公民媒体（citizens' media）、社区媒体（community media）、反信息媒体（counterinformation media）、草根媒体（grassroots）、独立媒体（independent media）、纳米媒体（nano-media）、参与媒体（participatory media）、社会运动媒体（social movement media）、地下媒体（underground media），等等。"② 社会媒体的兴起是非主流社会力量为争取另类的社会、政治、经济或文化安排所做努力的结果，如面对非民主行为、非公平行为、环境保护、削弱贫困、非正义的战争、新殖民主义等所做的从地方短期到国际长期的象征或实践层面上的抗争。"全球市民运动"就是借助官方及非官方媒体得以实现对国内和国际层面上决策的影响。

一、媒介的作用

威廉·贾姆逊（William Gamson）等认为社会运动依靠媒体获取三种服务：政治支持动员；建立在主流话语中的合法性；扩大冲突的范围。③ 以女权主义运动为例。女权主义运动的基础信念在于：男女之间的传统关系是一种男人对女人的控制或支配关系；总的来说，女权主义运动的目标就是消除所有女人对男人的服从形式，在各个领域获得男女平等（equality），特别是在政治和法律权利方面。④ 对于女权主义运动

---

① Setha Low and Neil Smith（ed.），*The Politics of Public Space*，Routledge 2006，p. 5.

② John D. H. Downing（ed.），*Encyclopedia of Social Movement Media*，SAGE，2011，p. xxv.

③ Gamson，W. A. and Wolfsfeld，G.（1993）"Movements and media as interacting systems" in *Annals of the American Academy of Political and Social Science*，vol. 528 pp. 114 – 125.

④ Nicholas Bunnin & JiYuan YU，*The Blackwell Dictionary of Western Philosophy*，2004，Blackwell Publishing，p. 253.

的历史，学者们一般把其划分为三个浪潮：基本上，把发生在 19 世纪末和 20 世纪初的成为第一浪潮，其出现在城市工业化与社会主义政治的氛围中，目的在于为妇女争取机会，其中选举权（suffrage）是焦点；第二浪潮从 20 世纪 60 年代延续到 90 年代，展开于反战、民权运动和不断增长的自我意识氛围中；第三浪潮开始于 20 世纪 90 年代中期，充满了后殖民和后现代思想，传统的女性叙事概念被解构，如普遍的女性概念、身体、性（gender）、性别（sexuality）、男女差异规范性（Heteronormativity）等失去了合法性。① 在第一阶段中，大众媒介开始应用于女权主义运动之中。在 1848 年的妇女权利大会（Women's Rights Convention），组织者（Elizabeth Cady Stanton）就模仿美国《独立宣言》的形式拟写了一份《情感宣言》（Declaration of Sentiments）来吸引公众注意力，并且注意到了媒体的这种价值；在第二阶段，女权主义受到诸多新的社会运动（如反战、同性恋权利、民权运动等）的宣传技巧的影响，大众媒介成了国内新闻议程设置的手段，并参与到运动的鼓动之中，女权主义成了新闻报道的一个主题；到了 20 世纪，随着传播技术的发展，除了传统的大众媒介外，互联网成了一种重要的工具：女权主义的网站和博客连续增长，女权主义正享受着被更新的公众以及媒介带来的好处——在全球层面上，阿富汗妇女的苦难、女童的教育、家庭暴力、贫困的女性化、堕胎的权力、妇女健康以及艾滋病（HIV/AIDS）等问题被带到了全球公众的面前。② "对于改变性别关系的努力不仅仅局限于地方的示威（demonstration）或具有明显女权主义特征的群体，而是逐渐表现于'跨国倡议网络'之中。这种网络把决策者、专家、非政府组织和相关的公民—活动者等聚集在跨边界共享的价值观与原则周围。在今天的网络连接的世界，这些网络可能不再是现实的面对面，而是虚拟的，即在广泛的分散成员之间依靠互联网来传播。有关性别平等的话语借助现实与虚拟网络在国际范围内流动，基于世界上不同的地方的组织都能参与这种讨论和影响的跨边界渠道的形成。在国际和国内层面上，女权主义网络涉入到政策问题的框架形成以及提出社会问题（concerns）的过程中。"③

二、行动主义与媒介

关于（全球）市民社会运动与媒介的使用是并不是一个简单的问题。在这里媒

---

① Martha Rampton, The Three Waves of Feminism, The Magazine of Pacific University, http：//www. pacificu. edu/magazine_ archives/2008/fall/echoes/feminism. cfm, retrieved April 1, 2012.

② Wolfgang Donsbach（ed.）, The International Encyclopedia of Communication, Blackwell Publishing Ltd, 2008, pp. 5366 - 5367.

③ Myra Marx Ferree & Aili Mari Tripp（ed.）, *Global Feminism：Transnational Women's Activism, Organization and Human Rights*, New York University Press, 2006, p. 247.

介往往被分作"主流媒体"（mainstream media）和"另类媒体"（alternative media）："主流媒体包括被政权当局或法人组织所拥有的、控制的和管理的电视、广播、报刊等大众媒介，如 BBC。另类媒体是那些被行动者自己生产的媒体。对行动者而言，不管是草根行动者（grassroots campaigners）还是参与非政府组织（NGOs，如绿色和平和帮助行动 ActionAid）行动者，接触和使用这些不同类型的媒体都需要有不同的策略、工具以及技巧。"① 有的市民社会运动借助主体媒体来制造舆论，有的则构建自己的媒体网络，如 Indymedia、女权主义运动以及绿色组织。

"促进与维持民主社会的主流媒体，特别是新闻媒体的作用已经受到广泛的思考。媒体及其信息（sources）为新闻议程（news agenda）设置框架，为辩论（debate）设置机构，创造出我们生活在其中的现实（reality）。在这层意义上，新闻媒体在我们的社会中扮演一种霸权角色——它们对这个世界的观察和阐释成了常识（common sense）。"②

与以前的市民运动相比，当代的市民运动发生了变化。"首先，当代的行动主义者（activisits）在与主流媒体相处方面变得更加精明。半制度化的职业非政府组织（成长于早期的市民运）与当代的激进的草根组织采用先进的媒体策略以进入主流媒体。……对那些所涉及的行动主义运动，媒体策略的采用既是一种自我赋权（self-empowerment）的形式，又是它们为争取社会变迁斗争的一部分。……其次，当代激进行动主义者在新的信息传播技术中看待潜力及使用这些技术的方法改变了另类媒体的前景（landscape）。……新技术的采用成了它们传统传播策略的延伸。"③

学者曾繁旭曾经就中国的环保 NGO、国家管制和媒体间互动来达成环保议题日程设置，从而影响国家政策议程的过程进行了研究，通过对国家管制、NGO 的媒体近用策略、NGO 动员模式、NGO 影响媒体"报道框架"的议题合法化论述、主流媒体的报道习惯、NGO 与主流媒体互动的动力和目的等内容的分析，提出了 NGO 与主流媒体的"协同互动模式"，来说明 NGO 与媒体双方进行互动的机制、动力、目的和结构等。在他看来，该"协同互动模式"的出现主要有以下特征：在传播策略使用方面，"第一，中国的环保 NGO 和媒体之间有一种特殊的共生关系。……一些很有影响力的 NGO 都是由记者创办和领导的，另外一些 NGO 也有意识地吸纳了大量的记者作为成员。这种共生关系成为中国环保 NGO 发展过程中颇受关注的一个特点。

---

① Wilma de Jong et al.（ed.），*Global Activism and Global Media*，Pluto Press，2005，p. 6.

② Wilma de Jong et al.（ed.），*Global Activism and Global Media*，Pluto Press，2005，p. 6.

③ Wilma de Jong et al.（ed.），*Global Activism and Global Media*，Pluto Press，2005，pp. 6 – 7.

……第二，在 NGO 的发展过程中，一些组织发展出了非常强有力的媒体网络。……第三，当环保 NGO 确定要关注一个议题之后，它不仅会通过组织考察活动，提交信件给相关部门等方式呼吁公众的关注，更会投入大量精力运用各种消息源策略，从而获得媒体的近用与影响媒体的报道框架，以使得议题的发展对于 NGO 更为有利。"在媒体的议题报道方式方面，"这表现为很多媒体，尤其是精英媒体，在新闻实践中倾向于引用 NGO 人士和民间人士作为消息源，所以大部分 NGO 议题都是由行动者来'形塑'；另外，媒体倾向于使用批评政府职能部门而支持 NGO 的报道框架，有时候还用评论的方式直接表达对于 NGO 的支持；而在重要的环保 NGO 议题当中，一旦议题出现在某个媒体之后，很快就可能促动媒体的集体关注，形成'议题共鸣'。这种同情 NGO 的新闻立场和新闻实践方式，使得媒体成为了'协同互动'当中的重要角色，并自觉或不自觉地成为利益集团和地方政府的反对者。"①

在地方与国际层面联合行动方面，存在着类似上述"协同模式"。在"为钻石而殉：主流媒体和非政府组织——援助行动（Actionaid）的个案研究（2002）"中，研究者 Ivor Gaber 和 Alice Wynne Willson 指出：随着南北国家的传播网络的发展，"非政府组织必须认识到，在一个政府与企业花费大量资源来管理自己形象的世界里，主流媒体就是国际公共领域（international public sphere）。与媒体合作有助于 NGOs 介入协商（negotiations），影响国际对话，激励行动，来改变政策和实践。媒体报道为非政府组织提供一种获得公共支持和影响政治意愿的快速手段。媒介对某个特殊非政府组织的经常性报道强化非政府组织闭门会议所产生的影响。"② 该案例通过国际非政府组织"援助行动"（Actionaide）动员反对利用钻石来资助的非洲的内战和动荡，展示非政府组织、国际媒体、钻石业经营组织、官方组织等间互动，直至如何实现对非洲的"为钻石而殉"遏制。这次行动的对象是世界钻石委员会（World Diamond Council）、英国珠宝协会（British Jewellers Association）和英国匠人协会（National Association of Goldsmith）。整个过程展现了一个不同元素间的互动：1）植入议题：在关键场合，以戏剧的方式提出议题（让长相似热衷钻石项链的玛丽莲·梦露的女子和抗议者出现手持"钻石贸易罪恶"的标语站在伦敦"钻石业代表会议"的场外），吸引众人眼球，同时散发传单，表达关注等；2）发酵议题：引起国际媒体 BBC、CNN 以及英国《卫报》、《金融时报》等对这次钻石会议的报道，报道引起与会代表以及相关

---

① 曾繁旭：《中国环保 NGO 议题背后的博弈：国家管制、GNO 的媒体策略与合法性构建》，博士论文，2007 年。

② Wilma de Jong et al.（ed.），*Global Activism and Global Media*，Pluto Press，2005，p. 100.

行业对抗议者的关注；3）共建议题：同时联合国等其他组织以往的介入，在此又成功地推动次议程的设置；"援助行动"本身也参与自己的研究和游说，并且借助传播网络与其他组织合作，如全球观察（Global Witness）和国际大赦组织（Amnesty International），找出目标受众，动员这些组织参与其中；4）议题设置成功，导致钻石行业自律规范的产生。①

传播的全球化又推动这样的跨边界媒体动员："全球化已经为非政府行为开辟的新的空间，从而在一个不断变化的环境中向国际组织施加压力，意图改变局势。在这样的背景下，网络和社会运动组织之间的合作往往形成一种融合战略：组织间的松散联盟往往能够使互联网进行同步动员，并关注不同层次的政治，实现由国内层次向国际层次的自然转变。"②

三、行动主义与新媒体

不管是中国特殊社会语境的"协同模式"，还是西方社会的"议程设置"，都反映出了市民运动使用媒介的传播策略及其这种协作的重要性。

虽然主流媒体发挥着重要角色，但随着互联网的发展，网络行动成了市民运动乃至国际市民运动的重要组成部分，微博、电子邮件、聊天媒体、网络音视频以及所谓的社会媒体（social media）等成了去集中化或所谓的"后现代传播"——在这里，信息不再是单向流动，呈现跨思想和物理边界的平面状态——的普遍手段，出现了所谓的"网络行动主义"（cyberactivism），即行动主义（activism）借助网络技术，如社会媒体（social media），来传递信息，沟通、组织和动员成员，以实现运动团体所设立的目标。最有名的案例便是墨西哥的民兵组织萨帕特（Saptista），这是一个让看起来是地方性议题通过互联网，一夜之间彻底转变成一场全球关注的事件，被卡斯特尔（Castells）称作"第一场信息游击队运动"。在中国，面对社会转型中出现的诸多社会问题（甚至环境保护问题），催生了虚拟空间网络行动，并与主流媒体（mainstream media）一道进行着"政策议题设置"，尽管网民更多以道德的话语来表达对某些问题的不满。"目前，能把议题引导到网络的是一些掌握信息技术的人，所以议题设置的主体呈现出多样化的趋势。原来可能是一些从事新闻媒体工作的人，或者是所

---

① Wilma de Jong et al. （ed.），*Global Activism and Global Media*，Pluto Press，2005，pp. 95 - 109.

② 安德鲁·查德威克：《互联网政治学：国家、公民与新传播技术》，北京：华夏出版社，2010 年，第 165 页。

谓的学者和官员，在他们设置议题的时候必须要经过其所在单位的同意。现在发生了很大的变化，出现了一批主体多样的设置议题的人。所以当前中国的很多问题已经不是精英的权力，更多的恰恰是草根的权力，很多草根最后又会变成意见领袖。中国现在有很多意见领袖，这些意见领袖的行为方式大概有两种：第一种是所谓的'公民记者'，自动自发地上载传统媒体不想、不能或尚未来得及报道的内容。第二是'广场评论家'是就某一事件使用'大众麦克风'进行评论，通过网络发文或高数量的跟帖等左右舆论，影响事件的后续发展及其处理。……这些意见领袖，既有体制内的学者、也有传统媒体的从业人员、也有完全草根的评论家。"① 中国不断出现的"网络事件"以及由此引发的政府对"网络舆情"的关注，说明了"网络行动"在推进民主建设过程中发挥着不可忽视的作用。基本上就是这些意见领袖，他们在网络的影响力超出了许多政治人物，也正是他们，才使许多现实事件成为公共事件，也正是他们参与了中国政治生态的改变。值得注意的是，参与这种辩论的网民因互联网的传播特征散布在世界各个角落，如散居在外国的华人、海外工作者、留学生等。在希腊2008年因警察射杀一个15岁少年的抗议动员中，电子有邮件、Facebook、记者的微博等新媒体成了组织动员的工具。"重要的是，这次动员完全是在主流党派和媒介体制之外进行的，……主流媒体，特别是商业电视台，无力理解和控制事件的流动，很多情况下，仅能跟随并报道来自互联网的信息。这是商业电台自己20世纪80年代出现以来首次出现的情况，电视台不能设置议程，诸多平道特别是，私人频道都表达出对青年反抗者的强力支持。"② 致使政党和主流媒体无力应对这种用由新媒体和面对面传播所组织的最大规模的全国抗议，致使酿成持续两周的骚乱。这次抗议中新媒体应用体现与三个维度：首先，反抗的年轻行动主义者自发地制作网站、博客、广播电台，来传播没有受到传统媒体过滤的相关的信息和观点，有的信息内容甚至带有哗众取宠的特征；其次，社会网络网站变成了政治观点和行动主义的论坛，进行着象征层面上的抵抗；最后，因特网（Internet）和雅典的街道以及其他的大城市成了联合场所，前所未有地成了暴力的、想象的与情感的事件以及抗议的发生地。③ 在传播全球化的背景下，新媒体成了不同行动主义借以进行组织与动员的工具，无论是合法的

① 于建嵘："寻找重构中国政治的力量——信息技术与民众抗议行为"。本文是作者于2010年4月9日在香港大学所作演讲的整理稿。

② Maria Komninos and Vassilis Vamvakas, "December 2008, Revolt Media (Greece)", John D. H. Downing (ed.), *Encyclopedia of Social Movement Media*, SAGE, 2011, pp. 159 - 160.

③ Maria Komninos and Vassilis Vamvakas, "December 2008, Revolt Media (Greece)", John D. H. Downing (ed.), *Encyclopedia of Social Movement Media*, SAGE, 2011, p. 161.

（如女权主义运动）还是饱受争议的（如倡导"非中心化"与"所有信息都应当免费"的黑客行动主义）。

四、行动主义的局限性

"行动主义"（activism），作为市民运动的组成部分，对推进地方和世界治理的民主化进程，具有进步性，但同时存在风险。随着传播技术的发展，媒体对社会运动影响逐渐从真实的空间转向虚拟的空间，社会抗议和社会动员形式也从传统的街头涂鸦（graffiti）、静坐、游行（pickets）、街头表演（street theatre）、罢工、串联、示威以及所谓的街头政治等，如美国20世纪60年代黑人争取权利的民主运动，直至20世纪90年代发生在独联体国家的"颜色革命"，转向了网络动员和赛博空间抗议，社会运动成员身份相对的明晰化表现出暧昧的特征，社会成员的联络由局部的、地区的、国家的层面走向国际化，社会运动的动力和动机已不再简单地体现为某个群体本身利益，而是不同群体的、国际政治的、国际经济的、正面的、反面的、积极的、消极的利益集团都涉及进来，甚至为追求社会或政治权力的具有积极意义的社会运动不能自主地沦落为国际政治和经济斗博弈的工具。在《纽约时报》（中文版）的2012年9月19日的网站上刊出了这样的文章："俄要求美国停止资助俄民间组织。"美国国际开发署（United States Agency for International Development，简称USAID）在冷战后的俄罗斯开展二十多年的工作，但普京领导下的俄罗斯突然要求美国在2012年10月1日前停止USAID在俄罗斯的工作，原因是，在俄罗斯看来，美国的行为干涉了俄罗斯的内政。[①]"不过美国官员在本月接到这个决定的通知，他们随即表示，会想办法绕过克里姆林宫的禁令。"文章分析认为，"面对大规模国内抗议的普京来说，正是由于美国国务院通过非盈利组织秘密进行活动，导致了局面的加剧。"并解释说，普京之所以产生这种认识，是因为"援助机构在冷战期间为美国情报机构做掩护，外国官员对这段历史记忆犹新，他们中有许多人始终怀有戒心"。此文章看来有些批评俄罗斯味道，因为"最近几个月，克里姆林宫采取了一系列措施，给非政府组织施压，压制政治异见人士，其中包快颁布新法律，要求任何接受外国援助的机构在司法部分注册为'境外组织'。俄罗斯还加大了对诽谤的惩罚力度，似乎是想要威胁批评政府官员的人士"。俄罗斯对美国国际开发署采取这种态度，是要"打击莫斯科的人

---

① DAVID M. HERSZENHORN and ELLEN BARRY，"俄要求美国停止资助俄民间组织"，《纽约时报》（中文版），2012年9月19日。Retrieved 2012 – 9 – 19. http：//cn. nytimes. com/article/world/2012/09/19/c19russia/

权组织"。我们无意去评论是非问题，关键在于，我们意识到在俄罗斯内部社会运动组织与美国的资助间存在着关联。

作为社会运动活动传播技术支撑的大众媒介，也有原来传单、演讲、广播、甚至电视，扩张到没有明显"合法性身份"界定的虚拟的网络活动个体。网络媒体可能因动员（mobilization）成为社会的不安定的因素，如发生在 2011 年的阿拉伯的"茉莉花革命"，新媒体、网络社会媒体成了国内外持不同政见者动员的工具，刚开始的社会改良呼吁变成了对国家政权的颠覆。"网络公共领域"辩论也可能成为网络动员或行动主义局限性的牺牲品。在中国，鉴于"网络舆情"的重要性，作为意见表达的"网络公共空间"成了某些利益集团或个人借以获利的手段，出现了一些"网络舆情策划师"和"网络水军"，把在"网络空间"中的舆论引导看成一种产业，利用相关的被称作"水军"的团队进行网络公关，达到放大或加强人物或事件影响力的目的。再如，被用作社会动员的工具，来进行组织和煽动，扰乱社会秩序，英国多个城市的骚乱就是一例，当多个城市发生骚乱时，英国首相卡梅伦不也曾说："当得知某些人策划暴力、骚乱和犯罪时，我们和警察、情报部门与业界合作，考虑阻止他们利用网站和服务来进行联络的做法是否正确。"[1] 在 2009 年的伊朗的总统选举中，"社会媒体"（twitter 等）险些成了西方（特别是美国）颠覆伊朗政府的工具。[2] 不过，同时，行动主义也是脆弱的群体，他们的行动得到承认与否，这基本上决定于各种利益的需要：2012 年 8 月 17 日，在南非的马里卡纳，警察向一群要求涨工资的铂金矿罢工工人开枪，18 人中弹身亡，在种族隔离政策结束 18 年后，这些场面使人们想起了南非种族隔离时代警察射杀示威者的场面。不过世界性的谴责被稀释在南非西方式的民主制和地缘政治同盟中，拥有几位"第一夫人"的南非黑人总统雅各布·祖马（Jacob Zuma）只是表明："我们的民主秩序有足够的空间，任何争端都可以通过对话解决，而不是采用违法或暴力途径，……执法机关尽一切可能控制局面，将暴力犯罪者绳之以法。"[3]

五、另类全球化所面对的挑战

基本上，明显的另类全球化运动出现在 20 世纪与 21 世纪的交替之际，典型的事

---

① "Riots: David Cameron's Commons Statement in Full", BBC, 11 August 2011, Retrieved 2012 - 6 - 23. http://www.bbc.co.uk/news/uk-politics - 14492789

② 任孟山、朱振明："试论伊朗'Twitter 革命'中社会媒体的政治传播功能"，《国际新闻界》，2009 年第 9 期，第 24 - 28 页。

③ Lydia Polgreen，"南非金矿工人罢工警察开枪（更新）"，2012 年 8 月 17 日。《纽约时报》（中文版）。Retrived 2012 - 8 - 17. http://cn.nytimes.com/article/world/2012/08/17/c17safrica/

例，如在 1999 年，西雅图示威有利于阻止了新的多边商业谈判的启动，在 2001 年 1 月，在阿雷格里（Porto Alegre）成立全球化社会论坛来反对富人峰会的全球达沃斯论坛（World Economic Forum）。"另类全球化（altermondialisme）显示了公共舆论的跨边界现象的发展。自从全球化打破了对交换和流动的所有障碍并创造了全球经济系统之后，就出现了全球性的社会与政治觉悟形式。"[1] 不过，作为制度外的社会运动，为了长期存在，另类全球化思想（altermondialisme）就必须迎接三个挑战：

首先，"要拥有一致的概念和协调机制（concepts et mécanismes cohérents）。揭露'极端自由的全球化'（ultra-libérale）没有形成一个计划。目前的世界经济体系吸引着大量热衷于享受消费社会的人们。总之，另类全球化思想还没有找到自己的卡尔·马克思！

其次，要在世界公共空间中找到自己的位置。这个空间仍由国家及整个联合国体系来控制；这些国家还没有准备放弃自己对政治合法性的准垄断。另类全球化思想必须找到发出自己声音的方法，特别是借助非政府组织。"[2] 主流媒体报道的性质和质量可能深深地影响社会运动在公众的形象，媒体或有助于形成正面的形象来促进运动的发展，或形成负面的影响阻碍或丑化某个社会运动，致使其破产。

最后，如何改善技术隔离现象造成了抵抗的岛屿化，建立跨边界的动员活动。由于信息技术在全球化经济增长模式演变的潜力不同，这把经济上的距离转变成了技术上的隔离。"数字时代重新界定了地域的面貌。"[3] 同时也界定了不同地域挪用传播流动的能力。不过，真实的情况在于，这些社会运动构成了全球抵抗的一个群岛。

本章参考文献：

安德鲁·查德威克. 互联网政治学：国家、公民与新传播技术. 北京：华夏出版社，2010

阿芒·马特拉. 世界传播与文化霸权. 北京：中央编译出版社，2001

任孟山、朱振明. 试论伊朗"Twitter 革命"中社会媒体的政治传播功能. 国际新闻界，2009，（9）

于建嵘. 寻找重构中国政治的力量——信息技术与民众抗议行为. 本文是作者于 2010 年 4 月 9 日在香港大学所作演讲的整理稿。

曾繁旭. 中国环保 NGO 议题背后的博弈：国家管制、GNO 的媒体策略与合法性

---

[1] Philippe Moreau Defarges, *L'ordre mondial*, Armand Colin, 2008, p. 199.

[2] Philippe Moreau Defarges, L'ordre mondial, Armand Colin, 2008, p. 199.

[3] Armand Mattelart, Histore de la société de l'information, La Découvert, 2001, p. 105.

构建. 博士论文，2007

Barker，Michael. Mass Media and Social Movements：A Critical Examination of the Relation Between the Mainstream Media and Social Movements. *Global Research*，2008

Beck，Ulrich. *Pouvoiret contre-pouvoir à l'ère de la mondialisation.* Paris：Flammarion，2003

Bunnin，Nicholas & YU，JiYuan. *The Blackwell Dictionary of Western Philosophy.* Oxford：Blackwell Publishing，2004

Defarges，Philippe Moreau. *L'ordre mondial.* Paris：Armand Colin，2008

Donk，Wim Van De et al（ed）. *Cyberprotest：New Media，Citizens and Social Movements.* London：Toutledge，2004

Donsbach，Wolfgang（ed.）. *The International Encyclopedia of Communication*，Blackwell Publishing Ltd，2008

Downing，John D. H.（ed.）. *Encyclopedia of Social Movement Media.* London：SAGE，2011

Editors of Salem Press. *Theories of Social Movements*，Pasadena：SALEM PRESS，2011

Ferree，Myra Marx & Tripp，Aili Mari（ed.）. *Global Feminism：Transnational Women's Activism，Organization and Human Rights.* New York：*New York* University Press，2006

Finlayson，James Gordon. *Habermas：A Very Short Introduction. Oxford*：Oxford Press，2005

Gamson，W. A. and Wolfsfeld，G.. Movements and media as interacting systems. *Annals of the American Academy of Political and Social Science*，1993，52

Habermas，Jurgen. *The Structural Transformation of the Public Sphere.* Cambridge：The MIT Press，1993

HERSZENHORN，DAVID M. and BARRY，ELLEN. 俄要求美国停止资助俄民间组织，《纽约时报》（中文版），2012 年 9 月 19 日。Retrieved 2012 – 9 – 19. http：// cn. nytimes. com/article/world/2012/09/19/c19russia/

Huntington，Samuel P. *The Clash of Civilizations：The Debate*，（2nd Edition）. New York：FOREIGN AFFAIRS，2012

Koop，Marie-Christine Wedmann-. *Le Québec à l'aube du nouveau millénaire：Entre tradition et modernité.* Ville de Québec：Presses de l'Université du Québec，2008

Jacky，Fayolle. D'une mondialisation à l'autre. In：*Revue de l'OFCE*，1999，（69）

Jong，Wilma de et al.（ed.）. *Global Activism and Global Media.* London：Pluto Press，2005

Low，Setha and Smith，Neil（ed.）. *The Politics of Public Space.* London：Routledge 2006

Manent，Pierre. *La Raison des nations-réflexions sur la démocratie en Europe.* Paris：Gallimard，2006

Mattelart，Armand. Entrevue dans *Le Monde*，1er février 2002（propos recueillis par Stéphane Mandard）.

Mattelart，Armand. Généalogie des nouveaux scénarios de la communication. intervention d'Armand Mattelart aucolloque 25 images seconde，Valence（France），1996

Mattelart，Armand. *Histoire des théories de la communication.* Paris：La Découverte，1995

Mattelart，Armand. *Histore de la société de l'information.* Pairs：La Découvert，2001

Mattelart，Armand. *La culture contre la démocratie.* Paris：La Découverte，1984

Mattelart，Armand. *Le carnval des images.* Paris：La Documentaion Française，1987

Mattelart，Armand. *L'invention de la communication.* Paris：La Découverte，1994

Mattelart，Armand. *La mondialisation de la communication.* Paris：PUF，1996

Mattelart，Armand. *Penser les médias.* Paris：La Découverte，1986

Miège，Bernard. Les industriels de la culture et de l'information à l'ère des nouveaux médias et des réseaux de diffusion. In：*Sociologie de la communication*，1997，1（1）

Moghadam，Valentine M. *Globalization and Social Movements.* Lanham：Rowman & Littlefield Publishers，INC. ，2009

Musso，Pierre. *Les télécommunications.* Paris：PUF，2008

Neveu，Érik. *Socologie des mouvements sociaux.* Paris：La Découverte，2011

Polgreen，Lydia. 南非金矿工人罢工警察开枪. 2012 年 8 月 17 日。纽约时报（中文版）。Retrived 2012 - 8 - 17. http：//cn. nytimes. com/article/world/2012/08/17/c17safrica/

Porta，Donatella Della and Diani，Mario. *Social Movements：An Introduction*（2nd ed）Oxford：Blackwell Publishing，2006

Rampton，Martha. *The Three Waves of Feminism*，The Magazine of Pacific University.

http：//www. pacificu. edu/magazine_ archives/2008/fall/echoes/feminism. cfm，retrieved April 1，2012.

Riots：David Cameron's Commons Statement in Full. BBC，11 August 2011，Retrieved 2012 − 6 − 23. http：//www. bbc. co. uk/news/uk-politics − 14492789

Vittorio，De Filippis. Porto Alegre，"l'internationale citoyenne en gestation"，Entrevue avec Edgar Morin，Liberation，Retrieved 2012 − 05 − 13. http：//www. liberation. fr/econo-mie/0101362776-porto-alegre-l-internationale-citoyenne-en-gestation

Wolton，Dominque. *L'autre mondialisation.* Paris：Flammarion，2003

Zarifian，Philippe. *L'échelle du monde：Globalisation，Altermondialisme，Mondial-ité.* Paris：La Dispute，2004

思考题：

1. 何谓另类全球化传播及其原因。

2. 理解另类去全球化的维度。

3. 如何理解全球公民运动。

4. 社会运动与新媒体间的关系。

5. 全球行动主义的局限性。

第十章
国际传播与阴谋论

本章要点：

* 阴谋论的传播学界定
* 阴谋论与殖民的关系
* 国际传播中的阴谋论

兵者，诡道也。故能而示之不能，用而示之不用，近而示之远，远而示之近。①

——孙武

阳谋：用智而不恃智，示信天下，开诚布公，兴利除弊，可为万世法。阴谋：用智，慎秘，权变，依靠诡力诈术，可做权宜之计，非长久之策。②

——汪大海、胡卫红

第一节　阴谋论：传播的另类解读

在现行的国际传播中，很少有人来谈论国际传播中的"阴谋论"。"阴谋"之所

---

① 孙武＆孙膑，《孙子兵法·孙膑兵法》，北京：中华书局，2007 年第二版，计篇第一（七）。

② 汪大海、胡卫红：《成事在谋：左手用阴谋，右手用阳谋》，北京：石油工业出版社，2009 年。

以为"阴谋",原因在于其借助看起来合理的逻辑来进行解释事件的发生。当然,有少数的"阴谋"后来被揭穿,但大多数阴谋还没有充分的证据来加以暴露。无论如何,在国际传播层面上,"阴谋论"也是国际政治和国际关系互动的一种认识形式。思考国际传播中的阴谋论,其问题意识来自于国际传播(如国际政治、国际关系等)中,现实与话语表述的失接,简而言之,表里不一。

人类的文明总是有着相似的地方,东西方都存在着"阴谋论"的说法。根据自由维基,首次的"阴谋论"概念出现在 17 世纪的英国,亨利·柏林布鲁克(Henri Bolingbroke,1678 – 1751)子爵认为政治对手拿了王室的钱,不履行代表的权力,来课税,提出了"阴谋论"的说法,不过历史学家把最早的阴谋论追溯到 18 世纪的法国大革命,认为这不是一场自发的群众运动,而是反基督教阴谋的结果。[①] 中国的对于"阴谋论"的说法产生的就更早。就"阴谋论"的案例,米歇尔·牛顿(Michael Newton)在《阴谋和阴谋论百科全书》(2006)提出了上千种案例。这不必去关注"阴谋论"的起源,关键是在"国际传播"中,我们如何去认识。

布莱克的法律字典把"阴谋"(conspiracy)界定为"两个或多个人联合起来,依靠联合力量,来实施一些违法行为。……现代新闻报道中的令人惊讶的事情是,任何有关阴谋论的暗示实际上都会引起下意识的指责:'妄想狂'(paranoia)、'古怪'(eccentricity)或完全是'妄想精神病'。"[②] 中国人对此早有认识,根据"汉典","阴谋"有几种含义[③]:(1)用兵的谋略。《国语·越语下》:"阴谋逆德,好用凶器"。(2)秘计,诡计。《管子·轻重甲》:"内则有女华之阴,外则有曲逆之阳,而得成其天子。此汤之阴谋也。"(3)暗中策划,秘密计议。《史记·蒙恬列传》:"(赵高)遒与丞相李斯、公子胡亥阴谋,立胡亥为太子。"这些解释的共同点在于:欲达某目的而暗中策划。

"当一个有实力的小群体秘密地谋划并完成一种非法的或不合适的行为且该行为具有影响事件发展的独特性时,就产生了阴谋",或"阴谋就是两个或多个人通过有意图地合作来完成一种非法行为或犯罪";"相信阴谋论就是相信一个个体组织用过隐秘的方式来实现坏的目标。"[④] 在全球视角下,阴谋论不再局限于某个小团体的利

---

① Théorie du complot,retrieved 2012 – 2 – 12,http://fr. wikipedia. org/wiki/Th% C3% A9orie_ du_ complot

② Michael Newton,*The encyclopedia of conspriacies and consipiracy theories*,Facts On File,Inc. ,2006,p. iv.

③ 汉典:"阴谋"词条。http://www. zdic. net/cd/ci/6/ZdicE9Zdic98ZdicB4338296. htm

④ Jérôme Jamin,*l'imaginaire du complot*,*Discours d'extrême droite en France et aux Etats-Unis*,Amsterdam University Press,2009,P. 44.

益的实现，而是扩展到国际层面，国家、民族、政治团体等的利益成了支配阴谋运作的杠杆。实施阴谋的主体也呈现多元化势态，如政党、企业、组织等，领域涉及的政治、经济的、文化的。尤其是国际层面上的无政府状态，致使国际利益的纷争被打上了"从立法则"的烙印，在学理上体现为国际政治理论中现实主义思考——现实中的层出不穷的国际抗议、冲突和战争以及变相的经济与军事制裁成了这种理论的现象注脚，即使在彼此竞争发展的时候也是如此：面对着中国对非洲的基础建设投资，美国也不甘落后，在积极追赶中国的同时，曾任美国国务院非洲局副助理国务卿的弗兰克·莫斯认为，"美国不去建高速公路、桥梁和机场，而非洲又需要这些基本设施，所以我们应该感谢中国在做这些事。"因为，"中国建造新机场，意味着非洲的航空公司可能会需要更多的波音（Boeing）飞机；建设更好的道路和港口，意味着沃尔玛（Walmart）能够在非洲更快、更廉价地运输货物。"[1]

第二节 认识阴谋论

一般地，"学者把阴谋论描述为试图解释一个事件（往往是政治的或社会的）终极原因看作权力个体或组织通过暗中结盟来实施的阴谋，把人们相信阴谋论的原因集中在人们需要解释超过自己控制的事件上。尤其是，一些研究着相信阴谋论是对无力（powerless）的回应；面对不断增长的巨大而匿名的官僚体系的势力，阴谋论允许人们与形塑自己未来的潜在力量的可能性达成妥协。同样，有的研究者把阴谋论看成弱势个体占有重要和秘密信息的手段。"[2]

法国社会学家、政治学家和思想史学家皮埃尔·安德烈·塔杰夫（Pierre-André Taguieff）认为，通常以保护善的名义来使用错误（faux），并要求与被指定的恶（Mal）进行无情的斗争；这种善拥有一切解释权力。[3] 阴谋论通常基于四个大原则："1）没有什么是偶然的；2）发生的事情是隐蔽意图与愿望的结果；3）没有什么是

———————————

[1] LYDIA POLGREEN，"美国追赶中国投资非洲"，2012年8月10日，《纽约时报》（中文版）．Retrieved2012 - 8 - 10. http：//cn. nytimes. com/article/world/2012/08/10/c10africa/

[2] Douglas, Karen M. Sutton, Robbie M., The Hidden Impact of Conspiracy Theoris, *Journal of Social Psychology* 148（2），2008，pp，210 - 222.

[3] Pierre-André Taquieff, *L'imaginaire du complot mondial*：Aspects d'un mythe moderne, Mille et une nuits，2006，p. 57.

与表面一致的；4）一切都有联系，而且是以秘密地方式。"① 他在对反犹太人士对《犹太人贤士议定书》的意识形态和政治利用进行研究后指出，这种使用有以下五种功能："1）简单地通过指出具有冷酷敌人形象的隐蔽力量来进行解释；2）通过解释隐蔽敌人的秘密来抵抗威胁；3）把反对纯粹的或被妖魔化的敌人的行为合法化，这种行为被说成是自卫的，不过有着斩草除根的做派形式；4）为了一种目的（cause）进行动员，即使该目的是报复和复仇行；5）根据虚构和恐怖的形式魅化世界、历史、政治。"②

相信阴谋论，根据阴谋的范围不同，米歇尔·巴坤（Michael Barkun）把"阴谋论"分成几个类型：事件阴谋论（event conspiracies），用于指一个限定的事件或一系列事件，阴谋者把自己的力量集中在一个限定而明确的目标上，如肯尼迪遇刺事件；系统阴谋论，指目标广泛的阴谋，常常认为用来巩固对一个国家、地区甚至整个世界的控制，阴谋机制（machinery）很简单，是单个的组织制订计划来渗透于或颠覆现存的制度机构（institutions），如犹太人，光明会，甚至共产主义和国际资本主义；超级阴谋理论，认为诸多阴谋是彼此相联系的，在这个阴谋论的顶级阶段，一个全能的邪恶力量控制着小的阴谋者。③ 实际上，就理论框架而言，"阴谋论"主要借助一种阅读格栅来解释历史事件的理论。在国家与国际层面上，阴谋论往往包含一个巨大的国家、国际或世界层面上的阴谋，其基于操纵的基础之上，来解释国家或国际历史的想象。

一、阴谋论的基础假设

"阴谋论"存在着假设基础。总体上而言，"阴谋论的想象隐含地断言，政治和社会生活的一切都应当有一个意义，不能没有意义，并且历史是顺理成章地能够被理解。在这样做的同时，这些公设也意味着，不确定、复杂性、无知和不理解是一些障碍，这些障碍在对世界的阴谋论解读中能够系统地被拿掉。"④ "如果阴谋论能发生作

---

① Pierre-André Taguieff, Taguieff décode la théorie du complot, Propos recueillis par Christophe Ono-dit-Biot, *Le Point*, retrieved 2012 – 02 – 09, http：//www. lepoint. fr/societe/taguieff-decode-la-theorie-du-complot – 15 – 12 – 2011 – 1408474_ 23. php

② Pierre-André Taguieff, *L'imaginaire du complot mondial*：*Aspects d'un mythe moderne*, Mille et une nuits, 2006, p. 165.

③ Michael Barkun, *A Culture of Conspiracy*：*Apocalyptic Visions in Contemporary America*, University of California Press, 2003, pp. 6 – 7.

④ Jérôme Jamin, *L'imaginaire du complot*, *Discours d'extrême droite en France et aux Etats-Unis*, Amsterdam University Press, 2009, p. 74.

用，这是因为他们往往包含着部分事实，阴谋必须基于哪怕是最少的事实以便能够被认出。为了建立无法证明的推理，与没有被证明的命题相关联的不可辩驳的前提是必不可少的。"① 总之，对阴谋论而言，存在着能够让人进行推理的、作为逻辑前提的、哪怕是最少量的事实（réalité）。

学科不同，对"阴谋论"存在着认识上的差异。"哲学家像其他大学老师一样，倾向于不怎么看好阴谋论和阴谋论者。哲学常常和合理性（rationality）联系在一起，至少在介入合理性研究者那里，而阴谋论往往在范式方面被认为是非理性（irationally）。像进行创造活动的科学家一样，阴谋论理论家常常被蔑视为错误与混乱的传送带。"② 卡尔·波普尔虽然承认阴谋的存在，但不赞同阴谋论说法："我们清楚地看到，并不是我们所有行为的结果都是意向性的结果；因此，我们看到，社会阴谋论不能是真实的，因为它接近承认，所有结果，甚至那些乍眼一看不具有意向性的结果，都是对这些结果感兴趣者行为想要的结果。"③ 在政治学家那里，阴谋论往往与战略目标联系在一起："一个由个体或群体组成的组织过去或现在正在暗行动以达到一些恶意的目的。"④ 人类学家拉图尔，"当然阴谋论是对我们自己论据的一种荒唐的扭曲。"⑤ 在心理学上，常常与"多疑症"（paranoia）联系在一起，"阴谋论标出的是那些政治病态的个体或集团所产生的知识体系。"⑥ 在社会学者看来，阴谋论与其说具有目的论的性质，倒不如说是主客体或个体与系统相互作用的结果，如，"阴谋论（在"二战"后美国）的兴起来源于对人类代理（agency）能力的减弱的焦虑，个体不但影响不了有意义的社会行为，而且甚至不能控制自己的行为。"⑦ 在文化研究中，

---

① Jérôme Jamin, *L'imaginaire du complot*, *Discours d'extrême droite en France et aux Etats-Unis*, Amsterdam University Press, 2009, p. 78.

② David Coady, An Introduction to the Philosophical Debate about Conspiracy Theories, *Conspiracy theories: the philosophical debate ed.* by Tom Rockmore & Daniel Breazeale, Ashgate Publishing Limited, 2006, p. 1.

③ Karl R. Popper, *The Open Society And Its Enemeies* Vol. 2: Hegel, Marx, and the Aftermath, Princeton University Press; 5 Revised edition , 1971, p. 96.

④ Michael Barkun, *A Culture of Conspiracy: Apocalyptic Visions in Contemporary America*, University of California Press, 2003, p. 3.

⑤ Bruno Latour, Matters of Fact, Matters of Concern, *Crintical Inquiry* 30 (Winter 2004), The University of Chicago, p. 230.

⑥ Jack Z. Bratich, *Conspiracy Panics: Political Rationality and Popular Culture*, State Univesity of New York Press, 2008, p. 4.

⑦ Timothy Melley, *Empire of conspiracy: the culture of paranoia in postwar America*, Cornell University Press, 2000, p. 11.

"阴谋论不仅严格地按内在的性质来界定，而且也根据它们与'真理的状况'（regime）来界定"①，阴谋论成了一种话语。媒介批判研究中，乔姆斯基不太认同"阴谋论"，认为这是行动者不同采用的"人身攻击"手法。"社会中任何筹划的例子都是一些人聚在一起，试图用一切可能权力来达到一个结果。……这些都是'阴谋'。"②"一旦你描述基本事实，并认为掌权者不太具有合理性，好啦，如果对方是敌人，那没说的；如果使我们国内的权力者，那就是'阴谋论'。"③政治经济学方面，"我们并不是说在屏幕后面存在一个绿野仙踪中的魔术师，控制所见、所思、所做。……整体上，散布了几十年的有关政府和政府外的阴谋论应当被看作勉强的与错误的。……阴谋论构成一个粗劣而有效的机制来接近整体性的功能运作。政治演出（spectacle）如同媒体、军队、政府、跨国公司与世界金融机构一样，都有意识地且明显地由一个单独的强国来管理，即使事实上并非如此。"④

从反思社会学的角度来看，甚至"阴谋论"的本身也成了"阴谋论"的目标，该词的应用就是在操纵它的受众对不利的情景进行另类阐释。从西方发达国家（特别是美欧）对世界上的异己国家采用制裁、围堵、打击、妖魔化等手段进行军事威慑、经济制裁和舆论攻击，不能不使人反思到，这种对别国的采用妖魔化和打压的思维的本身是否就是"阴谋"——更不说"妖魔化"的过程可能就是一种政治或经济战略的"阴谋"？如美国在世界的大棋局，如北约东扩、大中东计划、战略中心向亚洲转移，在此过程中，以往自己支持的盟友（如伊朗、塔利班）突然变成了必须坚决打击的对手，战略利益成了衡量"我们"与"他们"的标尺。特别是在中美关系上，一方面强调合作，捞取中国经济发展带来的好处，另一方面处处对中国进行阻挠："中国军事不透明"、"与南海争议国家联合演习"、"在中国周边结盟"等。

"阴谋论"是对一种事件运作机制的另类解释，又是对权力运作机制的另类解读；"阴谋想象为历史和特殊的政治提供了一个阐释。"⑤"总之，阴谋论是一种权力理论（power）。因此，它值得人们注意其对资源和抑制权力的不均衡（uneven）分配

---

① Jack Z. Bratich, *Conspiracy Panics：Political Rationality and Popular Culture*, State Univesity of New York Press, 2008, p. 3.

② Peter R. Mitchll & John Schoeffel（ed.）, *Understanding Power：The Indispensable Chomsky*, New York：The News Press, 2002, p. 348.

③ Peter R. Mitchll & John Schoeffel（ed.）, *Understanding Power：The Indispensable Chomsky*, New York：The News Press, 2002, p. 390.

④ Hardt & Negri, *Empire*, Havard University Press, 2000, p. 323.

⑤ Jérôme Jamin, *L'imaginaire du complot*, *Discours d'extrême droite en France et aux Etats-Unis*, Amsterdam University Press, 2009, p. 18.

的理解。"① 在国际政治传播中，主要体现于布热津斯和约瑟夫·奈的"网络外交"和"软实力"说。利用信息来作为外交的杠杆，美国的前国防部长助理约瑟夫·奈对此作了很好的陈述，而这种陈述被马特拉不断引用来说明传播网络在实施世界霸权图谋中的作用。约瑟夫·奈认为，"作为美国外交力量的扩大器，信息优势很重要，这包括'软实力'——美国的民主和自由市场的吸引力。……信息时代不仅使军事而且使软实力工具发生了革命性的变化，并为它们提供了用场。……如同旧时代的核力量的作用一样，信息时代的对信息的控制成了关键。"并乐观地认为，由于美国对信息网络的控制，"21 世纪将是美国的地位凸显的时期，信息成了国际舞台的一部分，美国比其他国家更能通过信息来提升软、硬实力。"②

二、国际社会中的"殖民"幽灵

"商业、军事和传道是殖民占领的经典三部曲。"③ 在商业方面，世界被看成统一的工厂和市场、因国际分工造成的国家间的依赖、人类对地球的联合开发等等，这些理想在面对帝国时代的传播流动地形图的现状时，表现得没有说服力。传播技术网络（如大英盛世时期的电缆网络）在国际交换方面呈现出向心倾向，整个世界表现为等级化体系，最明显的隐喻就是费尔南·布罗代尔的"经济世界"：在这里，出现了经济中心、过渡区和边缘区。于是，传播流动的结果汇集到少数几个国家，信息从中心向边缘扩散。于是随着 19 世纪 80 年代非洲的支离破碎出现了新的分析概念工具：帝国主义。"象征力量的关系倾向于再生产和再强化建构社会空间力量的关系。"④ 象征层面的传播在政治地缘构建中发挥着作用，从教会特权的布道到以在殖民地和他国传播法语为目的的法语联盟⑤，这些都是利用象征传播建构着地缘政治空间。再如，西方基督教（尤其是梵蒂冈）在奥斯曼帝国后期（1299 – 1922）对黎巴嫩——叙利亚

---

① Mark Fenster, *Conspiracy Theories: Secrecy and Power in American Culture*, University of Minnesota Press, 1999, p. xiv.

② Joseph Nye Jr. & William Owens, "America's information edge", *Foreign Affairs*, New York, Mar/Apr 1996.

③ Armand Mattelart, *L'invention de la communication*, La Découverte, 1994, p. 204.

④ Pierre Bourdieu, *Choses dites*, Paris, Minuit, 1987, p. 160.

⑤ 法语联盟：成立于 1883 年，它的全称为"在殖民地和外国传播法语的国家联合会"（Association nationale pour la propagation de la langue française dans les Colonies et à l'Étranger）。法语联盟的总会长皮埃尔·蓬森（Pierre Poncin）说："避免威胁法国工业和商业的办法之一是，传播法国语言；因为，在都讲法语的地方，人们就买法国的东西。法语词汇在世界范围内回荡就等于购买了法国的产品。"法语联盟诞生在巴黎一个很有象征意义的地方：圣西门大街的圣西门俱乐部（Le cercle Saint-Simon），这是圣西门协会（La Scoiété historique）的地址。Armand Mattelart, *L'invention de la communication*, La Découverte, 1994, p. 210.

省的传教，并建立马龙教徒使团，强化对对基督教的传播，巩固和开拓东罗马帝国留下的象征遗产，以至于黎巴嫩有阿拉伯新闻事业的"摇篮"之称。这种意识层面上的象征构建，在物质上（如为传教而制作的阿拉伯语印刷机）和思想上为基督教文明在阿拉伯世界的扩张奠定了基础，以至于在奥斯曼的威权统治下，法国和英国成了奥斯曼异议人士（尤其是新闻媒体）的海外移民地。事实上，在奥斯曼帝国没有解体之前，英法已经成了一些奥斯曼帝国省份的托管国，如阿尔及利亚（法国，1830）、塞浦路斯（英国，1878）、突尼斯（法国，1881）、埃及（英国，1882）等，更不说在第一次世界大战后，英法瓜分了中东。不过，这种象征与物质构建的"殖民主义"没有非洲明显："1415 年，葡萄牙占领了摩洛哥的休达，开始了欧洲在非洲最早的一块殖民地。在随后的世纪里，随着欧洲的工业化和经济的发展，非洲成了欧洲列强获取资源和推销商品的理想场所。18 世纪末，欧洲揭开了对非洲进行大规模开发和掠夺的序幕。到了 19 世纪后半期，'瓜分非洲'（Scramble for Africa）被提上了欧洲列强的议事日程，英国、法国、德国、意大利、比利时、葡萄牙等国纷纷涉入其中。1885 年的柏林会议（Berlin Conference）具有标志性意义，这次由德国首相俾斯麦倡导的会议为瓜分非洲领土设立国际指导原则，它形式化了欧洲对非洲的控制。在柏林会议之前，大多数欧洲国家是通过与非洲统治者签订协约的方式来扩展自己的利益，在此会议之后，则逐渐借助军事占领来实现自己目的。到了 1905 年，除了利比里亚和埃塞俄比亚之外，欧洲列强几乎殖民了所有的非洲土地。随着第一次世界大战（1914－1918 年）的爆发和结束，德国的失败使它丧失了在非洲所有的殖民地，丧失的殖民地在英、法、比、南非（1910 年独立）进行重新分配。在第一次世界大战之后，欧洲列强对非洲的瓜分格局被固定下来，其中法国和英国成了非洲最大的殖民者。"① 在非洲的新闻传播业方面，也只是在 18 世纪和 19 世纪初随着传教使团和殖民统治把报纸首次引入非洲：非洲才有了自己的大众媒介，不过这大多掌握在殖民者手里，随着非洲在 20 世纪独立浪潮的兴起，逐渐出现一些所谓"独立"媒介。这种象征与物质"殖民"造成的结果是：外部势力（宗主国）的态度和内部利益集团的博弈结果成了被殖民国家在国际上获取合法性重要条件。现代世界中的"巴以冲突"、"钓鱼岛之争"等莫不是美欧诸国的"表态"为世界和平所带来的障碍。

为了表述传播技术网络对民族政治、经济空间重要整合作用，弗里德里希·李斯特（Friedrich List，1789－1864）对德国的铁路网络对民族经济空间的建构作用进行分析：

---

① 朱振明："非洲新闻事业的发展逻辑"，《国际新闻界》2011 年第 3 期，第 122 页。

德国的铁路网络建设不仅促进了经济的发展，更是对国家起到了整合作用。由传播网络延伸出来这种"空间科学"，即网络为疆土增添活力，成了帝国主义空间扩展的依据。传播中的"地缘政治空间"实际是对19世纪中伴随帝国霸权形成的文化和传播网络状况的描述，从空间角度来研究传播如何构建国家的地缘政治或经济利益。

第三节　阴谋论的注脚

美国的经济学家与自由撰稿人威廉·恩道尔（F. William Engdahl）先后写了两部揭示美国构建地缘政治阴谋的著作《石油战争：石油政治决定世界新秩序》（*A Century of War：Anglo-American Oil Politics and the New World Order*，2004）和《粮食危机：运用粮食武器获取世界霸权》（*Seeds of Destruction. The Hidden Agenda of GMO*，2007）。在这两本书中，"石油"与"粮食"构成了构建大国（美国）地缘政治与经济的二条权力主线。这两本书成了鲜有揭示大国（美国）外交政策背后的动力因素的历史教科书。在前者中，"石油"成了地缘政治的目标与实现国家霸权的手段；在后者中，"科学相政治下跪"，"成为政治的仆人"，粮食及转基因技术成了发达国家实现战略目标的工具。这似乎迎合着美国的前国务卿亨利·基辛格曾说："如果你控制了石油，你就控制了所有国家；如果你控制了粮食，你就控制了所有的人。"[①] 尤其是后者揭示出的阴谋，更是令人发指与残酷。在这种"深谋远虑"的国际战略决策下，"1974年，美国政府的少数要员收到了《国家安全研究备忘录第200号》。这份报告由洛克菲勒基金提出，由基辛格起草完成，其主旨是实施'世界人口行动计划'以大幅度降低世界人口数量。这一新政策的理论出发点是：大多数高质量的矿藏都位于发展中国家，而发展中国家数量过多的'劣种人'妨碍美国获得充裕的、廉价的原材料，必须除掉这些高速增长的人口才能保护美国利益。为此，美国政府要求巴西等发展中国家实施大规模绝育手术，甚至把波多黎各作为人口控制的'活体'试验场。基辛格明确提出：美国要将粮食援助作为'国家权力的工具'，对那些接受援助的国家来说，要么绝育要么挨饿。"[②] 美国的这种战略，实际上就是"如果这些劣等人种

---

① 威廉·恩道尔：《粮食危机：运用粮食武器获取世界霸权》，北京：知识产权出版社，2008年，第60页。

② 威廉·恩道尔：《粮食危机：运用粮食武器获取世界霸权》，北京：知识产权出版社，2008年，第61页。

妨碍我们获得充裕的廉价原材料，我们就必须想办法除掉他们。……它首次将发展中国的人口控制列为美国政府的一个明确的（秘密的）战略性国家安全重点。它为挂着'计划生育'的羊头来贩卖人口控制的狗肉制定了方针；它将人口增长问题与获得战略性矿产资源联系起来。"[①] 中国的经济学家郎咸平及学者柴伟东也有类似的观点与著作。前者的《金融超限战》与后者的《转基因食品和疫苗的阴谋：生化超限战》等有关论述，都与这位美国经济学家有着相同的思考路径：冠冕堂皇的官方语言下面掩盖的是不能言说的欲望与利益纷争，它们构成了具有现实主义色彩的国际政治政治的重要内容。不能不使人们对国家的交流与传播产生更多的思考。

在 1997 年爆发的席卷亚洲的金融危机风暴中，美国的态度与行动暧昧。"美国人在处理亚洲金融危机时的态度和方式。风暴伊始，美国就迅即否定了日本建立亚洲货币基金的提议，主张通过以其为大股东的国际货币基金组织，实施有条件的救援计划，意在迫使亚洲国家接受美国推行的经济自由化政策。如国际货币基金组织在向韩国提供 570 亿美元贷款的同时，提出的条件就是要其全面开放市场，让美国资本有机会以不合理的底价收购韩国企业。如此明火执仗地要求给美国为首的发达国家敞开或腾出市场空间，已经近乎于一种变相的经济占领。如果我们把美国政府的这种做法与索罗斯之辈对亚洲国家的金融狙击，与美国人的共同基金总额 10 年间从 8100 亿美元增加到 5 万亿并仍以每月 300 亿的速度递增，与穆迪公司、标准－普尔公司和摩根斯坦利公司在最关键或是最微妙的时刻降低日本、香港地区及马来西亚信用等级，与格林斯潘对香港政府反击'对冲基金'会否改变游戏规则的担心，与美联储对投机失败的长期资本管理公司（LTCM）的破例救助，与曾经在亚洲喧闹一时的说'不'声和'亚洲世纪'的提法日渐沉寂等所有现象，统统联系起来，就会发现这一切的衔接是如此巧妙，天衣无缝。倘若有意识地将它们组合在一起，用以打击觊觎已久的目标，岂不是一次成功的超国家组织＋跨国家组织＋非国家组织的组合行动。虽然没有直接证据显示，美国政府和美联储刻意设计并使用了这一威力巨大又不露声色的武器，但从迹象上看，起码可以说，某些行动事先得到了他们的鼓励和默许。"[②]

阴谋论不仅表现在"软实力"方面，而且还体现在"硬实力"方面。

"二战"结束后的德国纽伦堡审判（Nuremberg）控告纳粹的首要罪证是"合伙阴谋"，其他的罪证是"反和平罪"、"反战争罪"和"反人类罪"，这些罪名直至现

---

① 威廉·恩道尔：《粮食危机：运用粮食武器获取世界霸权》，北京：知识产权出版社，2008 年，第 65 页、第 69 页。

② 乔良、王湘穗：《超限战》，湖北：崇文书局，2010 年。

在一致很常用，被掌握传播优势的西方国家定位那些不与西方共谋的"叛逆的"第三世界国家的领导人，南斯拉夫的米洛舍维奇，伊拉克的萨达姆·侯赛因，利比亚的卡扎菲等，或被关进监狱、或被判处死刑、或被乱军所杀。

在21世纪80年代，美国为了对付伊朗，大力支持伊拉克与伊朗展开八年的战争，这时候的美国无视自己后来控诉的"反人类罪"的萨达姆·姆侯赛因的作为，并且当萨达姆于1990年7月告知美国大使April Gillespie要入侵科威特（原是伊拉克的一个省，19世纪末在英国殖民当局把其割离伊拉克成为一个国家）时，华盛顿还表示支持，但当1990年8月入侵开始时，当时的老布什总统突然翻脸，把伊拉克赶出石油丰富的科威特，不过仍保留的伊拉克的政权；1991年"萨达姆试图暗杀老布什"的"莫须有"罪名又把伊拉克拖入战争，美国乔治·W·布什总统把伊拉克列为邪恶轴心上的三个国家（伊朗和朝鲜）之一，并指责萨达姆与恐怖大亨本·拉登有联系，而且具有各种各样用来打击以色列及其他目标的"大规模杀伤武器"，以此为依据发动海湾战争，入侵伊拉克，绞死了萨达姆，杀死了他的儿子。①

就中国的民族叙事而言，外国势力不断渗透其中，虽然公开承认中华人民共和国，尊重中国的主权，但背地里制造事端，阴谋昭然若揭。张植荣和魏云鹏二位学者在研究美国对西藏问题的态度时，在"引子"中提到"克林顿的表态，正是近百年来美国行政当局对西藏地位所持的一贯看法与立场。但是，我们也看到，在历史上，在现实中，美国有些部门，包括情报部门、立法部门及传媒在内，明里暗里搞些有悖于这一立场的小动作，乃至形形色色的阴谋和阳谋。……在科罗拉多州秘密训练西藏游击队；在尼泊尔训练反叛分子向西藏发动袭击；在康奈尔大学为达赖集团培训特工；在纽约和日内瓦成了'西藏之家'；在印度建立情报站、搜集情报，等等。"② 2012年6月8日，德国《南德意志报》发表长文《神圣的表象》揭露达赖与美国中央情报局的关系，对20世纪50年代达赖集团与美国中央情报局的关系及达赖的虚伪面目进行了揭露。该报编者按中指出："纯粹和平主义的代表人物达赖喇嘛对中情局在西藏活动的了解，很可能比他迄今承认的多得多。如今，暴力的阴影落到了这位神王的头上。"③

---

① Michael Newton, The Encyclopedia of Conspiracies and Conspiracy Theories, Facts On File, Inc., 2006, pp. 167 – 168.

② 张植荣、魏云鹏：《阴谋与阳谋——实录近代美国对西藏的政策》，北京：中国藏学出版社，2002年，第2页。

③ "德国《南德意志报》表表长文揭露达赖与美国中央情报局的关系——神圣的表象"，《人民日报》（海外版）2012年6月27日。

本章参考文献：

德国《南德意志报》发表长文揭露达赖与美国中央情报局的关系——神圣的表象. 人民日报（海外版），2012 年 6 月 27 日

漢典："阴谋" 词条。http：//www. zdic. net/cd/ci/6/ZdicE9Zdic98ZdicB4338296. htm

乔良、王湘穗. 超限战. 武汉：崇文书局，2010

孙武 & 孙膑. 孙子兵法·孙膑兵法. 香港：中国书局，2007

汪大海、胡卫红. 成事在谋：左手用阴谋，右手用阳谋. 北京：石油工业出版社，2009

威廉·恩道尔. 粮食危机：运用粮食武器获取世界霸权. 北京：知识产权出版社，2008

张植荣、魏云鹏. 阴谋与阳谋——实录近代美国对西藏的政策. 北京：中国藏学出版社，2002

朱振明. 非洲新闻事业的发展逻辑. 国际新闻界，2011 年第 3 期

Barkun，Michael. *A Culture of Conspiracy*：*Apocalyptic Visions in Contemporary America.* Berkeley：University of California Press，2003

Bourdieu，Pierre. *Choses dites.* Paris：Minuit，1987

Bratich，Jack Z. *Conspiracy Panics*：*Political Rationality and Popular Culture.* Albany：State Univesity of New York Press，2008

Douglas，Karen M.，Sutton，Robbie M.. The Hidden Impact of Conspiracy Theories. *Journal of Social Psychology*，2008，148（2）

Fenster，Mark. Conspiracy Theories：*Secrecy and Power in American Culture.* Minneapolis：University of Minnesota Press，1999

Hardt，Michael and Negri，Antonio. *Empire.* Cambridge：Havard University Press，2000

Jamin，Jérôme. *l'imaginaire du complot*，*Discours d'extrême droite en France et aux Etats-Unis.* Amsterdam：Amsterdam University Press，2009

Latour，Bruno. Why Has Critique Run out of Steam? From Matters of Fact to Matters of Concern. *Critical Inquiry.* 2004，30（2）

Mattelart，Armand. *L'invention de la communication.* Paris：La Découverte，1994

Melley，Timothy. *Empire of conspiracy*：*the culture of paranoia in postwar America.* Ithaca：Cornell University，2000

Mitchll，Peter R. & Schoeffel，John（ed.）. *Understanding Power*：*The Indispensable*

Chomsky. New York：The News Press，2002

Newton，Michael. *The encyclopedia of conspiracies and conspiracy theories*. New York：Facts On File，Inc. ，2006

Nye，Joseph Jr. & Owens，William. America's information edge. *Foreign Affairs*，1996

POLGREEN，LYDIA. 美国追赶中国投资非洲.2012 年 8 月 10 日，纽约时报（中文版）。Retrieved2012 – 8 – 10. http：//cn. nytimes. com/article/world/2012/08/10/c10africa/

Popper，Karl R. . *The Open Society and Its Enemies*（Ⅴ 2）：Hegel，Marx，and the Aftermath. Princeton：Princeton University Press；1971

Rockmore，Tom & Breazeale，Daniel. *Conspiracy theories：the philosophical debate*. Burlington：Ashgate Publishing Limited，2006

Taquieff，Pierre-André. Taguieff décode la théorie du complot，Propos recueillis par Christophe Ono-dit-Biot，*Le Point*，retrieved 2012 – 02 – 09，http：//www. lepoint. fr/societe/taguieff-decode-la-theorie-du-complot – 15 – 12 – 2011 – 1408474_ 23. php

Taquieff，Pierre-André. *L'imaginaire du complot mondial：Aspects d'un mythe moderne*. Paris：Mille et une nuits，2006

Théorie du complot，retrieved 2012 – 2 – 12，http：//fr. wikipedia. org/wiki/Th%C3%A9orie_ du_ complot

思考题：

1. 理解作为认识论的"阴谋论"。
2. "阴谋论"与"殖民论"间的联系。
3. 如何看待国际传播中的"阴谋论"。

结语
国际传播：一个跨学科的领域

未知存在于科学的边缘。①

——Marcel Mauss

未知存在于学科的边缘。②

——Patrice Flichy·

在人类的历史上，人们生产着不同类型的"叙事"（récits），如民族主义叙事、爱国主义叙事、民族叙事、乌托邦叙事、普遍的民主共和国和商业共和国叙事、现代主义叙事、后现代主义叙事，等等。这些不同的叙事是对不同人类象征或物质活动的现象学描述。传播技术的发展催化和促生了不同的叙事再现和表达形式，而且叙事不再属于局部（如某一部落或民族的内部），具有了跨边界的特征，即具有了国际维度。传播者、传输渠道、内容以及受传者的多元化成了叙事传播过程的总体性描述。

在多维度的全球化背景下，用来描述叙事的"信息社会"、"知识社会"、"后工业社会"、"后现代社会"等概念不仅是物质财富的生产时代，也是不同心智（mentality）的生产时代；用来描述"叙事"主体的个体、团体、群体、国家不仅是事件的承担者，更是叙事活动中涉及政治、经济、文化与社会的合法性主体。基于主体身份归属差异，形成了主体问题的权利、权力、义务、协商、对抗等关系，传播成了这些关系的介质或载体。同时，面对经济全球化、政治与统治合法性要求、意识形态争斗、国家利益博弈等碾压与支配，秩序、制度、体制以及游戏规则成了塑造社会现实的模具，这些模具规制下的传播活动与传播形态影响和制约着不同群体的心智状态，并折射出它们之间的区隔与渗透，并由此成了传播的"网络之网"，反过来这些心智

---

① Marcel Mauss, *Sociologie et anthropologie*, Paris：PUF, 2004, p. 365.
② Patrice Flichy, *L'innovation technique*, La Découverte, 2003, p. 233.

状态又影响着传播活动。

在不同时代，传播被赋予不同的意义，如文明的使者、地缘政治与意识形态斗争的工具、经济的新的增长点（如文化产业）、新型民主的载体（如电子民主广场）等。认识传播就是要理解，传播形态的历史纪既是各种相关系依赖的历史，也是管理情感和冲动形式的历史，要避免迎合唯媒介领域的界定倾向。审视传播，首先，"要避开一种过多迎合媒介领域的定义倾向性，因为这种学术认识和工业活动领域表现出令人陶醉的性质。作为现代性的象征，它不断地超越自己，期望在不断地贬值，从而引起了一个无休止的运动。迫于与这种易逝的、不稳定的且难以稳定的研究对象妥协，观察者常常被置于屈服于'大势所趋'的境地。人们依次使媒介担当起创世神、救星和替罪羊的角色，对它的单义分析常常忽略我们社会不断增长的文化复杂性。"①其次，要"沿着一种实用主义逆流而上。该实用主义自80年代以来在专业知识发展的影响下不断地扩大对传播的观察与表达方法的控制。受管理意识形态影响的传播思想与实践形式包含着多样化的机构和社会角色。这种新的'人力资源'管理方式的内化同样使植根于（伴随着权力嬗变的）社会调节方式历史中的传播反思变得更加孤立"②。简而言之，研究传播，一方面避开唯媒介领域思想，即不能把传播活动仅限于媒介活动；另一方面，传播研究不能局限于"管理意识形态"，即传播活动不只局限于有关传播观察和表达方法控制的专业知识（expertise）——而这两个方面都是当下大众传播研究的主要关注点。关键是，研究传播要通过不同的现象学视角来不同的传播形态进行描述和分析。

本书中所述的进步与传播、作为新闻媒介的国际传播、文化信息工业与传播的近用、管理与操纵、全球化的制度传播、传播的地缘政治经济、跨文化国际传播、另类国际传播、阴谋论等国际传播主题描述框架仅是时至当前传播"网络之网"中几种引人注目的现象学阐释坐标。这几种阐释主要显示了作为不同属性（政治、经济、文化、技术、社会）的主体在社会中的活动状况以及由此所进行的理论阐释，从中我们看到了传播活动性质的复杂性以及由此引入的不同的学科观察视角和方法。随着新的信息传播渠道和终端的出现，传播的中介化将变得更加复杂，审视传播不仅需要从跨学科的角度出发，而且更具"复杂性"的哲学观。"我们必须理解，今天的革命不是发生在生与死斗争中的彼此相对的好的/真实的与坏的/虚假的思想领域，而是发生在思想组织方式的复杂性。"③复杂性（complexité）要求我们在理解整体与部分的关系

---

① Armand Mattelart, *L'invention de la communication*, La Découverte, 1994, pp. 11 – 12.

② Armand Mattelart, *L'invention de la communication*, La Découverte, 1994, pp. 12.

③ Edgar Morin, *La Méthode* 4. *Les idées*, Seuil, 1991, p. 238.

时，要把对整体和部分的认识联系起来进行反复思考，例如，莫兰曾"批评了当前的全球化运动之着眼于经济的全球化，而无视人类的现实是由政治、经济、文化、环境、人口、民族、宗教等许多方面组成，它们相互制约。……西方的唯经济—技术发展的模式在推动世界融合的同时又造成了许多地区之间不可调和的对立和冲突，使人类陷于困境，因此我们应该争取实行的是一种全方位的考虑到人类整体利益的全球化"①。换句话，我们对与国际传播的理解不能局限于从某个学科视角，而是从跨学科的角度来进行，具体在本文就是，不能把不同的阐释框架隔离开来，要彼此参照着来认识国际传播活动。

自从"国际的"在 19 世纪被提出，并成为描述跨边界活动的界定词以来，在传播领域内，国际传播体现出了"西方化"、"美国化"、"全球化"、"世界化"等传播形态。特别是在 20 世纪 30 年代，传播进入另一种传播话语范式，即大众传播范式之中，以至于传播活动及其观察和表达方法成了"管理意识形态"的组成部分。在 20 世纪 80 年代，传播加速与经济—技术话语的融合，文化和信息失去了界定界限，信息具有了战略作用。"在我们这个千年末，20 世 80 年代启动的金融全球化过程以及传播网络方面的放松管制（déréglementation）——不管是物质的还是非物质的，与上个世纪自由贸易的开放具有同样的重要性——已经加速了全球整合运动。于是出现了一个新的时代。在这个时代，一个全球统一的市场正在形成，在该市场出现了一些行为者，对他们来说，产品和服务的策划、生产和消费空间具有了世界维度。新的国际关系依赖着信息技术，并围绕网络逻辑来组织自己。"② 不过，基于经济—技术逻辑上的社会组织与管理成了一种被批判的社会方案："一个把社会变化看作经济普及和市场思想之产物且信赖货币主义能够建构数字化社会的世界，它的内聚方案是不牢固的。把重新布置世界的任务托付给'潘多拉'，并否定公民社会想象其他超国家整合途径之权利，否定与历史时刻表现出来的文明重要性具有相同高度的全球意识，这样的'全球性解决方法'是虚幻的。"③ 无论是国际层面上还是国家层面上的传播，具有"批判力"的公民社会成了构建社会乃至世界公民社会的诉求，"重新讨论与基于跨国活动者之上的市民社会相联系的民族国家的作用是必要的。我们不能不进行这样的思考，否则我们将陷入盎格鲁－萨克逊的极端自由主义之中。"④ 这意味，一种有

---

① 埃德加·莫兰：《复杂性思想导论》（"译者序"），上海：华东师范大学出版社，2008年，第 4 页。

② Armand Mattelart, *L'invention de la communication*, La Découverte, 1994, p. 339.

③ Armand Mattelart, *La mondialisation de la communication*, PUF, 1996, p. 122.

④ Armand Mattelart, "DEBAT", Le colloque "L'après-télévision", organisé par le CRAC-scène nationale, à Valence en décembre 1996.

别人极端自由主义或新自由主义或西方霸权思想的社会方案了传播批判的对象。而这种对象，正通过不同的传播框架下传播活动才得以分析，并且这种观察与思考方法将随着跨学科视角进一步交叉而得到深化。特别是，在 20 世纪 70 年代，权力合法化的方式受到动摇。"文化和经济的跨国化过程朝着有利于经济与金融的聚集和战略决策的集中化"的说法越来越受到质疑。传播工业不再是昨天的"娱乐工业"。在这种语境下，研究的注意力开始投向与"传播工业发展相联系"的知识/权力生产与分配方式的重组。新的职业实践、新的组织与控制科学起到了支配作用，这体现在所有的社会空间之中。在这种传播技术网络向社会的毛细渗透中，学科间的霸权在转移，科学研究中的新的平衡在重新定位。①

在现实的研究操作中，所谓跨学科基本有两个层面上含义：一方面从某一专门的学科领域来研究传播，如语言学（或被称作语言交际）、政治经济学（或被称作文化工业）、社会学等，这些更多是学科专家们的工作；另一方面针对某一传播现象，利用跨学科知识来阐释，这是所谓的传播学者旨趣所在。不过在当前"复杂性"背景下，任何一个单独学科都难于阐释传播学的某个主题，用多学科分析（跨学科）成了传播学的学科方法特征。在跨学科的视角下，文化成了传播的守望者，是研究国际传播活动的主线。"文化"不仅是"身份、意义、尊严和社会革新的根源"，而且使人类具有了独立思考、怀疑和批判的精神，保持和恢复文化的多元性价值观成了传播的主要内涵，谈论传播不应当离开文化。文化与信息社会时代也是"一个生产心智状态（états mentaux）时代。必须有差异地思考民主自由和民主问题。政治自由不能归结为行使自己愿望的权力，而且在于控制这种愿望形成过程的权利"②。在这种视角下，文化、经济、技术、公民、社会、国家、权力、权利、非政府组织、协商等成了一种新的社会方案的关键词。现实的国家和国际社会生活的种种传播事件成了这些方案的注脚。Hamid Mowlana 曾在富有影响的《全球信息与世界传播》一书中，从国际关系的角度出发，按照不同的界定范畴把国际传播的研究方法归为四个范畴：关注联合与身份的理想—人文主义（或社会—文化）、关注争取人心的政治皈依（或意识形态）、关注信息支配的经济权力、关注信息支配的政治权力。③ 从学科角度来说，

---

① Armand Mattelart（avec M. Mattelart）Le *Carnaval des images*, La Documentation fran？aise/INA, 1987, p. 122.

② Armand Mattelart et Michèle Mattelart, *Histoire des théories de la communication*, La Découverte, 2004, p. 105.

③ Hamid Mowlana, *Global information and world communication*: *new frontiers in international relations.* Sage Publication Ltd. 1997, p. 6.

这种划分实际就是从文化研究和政治经济学出发来审视传播。但这些分类方法，如同本书中的框架一样，都无法完全涵盖国际传播的方方面面，最多只是提供几种坐标式的产生，为其他人的研究工作起到"抛砖引玉"的作用。正如陈卫星教授所言："任何一种学术话语的叙述方式，不管是统计学、经济学、管理学、社会学、人类学、政治学、哲学、心理学甚至文学理论对传播学的加入，都不是为了使得自己这门学科在传播学找到自己的话语优势，而是化为传播学本身的一部分。"①

　　传播的全球化和全媒体化，把作为国际活动的主体的民族国家整合进全球传播网络之中，民族国家的政治、经济、文化和社会活动无不暴露在国际传播网络（尤其是国际媒体 BBC、CNN、VOA、好莱坞电影等）之中。国内和国际层面上的政治活动相互波及与影响，现实政治和网络虚拟政治共存，网络链接成了地缘政治的新起点。以文化和信息传播为特征的新经济成了国家和世界经济的新的增长点，文化与信息的流动不仅产生了利润，而且具有了战略作用，传播技术的数字化使"集体意识"或"集体想象"外化，为民族国家甚至团体间的博弈提供了新的赌注。国际化或全球化的传播为另类社会方案提供了可能性，国际社会市民运动（如国际非政府组织）成了促变的重要力量。传统的传播现象的阐释方式需要补充新的内容，甚至需要修正，如以往解释不发达的原因时，殖民主义、依附论和种族主义等成了重要理论参照，或不平等的国际传播秩序造就了政治、经济以及文化上的依附或文化帝国主义，但现实的情况需要认真反思这种学术假设——曾经是殖民地的香港、新加坡、日本和韩国却得到了很好的发展。在全球化的背景下，国家的合法性和社会建构已不再是某个国家和社会内部的事情：国际媒体、官方媒体、个体、群体、草根组织、甚至持不同政见者等都成了传播主体甚至不同性质议题的设置者，特别是，作为网络之网的、跨边界的互联网成了社会、政治、经济生活的主要议题设置渠道，官方媒体不再是唯一的渠道。于是传播不再只是国内政治经济活动，更重要的是，成了国际层面上的活动，这对国际政治中的国家的主权和转型构建以及经济活动的正常运转形成了严峻的挑战：民族国家的政府或因国外的煽动与操控而被颠覆（如阿拉伯世界的"茉莉花革命"）、东欧的"颜色革命"以及因"网络水军"和"网络机器人"（Web bots）作用而形成颠覆性政治与经济舆论等，如 Facebook、Twitter 和 Foussquare 之类的社交媒体因消费者在其上发表想法和与朋友交流，承载着消费者喜爱的海量的信息，而成为商家市场调查新宠，② 不过，这些社交媒体在广告方面又被指

① 陈卫星：《传播的观念》，北京：人民出版社，2004 年，第 454 页。
② Stephanie Clifford，"社交媒体成为商家市场调查新宠"，2012 年 8 月 4 日，《纽约时报》（中文版）。Retrieved 2012 - 8 - 13. http：//cn. nytimes. com/article/business/2012/08/04/c04social/

"点击造假"："任何一家在 Facebook 上刊登广告的商家都希望自己的广告能够吸引眼球和鼠标点击。Facebook 收费的依据是广告获得的点击量，实际上就是广告给某个特定品牌带来的客户数量。……（不过大部分）点击量来自网络机器人，实则就是执行自动任务的一些软件。"[1] 所有这些因新的"中介化"而出现的新现象和新问题，都需要从跨学科和"复杂性"的角度来进一步思考。

结语参考文献：

陈卫星. 传播的观念. 北京：人民出版社，2004

埃德加·莫兰. 复杂性思想导论. 上海：华东师范大学出版社，2008

Clifford, Stephanie. 社交媒体成为商家市场调查新宠. 2012 年 8 月 4 日，纽约时报（中文版）. Retrieved 2012 - 8 - 13. http：//cn. nytimes. com/article/business/2012/08/04/c04social/

Flichy, Patrice. *L'innovation technique*. Paris：La Découverte，2003

Mattelart, Armand. "DEBAT"，Le colloque "L'après-télévision"，organisé par le CRAC-scène nationale，à Valence en décembre 1996

Mattelart, Armand. *Histoire des théories de la communication*. Paris：La Découverte，1995

Mattelart, Armand. *Le carnval des images*. Paris：La Documentaion Française，1987

Mattelart, Armand. *L'invention de la communication*. Paris：La Découverte，1994

Mattelart, Armand. *La mondialisation de la communication*. Paris：PUF，1996

Mauss, Marcel. *Sociologie et anthropologie*. Paris：PUF，2004

Morin, Edgar. *La Méthode* 4. Les idées. Paris：Seuil，1991

Mowlana, Hamid. *Global information and world communication：new frontiers in international relations*. London：Sage Publication Ltd. 1997

Sengupata, Somini. Facebook 被指广告点击作假. 2012 年 8 月 7 日. 纽约时报（中文版）. Retrieved 2012 - 8 - 13. http：//cn. nytimes. com/article/business/2012/08/07/c

---

[1] Somini Sengupata，"Facebook 被指广告点击作假"，2012 年 8 月 7 日，《纽约时报》（中文版）。Retrieved 2012 - 8 - 13. http：//cn. nytimes. com/article/business/2012/08/07/c07bots/

图书在版编目（CIP）数据

理解国际传播：问题、视角和阐释／朱振明著. ——
北京：中国广播电视出版社，2013.8

中国传媒大学传播学系列教材

ISBN 978 - 7 - 5043 - 6929 - 1

Ⅰ.①理… Ⅱ.①朱… Ⅲ.①传播学—高等学校—教
材 Ⅳ.①G206

中国版本图书馆 CIP 数据核字（2013）第 155419 号

理解国际传播：问题、视角和阐释

朱振明 著

责任编辑	贺 明
封面设计	亚里斯
责任校对	张 哲

出版发行	中国广播电视出版社
电 话	010 - 86093580　010 - 86093583
社 址	北京市西城区真武庙二条 9 号
邮政编码	100045
网 址	www. crtp. com. cn
电子信箱	crtp8@ sina. com

经 销	全国各地新华书店
印 刷	涿州市京南印刷厂

开 本	787 毫米×1092 毫米　1/16
字 数	256(千)字
印 张	16.5
版 次	2013 年 8 月第 1 版　2013 年 8 月第 1 次印刷
书 号	ISBN 978 - 7 - 5043 - 6929 - 1
定 价	40.00 元